8. Calvin의 천국 사모

"신앙이란 무엇입니까?"에 대하여 시종 두 가지 주제 즉 "기복 신앙"과 "구원 신앙"에 대해서 논하였습니다. 그러나 Calvin은 "천국 가는 일"을 신앙의 목표(*scopus fidei*)로 삼을 것을 강력히 촉구합니다. 『기독교 강요』 초판에서 Calvin은 신앙을 아래와 같이 정의합니다.

> through Christ we obtain forgiveness of sins and sanctification and also salvation is given, so that finally led into the kingdom of God.
>
> 그리스도를 통해서 우리는 죄사함과 거룩함을 얻고 또한 구원도 얻는다. 그리하여 종당에는 하나님의 나라에로 인도함을 받는다.

그리고 "구원 받아 천국으로 인도됨을 받는 일"은 성경의 "주제"(*caput*)요 "거의 총괄"(*fere summa*)이요 주께서 그의 말씀으로 우리 눈 앞에 세워주시는 "표적"(*meta*)이요 "목표"(*scopus*)라고 합니다. 그러므로 "기복 신앙"과 "구원 신앙"과 함께 "천국으로 가는 일"을 신앙의 목표(*scopus fidei*)로 삼았습니다. 이제 Calvin이 "천국으로 가는 일"을 얼마나 사모하였는지를 보겠습니다.

Calvin의 『기독교 강요』 3권 9장 "내세에 대한 명상"(*de meditatione futurae vitae*)은 『기독교 강요』 1539년판 Calvin의 30세 때의 글입니다. 여기서 Calvin은 "천국이 우리의 조국이라면 이 땅은 유배지가 아닌가? 이 세상을 떠나는 일이 생명으로 들어가는 일이라면 이 세상은 무덤이 아닌가?"라고 묻고 있습니다. 계속해서 아래와 같이 묻습니다.

이 몸에서 벗어나는 일이 완전한 자유를 얻는 일이라면 이 몸은 감옥이 아니고 무엇인가? 하나님 앞에 가는 일이 최고의 행복이라면 하나님께 가지 않고는 비참하지 않은가? (III, 9:4)

Calvin은 여기서 하늘나라에 비할 때 현생은 유배지요 무덤이요. 죽음이요. 감옥이라고 합니다. 그렇다면 우리는 하늘나라와 비교할 때 현세를 천시하고 발로 밟아 버려야 한다고 합니다.[1]

Calvin은 죽음을 통해서 영광으로 들어가기 때문에 죽음을 환영하라고 합니다. 땅에 있는 우리의 장막이 썩어져 소멸되고 이제 새롭게 되어 썩지 않는 하늘 영광을 입는다면 우리의 믿음은 우리의 본성이 무서워하는 것을 열정적으로 사모하고 환영해야 하지 않겠는가? 묻고 있습니다.

죽음을 통해서 우리가 유배지에서 조국으로 즉 하늘에 있는 우리의 고국으로 돌아가서 살게 된다면 우리는 바로 이 사실에서 아무 위로도 못 받는가?(III, 9:5)

Calvin은 죽음의 날과 부활의 날을 기쁨으로 기다리지 않는자는 그리스도의 학교에서 진보를 이루지 못하였다고 결론짓자고 합니다.

"기뻐하라! 일어나 머리를 들라! 너희 구원이 가까왔느니라" 주께서 이와

---

1) Calvin은 『기독교 강요』 3권 10장에서 "현생과 그 도움의 사용"에 대해서 "우리의 삶에 필요한 것들을 주시는대로 사용해야 하고" 또한 "이와 함께 즐거움도 주는 것을 피할 수가 없다"고 함, 음식은 필요를 채울 뿐만 아니라 맛을 즐기도록 창조 하셨음. 꽃의 아름다움과 향기, 금, 은, 상아의 고귀함이 "필요한 사용"과 무관하게 우리에 마음을 끌도록 하셨음(III, 10:1,2) . 그러나 "육의 정욕"은 억제해야 함(III, 10:3). Calvin은 또한 각 사람이 자기의 생애를 "부르심"(callyng)에 따라 살 것을 주께서 명하심을 말함(III, 10:6).

같이 말씀하시는데, 내가 묻노니, 기쁨과 큰 즐거움을 얻고도 남을 일을 슬픔과 낙심바께 일어나지 않는 일이 합리적인가? (III, 9:5)

신자의 눈은 "모든 눈물을 씻기시며" 영광과 기쁨과 큰 희락을 주실 행복을 누리게 될 날을 바라본다고 합니다.

신자의 눈은 주께서 그의 신실한 자들을 그의 나라의 화평으로 영접하시는 그날을 바라본다. "모든 눈물을 그 눈에서 씻기시며"(계 21:4), 영광과 기쁨의 옷을 입히시며, 말할 수 없이 큰 그의 희락으로 먹이시고, 그와의 숭고한 교제에로 저들을 높여, 한마디로 그의 행복에 참여케 하신다(III, 9:6).

Calvin은 세상떠나기(1564:5.27) 전에 에스겔 강의(1563.1.20.-1564. 2.16. 65강)를 마지막으로 하였습니다, Calvin은 몇 번의 예외를 제외하고는 매 강의를 "마침내 영원한 천국에 모아 주시기를" 구하는 기도로 끝맺습니다. 첫 번째 강의를 끝맺는 기도입니다.

Until thou shalt show thyself our reconciled Father, and thus at length we may be gathered into that happy kingdom, where we shall enjoy our full felicity, in Jesus Christ our Lord. Amen.

마침내 당신은 자신을 우리의 화평케 되신 아버지로 나타내시고, 종당에는 우리가 저 행복의 나라에 모음이 되고, 거기서 우리는 예수 그리스도 우리 주님 안에서 우리의 충만한 복락을 누리게 하옵소서. 아멘.

마지막 강의 제65강을 끝맺는 기도입니다.

제4부 IV. 신앙이란 무엇입니까? 336-4

Grant, Almighty God, since we have already entered in hope upon the threshold of our eternal inheritance, and know that there is a certain mansion for us in heaven after Christ has been received there, who is our head, and the first-fruits of our salvation: Grant, I say, that we may proceed more and more into the course of our calling until at length we reach the goal, and so enjoy that eternal glory of which thou offered us a taste in this world, by the same Christ our Lord. Amen.

전능하신 하나님이시여, 비옵나니 우리는 소망 가운데서 벌써 영원한 유업의 문턱에 들어왔사오며, 우리의 머리이시고 구원의 첫 열매이신 그리스도께서 그곳으로 가신 후로는 거기에 우리를 위하여 예비하신 하늘나라의 집이 있음을 아오니, 구하옵는 것은 우리의 거룩한 부르심의 행로를 더욱 더욱 전진케 하옵시고, 마침내 목적지까지 도달하여, 이 세상에서도 우리에게 맛보게 하신 당신의 영원한 영광을 동일하신 우리 주 그리스도로 말미암아 즐기게 하옵소서. 아멘

Calvin은 에스겔 48장을 다 마치지 못하고 20장 44절까지 강의하였습니다.

천국 사모는 Calvin의 개인적인 일이었습니다. 1546년(37세)에 친구 Vireth에게 편지 쓰면서 "근일에 20회 이상 하나님께 나에게 죽음 주시기를 뜨거운 기도로 간구하였다"고 합니다. 그리고 1560(51세)에는 한 친구에게 아래와 같이 편지쓰고 있습니다.

저 마지막 날에 우리가 함께 하늘 유업에로 부르심을 받아 우리의 우정을 참되게 즐길 수 있으면 얼마나 좋겠소! 그리고 하늘에 계신 우리 아버지께서 우리를 같은 때에 고향으로 불러 주시기를 우리 같이 기도

올리기를 바라오!

<Hans Scholl: Der Dienst des Gebetes nach Johannes Calvin. p.206>

위에서 Calvin의 천국 사모는 일시적인 지나가버리는 감정이 아니고 평생 간절하게 가졌던 것을 보았습니다. 30세 때 Calvin은 "천국 영광과 비교할 때 이 세상을 천시하여 발로 밟아 버려야 한다."고 하며, 죽음에 대해서 "기쁨과 큰 즐거움을 얻고도 남을 일을 슬픔과 낙심밖에 일어나지 않는 일이 합리적인가?"묻고 있습니다. 37세의 Calvin은 "근일에 20회 이상 하나님께 나에게 죽음 주시기를 뜨겁게 기도로 간구하였다"고 편지쓰고 있습니다. 51세 때 한 친구에게 "마지막 날에 우리가 함께 하늘 유업에로 부르심을 받아 우리의 우정을 참되게 즐길수 있으면 얼마나 좋겠소!"라고 편지를 쓰고 있습니다. 55세 그가 세상 떠나던 바로 3개월 전까지 강의했던 에스겔 65강의는 거의 매번 "하늘나라에 예비된 집에 도달해서 당신의 영원한 영광을 즐기게 하옵소서" 기도하고 있습니다. Calvin에게 있어서 천국 사모는 평생 뜨겁게 가져왔음을 봅니다.

2011년 11월 22일(월)

한 철 하

[종합]

위에서 우리는 "기복 신앙"과 "구원 신앙"과 "천국 사모" 세 가지를 논하였습니다. 이 세 가지 우리의 신앙 경험들이 다 한 근원 즉 "하나님께서 우리를 향하사 선하신 뜻을 가지신다"는 사실에서 발원합니다. 이 세상을 순례하는 동안 하나님께서는 그의 선하심에서 날마다 "일용할 양식"을 주십니다. "직업"도 주셔서 굶어죽지 않게 하시고, "입학시험"에 합격케도 하시어 자녀들의 사회 생활을 가능케도 하심니다.

그러나 하나님의 자녀들에게는 "죄사함 받고 거룩함을 얻어 천국으로 인도됨이" 가장 필요한 일입니다. 그리하여 하나님께서는 독생자를 주시기까지 세상을 사랑하셨고 독생자 우리 구주 예수께서는 십자가 상에서 죽으시기까지 하시어 우리의 죄를 속하시고, 그의 부활로 우리에게 영원한 영광을 입혀 주셨습니다. 이 모든 것이 하나의 목표(*scopus fidei*) "구원 받아 천국가는일"로 집중됩니다. 하나님께서는 멸망에 처한 인생을 불쌍히 여기시어 그의 아들 예수 그리스도로 말미암아 영원한 영광의 나라에 모으시고 계십니다. 참으로 영원히 영광 받으실 우리 하나님 아버지이십니다. 우리 구주 예수 그리스도를 통하여 그의 은혜의 영광을 영원히 영원히 찬송합시다. 아멘

2013년 1월 14일(월)
한 철 하

증보판

21세기 인류의 살 길

한 철 하 박사 著

한상수 칼빈 아카데미
신학기금 Calvin Academy

21st Century Mankind Dead or Alive
The Only Way to Life

The pure and genuine religion of
The Old and New Testment taught by Christ
through John Calvin and John Wesley

by

Doctor Han, Chul-Ha

Calvin Academy

이 책을
사랑하는 세 딸과
사랑하는 신앙동지들,
ACTS 교수진과
한국복음주의 신학회 회원 여러분께
드립니다.

거짓과 진리

    Copernicus는 1530년에 지동설을 제창하였습니다. 그 후 백년이 지나서 Galileo가 이 설에 찬동하는 글을 냈습니다(1632년).

    그러나 그 "진리"를 아무도 믿지 않았습니다. Newton(1642-1727)[1] 때에 이르러 태양중심의 뉴튼적 우주관을 의심하는 사람은 한 사람도 없게 되었습니다. "진리"가 아닌 "거짓"이 그와 같이 오래 인류의 마음을 지배할 수 있다는 좋은 본보기입니다.

    저는 "서양신학"에 문제가 있다는 것을 거듭 지적하여 오고 있습니다. 그것도 사소한 문제가 아닙니다. 그것으로 인해서 인류의 역사가 빛에서 어두움으로 바뀌어 버린 엄청난 문제입니다. "서양신학"의 문제의 시정에 21세기 인류의 살 길이 놓여 있다고 봅니다. 그러나 이 문제를 심각하게 대하지를 않습니다. 오히려 복음주의 신학계도 송두리째 그리로 끌려가는 감이 있습니다.

    그러나 "진리"는 진리입니다. 역사는 진리를 어길 수가 없습니다. "진리"는 그대로 "인정"을 받아야 할 것입니다. 그런 날이 속히 오기를 바랍니다.

---

[1] philosophia naturalis principia mathematica 1697

목 차

거짓과 진리　7
증보판을 내면서　11
머리말　17
이 논문집의 주제　25

제1부 새 천년을 맞이하면서　29

Ⅰ. 새 천년과 복음주의 신학교육의 방향　31
Ⅱ. 새 천년과 복음주의 신학의 과제　47
Ⅲ. 한국교회의 진로　71
Ⅳ. 21세기를 위한 기도　141

제2부 서양신학의 문제점과 그 뿌리　153

Ⅰ. 서양신학의 문제점　155
Ⅱ. 서양신학의 문제점의 뿌리　167

제3부 신학의 과학성   173

Ⅰ. 죄 사함과 회개의 복음으로 21세기 인류를 살립시다.   175
Ⅱ. 신학의 과학성   189
Ⅲ. 성경에 대한 과학적 접근법   195

제4부 순수하고 참된 기독교 종교를 세우는 신학   205

Ⅰ. 칼빈의 『강요』와 『주석』을 일관하는 기독교 종교   207
Ⅱ. 하늘의 심판대 : 기독교 종교의 기초   275
Ⅲ. 신앙의 목표   287
Ⅳ. 신앙이란 무엇입니까?   317

부록 : 한국 복음주의 신학회와 ACTS   337

Ⅰ. 한국복음주의 신학회의 발생과 과제   339
Ⅱ. ACTS신학을 배웁시다.   351

성경 색인   360
주제 색인   368

증보판을 내면서

『21세기 인류의 살 길』이란 이 책의 표제는, 근본적으로 구주 예수 그리스도를 믿음으로 말미암아, "멸망에서 영생으로" 구원받게 되는 기독교 종교의 근본 진리가, 이 책에 분명하게 제시되었다는 뜻에서입니다. 21세기 인류에게도 "죄 사함 받고 중생하여 천국으로 들어감을 얻는 일"이 가장 중요(重要)한 일인데, 오늘 세계 신학계를 볼 때, 이 중요한 진리를 주장하는 신학을 찾아보기 힘듭니다. 이 책에서 구원의 진리가, "성경"이 주로 가르치는 신앙진리요, 칼빈-웨슬리의 주요 가르침이 이 한 점에 집중된다는 것을 분명히 하였습니다.

그러나 새 천년 21세기를 당하면서 이 책에서 또 다른 의미에서『21세기 인류의 살 길』이란 표제를 부쳤던 것입니다. 그것은 인류 역사를 되돌아보면서, 세계사의 방향을 제시하려고 한 것입니다. 이는 "21세기를 위한 기도"에 잘 나타나 있습니다.

하나님께서 암흑의 세계 속에
　　　선민을 일으키심을 감사합니다.

로 시작하고 있습니다. 세계사 속에 선민 이스라엘을 일으키시고, 구약의 천년의 역사는 예수 그리스도를 보내 주심에 집중됩니다.

　　　이천년 선민의 역사 속에 그리스도를 충분히 계시하시고,
　　　마침내 독생자를 구주로 보내 주심 감사합니다.

　　　하나님께서는 예수 그리스도를 통해서 새로운 선민을 일으켜 주셨습니다.

　　　불의와 부패와 광포의 세계 속에
　　　통회와 보혈의 씻음으로
　　　온유하고 선하고 의로운 무리를 일으키심을 감사합니다.

　　　그러나 이 연약한, 온유한 적은 수의 무리로 하나님께서는 새로운 세계사를 만드셨습니다.

　　　하나님이여!
　　　어찌하여 그 연약한 양무리에게 로마의 강권을 굴복시키셨나이까!
　　　어찌하여 셈도 아니요, 함도 아니요,
　　　세계의 수많은 족속 사이에
　　　저 야벳을 세우서서 세계사를 만드셨나이까?
　　　어찌하여 저 중세사의 기적을 일으키셨나이까?
　　　이로서 하나님께서는 세계사를 기독교사로 만드시는 일을 하셨나이다.
　　　나사렛 예수께서 불과 11명의 사도를 파송하신 것 뿐이온데
　　　그 일이 세계사를 만드는 일이 되었나이다.

서양사가 세계사로 된 것은 19세기에 서양의 제국들이 세계를 식민지화하여 세계를 제패함으로서 입니다. 즉 세계사가 서양사속에 흡수됨으로서 입니다. 그리고 20세기에 들어서면서 제1차 세계대전, 제2차 세계대전, 공산-자유의 세계양분과 공산주의의 몰락 등이 모두 서양의 기독교 국가들 사이에 벌어졌던 역사입니다. 1970년대까지도 동서 유럽의 기독교 인구가 96% 이상이었고, 소련 안에서도 계속 40%의 러시아 정교 인구를 헤아렸습니다.

이 책에서 기독교 서양이 어찌하여 19세기 동안에 식민지 착취, 노예매매, 아편 전쟁 등의 죄악사를 연출하였고, 20세기에 피비린내 나는 전면전(total war)의 시대, 공산권 내의 숙청의 참혹한 역사를 연출하게 되었는가를 문제 삼았습니다. 서양사가 18세기 웨슬리(1903-1791)의 시대까지는 기독교 서양이었던 것이 분명합니다. 그러나 19세기를 앞두고 Kant를 위시한 지성계가 "계몽사조" 운동으로 "신앙"에서 떠났고, 불란서 혁명(1789-99)으로 "불신앙"은 사회적 수준에까지 휩쓸었습니다. 다시 말해서 기독교 서양은 18세기 웨슬리의 "신앙 대각성 운동"의 노선을 버리고, Kant의 "계몽사조"의 "불신앙"의 길을 따라, 이와 같은 "죄악"(罪惡)과 "참상"(慘狀)이 벌어지게 되었다고 보았습니다. 이에 대하여 "기독교 서양"의 교회와 신학에 그 책임을 물었습니다. 그리고 오늘의 서양교회와 서양신학을 향하여 이제라도 Kant의 불신앙의 노선을 버리고 Wesley의 신앙의 노선에로 복귀하여 "21세기 인류"를 살리자고 간청하였습니다.

이 책은 새 천년, 새 세기가 시작될 때 나왔습니다. 그 후 10년 동안 세계사의 흐름은 어느 정도 가닥을 잡았다고 볼 수 있습니다. "자유시장 경제"는 전 세계를 지배하고 있고, 국가 간에는 FTA(Free Trade Association)

가 체결됨으로, 세계 시장은 "하나의 시장"으로 되어가고 있습니다. "G20 정상회담"같은 국제 사회를 이끄는 움직임이 생겨난 것은, 온 인류가 "하나의 국제사회"를 이룩하는 시발이라 하겠습니다. 이것은 "신앙"의 차원에서의 일이 아니고, 순전히 "세속"의 차원의 일입니다. 사실 "기독교 서양"이 18세기까지 "신앙의 서양"으로 존속하여 오다가, 19세기를 시작하면서 "신앙"을 버리고, "이성"을 따르게 됨으로써, 이 엄청난 발전을 이룩하는 계기가 된 줄로 압니다. Calvin은 일찍이 학문의 발전이 "경건치 않은 자"(ungodly)에 의해서 된다는 사실을 지적하였습니다. 원자 무기를 위시한 각종 과학기술이 "전쟁"을 통해서 엄청난 발전을 이루었다는 사실은 Calvin의 말을 입증합니다. 기독교 서양이 19세기에 노예무역, 아편전쟁을 한 것도 교회의 목사와 교사가 그렇게 하라고 가르친 것이 아닙니다. 교회적 수준에서는 Kant의 불신앙의 노선을 따라온 것뿐이고, 국가적 수준에서 저와 같은 범죄의 역사를 만들었던 것입니다.

오늘날 세계사의 무대에서 "기독교 서양"이 사라진 지 오랩니다. 말하자면 "기독교 서양"은 4세기 초 콘스탄틴 황제의 밀란의 칙령(A. D. 314)으로부터 시작하여 18세기 웨슬리(A. D. 1791) 때까지 약 1,500년 동안 뚜렷이 기독교적 성격을 견지하여 오다가, "과학기술의 인류 문명세계"를 산출하고, 소멸되었다고 할 수 있습니다. 그럼에도 불구하고 우리는 "기독교 서양의 그루터기"인 "서양교회"와 "서양신학"을 향하여 19세기의 잘못된 선택을 회개할 것을 촉구하지 않을 수 없습니다. 신학과 교회의 이 잘못된 선택, 즉 "신앙"을 버리고 "이성"을 선택한 과오는, 서양사회의 세속화를 막지 못하였고 교회의 몰락을 초래하였습니다. 그리하여 "세계 복음화"의 계기를 놓친 것입니다. "서양교회"와 "서양신학"을 향하여 인류의 살 길을 제시하는 것이 잘못이 아니라고 생각합니다.

곧 오소서 소망의 주 만백성 한맘 이루어
시기와 분쟁 없애고 참 평화 채워주소서
기뻐하라 이스라엘 곧 오시리라 임마누엘
O come, Desire of nations, bind All peoples in one heart and mind
Bid envy, strife, and quarrels cease; Fill the whole world with heaven's peace.
Rejoice! Rejoice! Emmanuel shall come to thee, O Israel.

이 찬송은 "서양교회"의 찬송입니다. 우리는 "서양교회"와 "서양신학자"들을 향하여 이 찬송으로 공기만 울리지 말고, 진정한 마음으로 부르자는 것입니다.

이 증보판의 제3부에 새 논문들이 편입되었습니다. 제3부의 제목이 말하는 대로 "순수하고 참된 기독교"(pura germanaque religio Christiana)가 관심의 초점입니다. "신학"은 "종교"를 세우기 위한 것임을 분명히 하였습니다. 초판에서도 "신학"은 "신앙"을 세우기 위함임이 강조되어 왔습니다. Calvin의 『강요』와 『주석』 22권을 일관하는 하나의 원리가, "죄 사함을 얻게 하는 회개의 복음"을 믿음으로 "구원" 얻는 일입니다. "죄 사함 받고 거룩함을 얻어 천국으로 인도함을 받는일", 이것이 "기독교 종교"의 "거의 전체"(almost the sum)라고 Calvin은 말하고 있습니다. Wesley는 이 한 가지 일만을 가르치고 실천하였습니다.

오늘날 세계 신학계를 향하여 우리는 이 바른 신앙에로 돌아올 것을 간청하지 않을 수 없습니다. 그리고 이 신앙에 있어서 가장 중요한 것은, Calvin이나 Wesley가 일치하여 가르치는, "하나님의 우리를 향하신 사랑"에 감화되어, 우리도 "사랑으로 충만해져서"(being filled with the pure love of God), "하나님-사랑", "이웃-사랑"의 율법의 명령을 성취하는데 있습니다.

이 책에서 이 점들이 뚜렷이 나타났다고 봅니다.

　평생 무지한 가운데 그래도 "신앙"을 잃지 않고 "빛"을 찾아 헤매는 마음에 "사랑으로 충만함"을 얻기까지 이르게 하신 하나님께 감사할 뿐입니다.

2010년 11월 26일(금)

한 철 하

머리말

 30년 전에(1970년) 『고대기독사상』(古代基督思想) 한 권을 낸 후 이번에 처음으로 저서를 내게 되었습니다. 그간도 "글"은 쉬지 않고 써 오는 가운데 최소한 4백 편의 논문은 쓴 것으로 압니다. "책"을 낸다는 것은 제 "글"들을 "책"으로 묶어서 세상에 내놓을 필요가 있어야 하는데 이번에 "새 천년"을 맞이하면서 지난 1년여 "간절히 할 말"들을 열심히 써 오게 되어 그것을 묶어서 내놓는 것이 좋지 않겠는가 생각이 되었습니다. 『21세기 인류의 살 길』이란 "표제"(表題)를 부칠 만한 대담성을 나타낸 것도 같은 맥락에서입니다.

 언제나 "진리"를 주장하여 왔고 또 한결같이 "진리"를 찾아 왔다고 생각합니다. 그리고 "진리" 앞에는 그것이 누구에게서 나왔든 간에 승복해야 한다는 것이 변함없는 "제 마음의 자세"라고 생각합니다. 그러나 "이 진리 밖에 없다"는 확신을 가진 것은 비교적 근자의 일이라고 생각합니다. 일찍이 Tertullian이 "진리를 안 후에 또 하나 알아야 할 것은 그 진리 외에 다른 진리가 없다는 것"이라고 하였습니다. 제가 "진리주장"을 하면서 "이 진리 외에 다른 진리가 없다"고 생각되기 때문에 감히 『21세기 인류의 살 길』이라고 하기까지 하게 된 것입니다.

"새 천년", "새 세기", 사실 귀한 일들입니다. 천 년 만에 한번 가질 기회, 백 년 만에 한번 경험할 일을 누린다는 것은 특권 중에 특권이라 생각됩니다. 물론 "시간"이란 어제도 그 시간, 오늘도 그 시간, 별다를 것이 없으며 또 사람에 따라 그 속에서 "경험"하는 내용은 그 심각성에 있어서 천차만별일 것입니다. 그러나 오늘 우리가 맞이한 "새 천년", "21세기"는 엄청난 뜻을 가지고 있음이 분명합니다. 저는 개인적으로 20세기를 살아 낸 일이 기적이란 느낌뿐입니다. 전쟁마당에서 살아남은 것입니다. 그것도 보통 있는 전쟁이 아닙니다. "군국주의", "전체주의"(totalitarianism)란 말은 듣기만 하여도 소름이 끼칩니다. 19세기의 식민주의(colonialism), 20세기의 군사독재주의(military totalitarianism), 맑스주의(Marxism)의 혁명 투쟁의 와중에서 한반도의 양단(兩端)과 초토화(焦土化) 속에서 살아남게 된 반면에, 전무후무한 번영의 시대를 갑자기 맞이하는 기적 중의 기적이 바로 우리가 맞이한 "새 천년", "21세기"라면 그 의의가 엄청나다고 생각됩니다.

① 지난 1년여 간에 뜻밖에 "진리주장"을 할 수밖에 없는 처지로 몰렸습니다. 1999년 12월 21일은 바로 "새 천년"이 눈앞에 닥친 때였습니다. "복음주의 신학"을 표방하는 신학교 총장님들이 "새 천년과 복음주의 신학교육의 방향"에 대해서 이야기하라는 요청을 받았습니다. 이것은 "새 천년"과 제가 신봉하는 "복음진리"를 냉철하게 대비시켜 보는 좋은 기회가 되었습니다.

또한 한국복음주의 신학회(KETS)에서 새 천년 춘계 논문발표회에서

"새 천년과 복음주의 신학의 과제"에 대해서 이야기하라고 요청을 받았습니다. 사실 KETS에서는 이미 수차례 "신학공관"(theological synopsis)운동을 제창하여 오고 있었습니다, 그것은 "기독교중심진리(基督敎中心眞理)에 대한 신학 각 분야에서의 공관운동(共觀運動)"을 말합니다. 1996년 가을에, 1997년 봄에, 1998년 봄에 "기독교의 중심진리"를 거듭 제창하였습니다. 그러나 이번에 비로소 터툴리안적 확신을 가지고 "이 진리밖에 없다", "이 진리만이 21세기 인류를 살릴 수 있다"는 확신을 피력하게 되었습니다.

② 1998년 Wheaton "한인세계선교대회"는 대단히 뜻 깊은 거사였다고 생각합니다. 이때에 처음으로 Princeton의 이상현(李相賢) 박사를 만났습니다. 이 박사와 저와의 신학적 입장의 일치를 확인하였을때, 우리가 공동으로 하는 "진리"를, 한인신학자의 이름으로 세계신학계를 향하여 제창할 가능성을 보았습니다. 그리하여 "세계한인신학자대회" 개최를 제안하자고 피차 약속하고 헤어졌습니다. 그 후 12년 간 저는 이 약속을 잠시도 잊어버린 일이 없습니다. "21세기 구원"의 "유일의 진리"에 대한 확신은 자연히 "세계한인신학자대회"의 일을 이룰 때가 온 것으로 생각게 하였습니다. 그리하여 KETS에서 발표한 "복음주의 신학의 과제"에서 그 대회 개최를 제안하게 되었습니다. 감사하게도 KETS에서는 부족한 일개인(一個人)의 제안을 받아들여 세계복음주의 신학자대회(2010년 10월 25일~27일)를 개최하기에 이르렀습니다.

이에 관련된 글들이 나오게 되었습니다. 그것을 이 책의 제2부에 실었습니다.

"진리주장"의 근거는 첫째로 진리에 대한 개인적 확신입니다. 그러므로 누구든지 "21세기 인류구원"의 "진리"를 주장할 권한을 가진다고 할 수 있습니다. 복음의 시초에 예수께서는 홀로 진리를 가지고 계셨습니다. 수제자 베드로까지도 예수님을 버렸습니다. Calvin은 우리 인간에 있어서는 "양심"(conscience)에 진리 주장의 최후 근거를 두었습니다. 물론 그것은 궁극적으로 하나님의 자비와 택하심의 은혜에서 그 뿌리를 보고 있습니다. Wesley는 "우리 영(靈)의 증거"에 우리의 자녀 됨의 진리를 확신합니다. 물론 그것도 "성령의 증거"에 그 근거를 두고 있습니다. 수학문제를 풀고 나면 풀었는지 못 풀었는지 그 푼 사람의 마음속에 명증(明證)이 있습니다. 기독교신앙은 결국 그리스도의 은혜의 약속의 진리에 근거를 두고 있으나 그것은 결국 우리 중심에 성령의 인치심에 최후 근거를 둡니다(quae per Spiritus Sanctum cordibus obsignatur).

그러나 제가 내 걸고 있는 "새 천년" 인류구원의 "유일한 진리"는 감사하게도 하나님께서 세계사를 통해서 명확히 방향을 제시해 주신데 근거하고 있습니다. 그리고 그것은 서양교회의 신학이 바른 방향을 잡는 일에 해결의 열쇠가 있습니다. 저 서양신학의 문제점에 관련된 글들은 이 일을 분명히 하려고 한 글들입니다.

그런데 어떻게 세계사를 기독교사로 볼 수 있습니까? 그것은 20세기까지의 세계사가 서양사로서 형성되어 왔으며 서양사는 100% 기독교 인구를 가지는 기독교 서양의 역사라는 사실에 근거한 것입니다. 기독교 서양의 19세기의 용서받을 수 없는 죄악의 역사, 20세기의 형용할 수 없는 광태(狂態)의 역사가 100% 기독교인에 의해서 연출되었다는 것은 믿기 어려운 일입니다. 그리고 이 역사는 결국 기독교 종교의 시각에서 논할 수밖에 없습니다. 기독교 서양이 어찌해서 이와 같은 범죄와 광태의 역사를 연출하였습니까? 우리는 그 책임을 서양교회의 교사들, 신학자들에게 물을 수밖에 없는 역사적 증거를 가지고 있다고 보았습니다. 그리고 그 핵심은 18세기에 서양이 Kant의 불신앙의 노선이냐, Wesley의 신앙부흥의 노선이냐의 기로에서 기독교 서양은 불신앙의 노선을 택하고 19세기의 범죄의 역사와 20세기의 광태의 역사를 택한 데서 잡은 것입니다. 어찌 오늘의 세계사가 19세기, 20세기의 기독교 서양의 역사에 의해서 형성되었다는 사실을 부인할 수 있겠으며, 그 배후에서 서양교회를 오도(誤導)한 자유주의 신학에게 그 책임을 묻는 일이 너무나 당연하지 않습니까?

세계사를 기독교역사로 만든 배경을 한 걸음 더 소급해 올라가면 로마제국이 갈릴리 사람 예수 앞에 무릎을 꿇은 데서부터 그 시작을 볼 수 있습니다. 그리고 Allaric을 필두로 Gallic, Anglo-Saxon, German 등의 서양 제 민족들을 기독교화(基督敎化)한 중세교회에 그 공을 돌릴 수밖에 없습니다. 중세서양의 "기독교 체제"(Corpus Christianum)는 세계사를 기독교사(基督敎史)로 만드는 결정적인 포석이었다고 볼 수 있습니다.

20세기까지는 기독교 서양이 세계사를 만들었다고 할 수 있습니다. 그러나 2차 대전 후 세계의 모든 민족들이 주권을 가지고 등장한 오늘의 국제사회에 있어서 21세기를 단지 서양사의 범주 안에서 볼 수가 있는가 문제 삼지 않을 수 없습니다. 더욱이 기독교 서양이 신앙을 버리고 물질 추구와 욕심의 역사로 세계사를 만들어 오늘의 세계사가 온통 힘겨루기의 역사, 욕심 부리기의 역사, 쾌락추구의 역사로 되어 버렸는데 "기독교"란 말을 붙일 곳이 세계무대의 어디에 남아 있습니까? 19세기 기독교 서양의 역사 가운데 아프리카, 아세아의 어디에서도 "인간성"이 인정된 곳이 어디에 있으며, 20세기는 기독교 서양 안에서 없어진 역사상에 다시 볼 수 없는 광태(狂態)의 역사인데, "기독교"란 말을 어디에다 부칠 수 있습니까? 이와 같이 생각해 볼 때 "21세기 인류의 살 길"을 논하는 저의 "새천년 논문"들이 온통 돈키호테식의 망상에 불과하지 않는가 생각됩니다.

사실 그렇습니다. "인자(人子)가 올 때에 세상에서 믿음을 보겠느냐?" 언제 인류가 하나님을 믿었습니까? 우리가 보는 것은 "복음"이 살아 있던 서양의 역사입니다. 최근까지도 거의 100% 신자됨을 표방하는 기독교 서양에서 인류의 희망을 찾지 않고 어디에서 찾겠습니까? 기독교 서양이 세속적 성공에 도취되어 불신앙의 교사들에게 오도(誤導) 되어 비참한 역사를 만들어 왔으나 하나님께서 헛되게 역사를 만드신 것이 아니라고 봅니다. 서양의 신학이 "진리"에로 돌아오리라고 믿기 때문입니다. 우리는 "아세아"의 신학에로 돌아오라는 것은 아닙니다. "한국"의 신학에로 돌아오라는 것이 아닙니다. 하나님의 교회의 교사들의 가르침에로 돌아가자는 것입니다. 바울-어거스틴의, 신앙의 재흥(再興)인 종교개혁자들의 신앙에로 돌아가자는 것입니다. 종교개혁자들 중에 특히 Calvin은 "현대세계", "21세기 기독교 세계"를 구상한 사람입니다. 그리고 하나님께서는 200년 후에 세계사가 "이성중심주의"로 빠져 들어갈 위험에 처했을 때, 또 하나의 사도 Wesley 선생을 보내셔서 Calvin의 신앙을 실천하는 일을 우리에게 뚜렷이 보여주셨습니다. 저는 그들이 무슨 "새 신앙"을 가르친 것으로 보지 않습니다. 최권능(崔權能) 목사님의 "예수! 천당!"의 명확한 길, "단순한 신앙"을 가르친 것으로 봅니다. "하나님 두려움"에 그 기초를 두고 "자기의 죄성(罪性)에 대해서 심각하게 떨며"(wounded) "예수 믿음으로 말미암아 죄 사함을 받는"(healed) 그리고 "죄인이 의인으로 변하는 기적"의 종교를 체험하고 가르치자는 것뿐입니다. 서양신학이 왜 이 "진리"를 외면해야 합니까? 그들도 성경책을 가지고 날마다 그것을 공부하고 있지 않습니까? 저는 그들과 충분히 대화가 된다고 확신합니다. Barth가 "말씀의 신학"을 버리고 Moltmann이 "소망의 신학"을 버리고 Pannenberg가 "역사로서의 계시" 신학을 버릴 수 있겠습니까? 성경비판학자들이 그 엄청난 노작(勞作)을 버릴 수 있겠습니까? 그러나 그것들이 "신앙"에 거침돌이 된다면 왜 "신앙"을 먼저 선택하지 않겠습니까? 우리의 신학에서 "신앙"의 말을 하고 "불신앙"의 말을 빼야 하지 않겠습니까? 기독교 서양이 "신앙"을 되찾아야 한다면 이 엄위한 당위 앞에 모두 마음과 생각을 같이 해야 하지 않겠습니까? 새로이 역사를 시작해야 합니다. 불신앙의 역사를 청산하고 신앙의 새 역사를!

한국복음주의 신학회에서 "세계한인신학자대회" 개최를 위한 제 제안[1]을 받아 주신데 대해 감사합니다. 13년 전에 이상현(李相賢) 박사와 나누었던 꿈 "세계한인신학자대회" 개최의 꿈입니다. 이것을 받아서 "세계복음주의 신학자대회"로 세계화한 일은 하나님의 섭리가 역사한 것으로 믿습니다. 새 학기를 앞두고 신학생들이 오지 않을까 근심하는 저에게 "넘네마시오. 우리 민족은 레위지파올시다. 밭 팔아 가지고들 옵니다" 하시던 박형룡(朴亨龍) 박사의 역사관(歷史觀)이 그대로 맞게 된 것을 감사치 않을 수 없습니다. 잘못된 신학에 오염된 사람들은 걸핏하면 "한국교회가 이제는 성장이 멈추었다"고 입버릇처럼 말하고 심지어는 "쇠퇴한다"고까지 망언하나 저는 그렇게 보지 않습니다. "복음"을 아는 교회가 왜 성장이 멈춥니까? 명성교회를 보십시오. 금란교회를 보십시오. 그 외에 기라성같이 많은 성장하는 교회들을 보십시오. 그들의 힘 있는 설교들을 한번 들어 보십시오. 자기의 불신앙을 정당화해보려는 악한 생각을 버려야 합니다. 이제 바야흐로 한국교회는 기독교 서양이 회귀(回歸)하는 뇌관 구실을 해야 합니다. 그럴 때가 왔다고 생각합니다.

③ "한국교회의 진로"는 이와 같은 생각들을 총 정리한 글입니다. 마치 방배동 기독신대원의 박아론(朴雅論) 박사로부터 특강을 부탁 받고 생각

---

[1] 1999년 "새 천년과 복음주의 과제"(제1부, II. p. 67)에서 "2001년에 전 세계의 한인 신학자 대회 개최할 것을" 제안.

을 정리하여 본 것입니다. "21세기를 위한 기도"는 21세기를 맞이하면서 시도를 하였으나 결국 21세기가 시작된 지 한 달이 넘어서야 겨우 정리되었습니다. 21세기 인류를 위한 하나님 앞에 올릴 수 있는, 하나님 허락하신, 합리적 기도라고 생각됩니다.

④ 이 책은 그 전체가 한 가지는 점에 집중되고 있습니다. 그것은 "구원"(救援)이란 한 가지 일입니다. 이 모든 논문에서 "구원"이란 한 마디를 빼면 아무 것도 남지 않습니다. 예수 믿는 것은 "구원" 얻기 위해서입니다. 그런데 우리가 꼭 구원받아야 할 이유는 "지옥" 가지 않고 "천국" 가야 하기 때문입니다. 그러므로 이 문제는 가장 중요한 문제로 우리 앞에 제시되어 있습니다. 마침 ACTS 교수회 앞에서 이 점을 특히 강조한 설교문 "기독교 종교의 기초: 하늘의 심판대"(heavenly tribunal)가 있어서 이 논문집에 실었습니다. 또한 Calvin이 기독교 종교의 목표가 구원에 있음을 명확히 했음을 보여주는 "신학의 목표"(scopus fidei)로 이 논문집을 마무리하기로 하였습니다.

미국 5년 유학에서 귀국 후 40년 만에
아직도 지극히 미숙한 가운데 첫 책을 내면서
2001년 3월 19일(월)
한 철 하

이 논문집의 주제

"새 천년 신학논문집" 출판을 계획한 지 어느덧 2년이 다 저물어 갑니다. 당시에는 엄청났던 "새 천년"이란 말이 잊혀진 지 벌써 오래되었습니다. 사실 인류구원의 복음은 어느 시대에나 타당한 것입니다. 2천 년 전에 예수께서 "그의 이름으로 죄 사함을 얻게 하는 회개가 예루살렘으로부터 시작하여 모든 족속에게 전파되어야 할 것이 기록되었으니 너희는 이 모든 일의 증인이라"(눅 24:49)고 이미 말씀하셨습니다. 이 구원의 진리가 어느 시대에나 누구에게나 구원 얻게 되는 유일의 진리임이 틀림없습니다.

본래 죄 사함 받고 은혜로서 하나님께 용납되는 것이 성경이 가르치는 핵심진리요 교회(바울, 어거스틴, 루터, 칼빈, 웨슬리)가 이것을 주로 가르쳐 왔습니다. 이로서 사실상 죄인이 의인으로 변화를 입어 천국인이 되는 유일한 길입니다. 그러나 오늘날 이 중심 진리가 그 중대성을 잃어버리게 된 감이 있습니다. 그 주요 원인을 우리는 교회의 교사인 신학자들에게서 찾고 있습니다. 오늘날 동서양을 망라하고 신학논문에서 이 중대 사실이 중심에 자리 잡고 있는 논문을 몇 편이나 찾겠습니까? 이것은 자유, 보수를 막론하고 공통된 서양신학의 경향입니다. 이 논문집의 주요 강조점이 여기에 있습니다.

> 하나님을 입으로는 고백하나 부정(不淨)한 생활로서 실제로 부인하고 입으로만 그리스도에게 속해있다고 한다(칼빈, 『강요』 III, 14:1).
> Vitae impuritate Deum quem ore confitentur factio abnegantes titulo tenus sunt Christi(Calvin, Imst III, 14:1).

이것은 Calvin이 중생함 없이 이름만의 그리스도인에 대해서 정의한 정의입니다. 그러나 사실 나 자신이 언제나 이 부류의 인간임을 발견합니다. 내가 입으로 고백하는 하나님에게서 떠나지 않고 또 그리스도에게 속해서 날마다의 삶을 살아야 하는데, 하나님 앞에 나올 때마다 그렇지 못함을 발견합니다. 그리하여 하나님 앞에 나올 때마다 하나님의 진실하심 앞에서 나의 진실치 못함을 회개하지 않을 수 없으며, 하나님의 사랑과 의에서 떠나 있는 나 자신을 회개하고, 또 이름만 그리스도에게 속해 있지, 그리스도의 마음이 내 마음이고, 그리스도의 행하심이 나의 행함이 되지 못함을 회개치 않을 수 없습니다. 한 마디로 나는 하나님 앞에서 용서받을 수 없는 죄인임을 자인하게 됩니다. 마음으로 말로 행위로 범한 모든 죄, 내게 의라고는 티끌만치도 없으며 선(善)을 조금도 찾을 수 없는 진노의 자식, 지옥의 상속자를 오로지 그리스도께서 죽으심으로 사하여 주셨습니다. 그러므로 우리가 하나님 앞에 나아갈 때 발견하는 것 첫째는, 아니 전체는 그리스도의 "죽음"입니다. 이 "죽으심"으로 내 죄 사함을 받았습니다. 그리하여 나는 더 이상 "내 뜻"이나 "내 교만", "세상욕망"으로 살지 않고, 이 모든 것이 그리스도의 죽으심과 합하여 죽고, 내 뜻대로 마옵시고 아버지 뜻대로 되기를 구하며, 모든 교만을 버리고, 모든 사람에게 친절하며, 겸손밖에 없으며, 이 세상 욕망을 다 버리고, 정결함을 얻어야 하겠습니다.

하나님께서는 그리스도로 말미암아 내 속에 이 변화를 일으키십니다. 그리고 아직도 부족한 것이 많은 나를 그리스도의 보혈로 용서하시고 "완전하다" 받아주십니다. "회개하고 죄 사함 받은 영혼"이 그리스도인의 영혼입니다. 하나님께서는 이 "영혼"뿐만 아니라 "생활"까지 받아주시고 영생의 영광으로 영접하십니다. 우리 한국교회는 강단이든 신학교실이든 이 "완전을 향한" 신자의 발걸음을 힘 있게 하고 또한 멸망을 향하여 넓은 길을 걷고 있는 무수한 영혼들을 향하여 그 심각성을 알리는 일에, 하나님의 특은(特恩)을 받아, 힘을 다하는 한국교회가 되어야 하겠습니다. 이 일만이 21세기 인류를 죄에서 구원하는 유일의 길이 아니겠습니까? 이 논문집이 이 귀중한 일에 조금이라도 보탬이 되기를 바랍니다.

2002년 10월 20일
한 철 하

제 1 부
새 천년을 맞이하면서

Ⅰ. 새 천년과 복음주의 신학교육의 방향

Ⅱ. 새 천년과 복음주의 신학의 과제

Ⅲ. 한국교회의 진로

Ⅳ. 21세기를 위한 기도

Ⅰ. 새 천년과 복음주의 신학교육의 방향

전 문
1. 크신 축복의 새 천년
2. 축복의 새 천년의 최대 원수 죄
3. 레위지파의 분깃과 직무
4. 하나님께로 나가는 단 하나의 길
    (1) 율법의 요구를 이루어야 함
    (2) 하나님께로 나가는 단 한 길
5. 새 천년에 있어서 신학교육의 방향

전 문

"한국복음주의 신학교육협의회"는 한국에 있어서 총신, 고신, 합신 등 복음주의 입장에 확고히 선 21개의 신학교들 총장들의 모임입니다. "새 천년"을 앞에 놓고 새 천년에 있어서는 "복음주의 신학교육"이 어떤 형체가 되어야 하겠는가, 총장이면 누구나 관심을 가질만한 일입니다. 저는 먼저 "새 천년" 즉, 21세기의 특성을 20세기의 비극과 처참의 역사에 비교해서 고찰해 보았습니다. 저는 21세기를 Calvin이 구상한 사회체제, 즉 "자유시장의 체제"가 이루어지고, "가치폭발"(價値暴發)의 시대로 보았습니다.

이와 같은 시대에 신학교육의 방향이 어떻게 되어야 하겠는가를 생각하기 위해서 "신학교육"이 무엇 하는 일인가 하는 것과 "교회사역"의 본질을 규명해야 하였습니다. 구약과 신약을 통해 제사장이든 목사든 사역의 핵심은 "죄 사함"을 얻게 하는 일임을 분명히 하였습니다. 부흥사 박형룡 박사의 강도인(講道人)을 향하여 한 "불길을 끄지 않도록" 해야 한다는 열변의 글은 잘 인용됐다 생각됩니다.

1. 크신 축복의 새 천년[1)]

새 천년에 들어가는 감회!

"새 천년"과 "새 세기"를 맞이하게 되는 것은 인류 역사상에 매우 희귀한 일입니다. 어떻게 이런 특권을 누리게 됐는지 알 수 없습니다. 더욱이 어려웠던 20세기를 살아냈고, 이제 좋은 시대로 들어가게 되는 감회가 더욱 큽니다.

20세기는 인류 역사상 가장 큰 환난의 세기였습니다. 사실 인류 역사가 각 족속, 각 민족, 각 제국 사이의 알력과 분쟁의 역사가 아닌 시대가 없었습니다. 소위 태평성대란 막강한 권세 밑에 상대적 인내로 살던 시대였습니다. 그러나 20세기는 인류가 경험한 초개인적인 큰 괴물들, 즉 일종의 막강한 "허깨비"(phantom)들이 날뛴 세기였습니다. 식민지주의(colonialism), 그 잔악한 형체의 제1차 세계대전, 이에 꼬리를 잇는 전체주의, 독재 괴물들 Hitler, Moussolini, 도죠, DeGaul, Franco 등의 등장, 전 인류를 죽음의 구덩이로 몰아 놓은 전무후무한 제2차 세계대전, Marxism

---

1) 한국복음주의식학교육협의회 연구발표회, 서울인터콘티넨탈호텔 1999년 12월 21일

의 출현, 무서운 Bolsheviki 혁명과 전 세계의 이분화, 크레믈린에서 적기(赤旗)가 내려진 것이 불과 최근의 일, 아직도 한반도는 그 후유증을 앓고 있습니다.

누구도 인류역사 속에서 이러한 괴이한 일들이 어떻게 해서 벌어질 수 있었는지 인간의 상식으로서는 도저히 설명할 수가 없습니다. 사실은 20세기 동안에 출현했던 이 모든 기현상의 배후에는, 과거 여러 천 년 동안 상상할 수 없었던 과학의 힘이 인간의 죄악성을 틈타고 그 괴이한 힘을 나타내 보였던 것입니다. 한 사람의 미치광이가 600만의 귀중한 인명을 일시에 학살하며, 가장 냉정한 판단이라고 믿어졌던 유물론적 역사 해석이 거의 모든 민족 속에서 헤아릴 수 없는 혁명의 피를 흘렸던 것입니다.

그러나 이제 인류역사의 가장 괴이한 악몽의 세기는 역사의 뒤 페이지로 넘어가고 물질적으로 볼 때 말할 수 없는 축복의 한 세기가 우리 앞에 열리고 있습니다. "자유시장경제", 이것은 태고 때부터 인류가 살아 온 공동생활의 기본 형태입니다. 어느 민족 어느 시대에서든지 유무상통의 기본방식으로서 "장날에 장터"가 서서 모든 사람이 서로 "주고 받으면서" 살아온 것입니다. Calvin은 일찍이 상업은 인류 사회에서 가장 귀중한 행위요, 교회에 있어서 성찬(Holy Communion)에 해당한다고 보았습니다. 그리하여 Calvin은 "이자"를 받고 돈을 빌려주는 일을 죄악시해 오던 중세교회의 전통을 깨뜨리고, 인간의 기본 생활을 위해서 돈을 빌릴 때에 이자를 받는 것은 죄악 된 일이나, 이익을 내기 위한 자본형성을 위해서 투자한 돈에 이자를 받는 것은 죄가 아니라는 것을 밝혀, 자본주의의 길을 터 놓았습니다. 그리고 인간의 지상생활(地上生活)에 있어서 정치, 과학, 문예 등의 지식은 성령께서 특별히 감동하시어서 발달시킨 것으로서(Inst., II, ii, 15), 이를 무시하거나 천시하는 일은 하나님의 성령(聖靈)에 대한 불경(不敬)을 저지르는 일이요, 우리의 게으름에 대한 공의로운 벌을 받게 되리라고 경고하였습니다(Inst., II, ii, 16). Calvin은 또한 현세(現世)의 생활에 필요한 모든 것이 "하나님께서 주신 도우심"으로 봄으로써(Inst., II, x, 1), 이 세상의 "유익들"(bona terrestria)을 하나님의 창조 목적에 맞도록 사용하는 것이 하나님의 뜻에 순종하는 것임을 분명히 하여(Inst., II, x, 2), 현대 문명에 대한 적극적인 신앙자세를 마련하여 주었습니다. 한 마디로 말해서 이제 비극의 20세기 비극의 시대는 지나가고, 21세기는 칼빈주의적 자유시장경제 원리에 따른 모든 문화가치가 일시에 폭발하는 가치폭발의 시대가 열리고 있습니다.

이와 같은 하나님께서 인류에게 주시는 현세의 유익에 대하여 사도 바울도 "살아 계신 하나님께로 돌아오게 하기 위한 것"으로 "하나님께서 자기를 증거 하시는 것"으로 보았던 것입니다(행 14:15-17:27). 그리고 Calvin도 하나님께서 주시는 이와 같은 "유익들"(bona, benefits)을 오히려 "방해"(hindrance)로 만들어서는 아니 될 것을 경고하였습니다. 그러나 오늘날 범람하는 가치들을 향유(享有) 하면서도 그것을 하나님께서 주시는 "도움"으로 하나님께로부터 받아서, 하나님께 감사를 돌리는 사람이 몇이나 있습니까. 그 모든 "좋은 것들로 마음에 만족을 주심"은 "하나님"을 찾는 계기로 삼으라는, 사도 바울의 말씀에 순종하는 사람이 몇이나 됩니까. 오히려 Calvin이 경고한 대로 그 모든 유익들이 방해물로 변하여 버린 것(turn help into hindrance, Inst., II, x, 3, 4)이 오늘의 보편적인 생태가 아닙니까?

이제 새 천년을 맞이하는 인류에 있어서 또 하나의 엄청난 축복은, 온 세계 인류가 "한 인간가족"으로 되어 가고 있다는 사실입니다. 세계 온 인류가 "동일한 문화", "동일한 관심", "동일한 지정의(知情意)와 행복"을 나누고 있다는 사실입니다. 온 인류가 이와 같이 허다한 그리고 본질적인 "동일성"을 가지게 된 일은 일찍이 없었습니다. 이제는 온 인류가 한 가족으로 볼 수밖에 없게 되어 오고 있습니다. 가장 비슷한 예를 우리는 스포

츠에서 볼 수 있습니다. 온 세계가 다함께 한 경기를 관람하게 되었습니다. 한 곳에서 폭발된 전쟁은 전 세계의 관심거리로 전 세계가 그 영향을 받습니다. 세계 경제가 하나의 단위의 경제로 되어 버렸습니다. 한 곳에서 벌어진 천재(天災)가 온 세계의 고통으로 되어 버렸습니다.

20세기의 모든 비참은 그 근본원인을 "과학"에서 찾을 수 있습니다. 그러나 20세기의 비극을 일으킨 "과학"이 온 세계를 "지구촌"으로 만들었습니다. 이제는 온 인류가 "하나의 인격체"로 되어 오고 있습니다. 그러므로 "하나님께서 무슨 이유로 인생에게 과학을 주시었나?"의 질문에 대해서 우리 신자는 쉽게 대답할 수 있습니다. 그것은 온 인류가 같은 시간에 다 한 마음으로 "신령(神靈)과 진리로 유일하신 참 하나님을 경배케 하기 위함"입니다. 그리고 그 일은 다른 어느 시대에도 불가능하였고, 오늘에 있어서 하나님께서는 온 인류에게 그와 같은 "은혜의 기회"를 허락 하시었습니다. 그러므로 그리스도의 교회가 2000년을 맞이하면서 반드시 해야 할 일은 전 세계의 모든 신자가 다 "한 마음으로" 일시에 "하나님께 경배를 올리는 일"입니다.

2. 축복의 새 천년의 최대 원수 죄

이와 같이 좋은 시대가 우리 앞에 펼쳐지고 있습니다만 오늘의 시대가 낙원이 될 수 없는 것은 자명한 일입니다. 첫째로는, 자유시장경제 체제 하에서는 수많은 기업들이 무한한 경쟁을 벌여야 합니다. 한편에서 많은 기업들이 흥업(興業)을 보면, 다른 한편에서는 또 다른 많은 기업들이 도태를 당해야 합니다. 이와 같은 경쟁의 배후에서 이에 상관하는 인간들은 필사적인 노력을 부단히 경주해야만 합니다. 말하자면 이 세상은 평화로운 낙원이 아니고 전쟁마당이란 사실입니다. 상반되는 이해관계 속에서 인간과 인간 사이의 알력과 투쟁은 날로 격심해 갈 수밖에 없습니다.

한편, 시간과 공간의 축소로 인한 세계의 지구촌화와 통신혁명을 통한 온 세계 인류의 한 가족화의 기회가, 실제로 온 인류를 단란한 한 가족으로 만들어줄 수 있습니까? 사도 바울 때에 "의인(義人)은 없나니 하나도 없으며…선을 행하는 자는 없나니 하나도 없도다!" 라고 지탄 받던 인간성이 이제는 좋은 환경과 좋은 교육을 통해서 개선되어 오고 있습니까? 중세가 무너지면서 서양에서는 "자존(自存)하는 인간자아" 앞에 아무 "권위"도 남지 않았습니다. 서양 문명의 세례를 받은 아세아 아프리카의 인간성 역시 전통적 권위를 다 떨쳐 버리고, 각기 자기의 이익과 자기만족을 최고의 우상으로 삼는 개인들로 화(化)하여 버렸습니다. "권위"를 상실한 "어린이"나 "젊은이"나 "성인들"이, 다 한 가지로 "자기만족"을 극대화 하려는 근본적인 충동에 사로 잡혀 있고, 이것은 새로운 지구촌에는 가공할 비참만이 벌어지게 될 것이며, 가치폭발의 풍요는 인간에게 만족을 주기보다 두려움을 상실한 무한한 인간 욕망의 폭발장으로 화한 것입니다.

이와 같이 볼 때에 "새 천년"에도 "옛 원수 마귀"에 사로잡힌 인간의 "죄"의 문제가 그대로 최대 문제로 남게 된다는 것이 자명하게 됩니다. 우리 앞에 하나님께서는 최대의 축복을 마련하여 주셨습니다. 그러나 "죄"의 문제가 해결되지 않고 남아 있는 한, 이와 같은 축복이 그대로 저주로 변하게 될 것은 자명한 일입니다. 인간이 살인하고 간음하고 도적질하고 거짓말하고 욕심 부려 서로 빼앗으려 하는 한, 어떻게 "새 천년"이 "새 천년"이 될 수 있겠습니까? 옛날의 죄악 세상은 한 치의 변화도 없이 그대로 "죄악세상"으로서 "옛 천년"이 다시 되풀이 될 것이고, 오히려 더 가공할 일들이 인간의 상식을 뒤엎는 끔찍한 일들이 그것도 상상할 수 없는 큰 규모로 벌어지게 될 것이 분명합니다. 그러므로 새 천년 새 세기에 있어서도 최대 과제는 "죄와의 싸움"입니다. "죄"를 멸하는가 "죄"에 져서 멸망을 받는가의 심각한 투쟁장이 될 것입니다.

3. 레위지파의 분깃과 직무

하나님께서 일찍이 레위지파의 직무와 분깃을 명확히 함으로써 "하나님 섬기는 일"을 전무(專務)하는 자들의 사역분야를 분명하게 알도록 하여 주셨습니다. 첫째로 레위지파에게는 다른 열 한 지파에게 준 것과 같은 "땅의 기업"을 주지 아니하였습니다. 하나님께서는 친히 자신을 레위지파의 "분깃"이요 "기업"으로 삼으셨습니다. "나는 이스라엘 자손 중에서 네 분깃이요 네 기업이니라"(민 18:20; 신 10:9). 또한 그 직무도 다른 열 한 지파 모양 세상일을 하는 것이 아니고 "회막(會幕)에서 시무(視務)"토록 하였습니다(민 3:7-8). 레위지파를 구별하여서 첫째는 "여호와 언약궤를 메게" 하였고, 둘째는 "여호와 앞에 서서 그를 섬기게" 하였고, 셋째는 "여호와의 이름으로 축복하게" 하였습니다(신 10:8). 그 근거는 레위지파는 이스라엘의 처음 난 것들을 대표해서 하나님의 것으로 성별(聖別)이 되었기 때문입니다. "처음 난 자는 사람이나 짐승이나 다 거룩히 구별하였음이니 그들은 내 것이 될 것임이니라"(민 3:13; 3:45; 8:14-18).

이와 같은 제도가 얼마나 합리적인지 분명한 것은 이스라엘의 장자들을 갑자기 모아 하나님을 섬기게 한들 감당치 못할 것은 자명한 일입니다. 그러므로 하나님께서는 한 지파를 지칭하시어 대대로 하나님을 섬기는 일을 전무케 하였던 것입니다. 이것은 오늘날 대학졸업자들을 모집해서 3년 동안 신학 공부시켜 목사가 되게 하는 일이 얼마나 무모한 일인지를 알려주고 있습니다. 목사의 직분을 제대로 하기 위해서는 대대로 그 일을 전무해야 될 것을 알려주고 있습니다.

그러면 레위지파의 한 일이 무엇이었습니까? 하나님께서 레위지파를 다른 열 한 지파로부터 구별하여 뽑으신 목적은 한 마디로 말해서 "회막에서 시무"케 하기 위함이었습니다(민 3:7-8). 회막은 하나님께서 이스라엘 백성 사이에 내림(來臨)하시는 방식이었습니다. 하나님께서는 하늘에 거하십니다(בְּשַׁב dwell). 하나님의 영광은 하늘들 위에 높으십니다(시 8:1; 57:5, 11; 113:4; 148:13). 따라서 하늘들의 하늘이라도 그를 감당치 못 합니다(왕상 8:17). 그러나 하나님께서는 이스라엘 사이에 천막을 치고 내림하셨습니다(שַׁב, tabernacle). 회막은 바로 하나님께서 이스라엘 사이에 오시어 이스라엘과 만나기 위한 "하나님께서 지시하신" 내림의 양식(來臨의 樣式)입니다(출 25:8-9). 이것은 구약 성전을 말하고 예수께서는 이것을 헐고 당신의 몸을 사흘 만에 다시 세우셔서 모든 믿는 사람의 "성전"이 되시었던 것입니다. 그리하여 오늘의 레위지파인 "목사와 교사"는 오늘의 성전이신 예수님께로 신자를 이끄는 직무를 행하여야 합니다. 말씀과 성례는 바로 예수님의 내림(來臨)의 양식(樣式)입니다.

하나님께서는 이스라엘 열 한 지파에게는 세상의 기업을 주시어 세상일을 하게 하였습니다. 말하자면 "각종 문화가치"를 창조케 하였습니다. 여기서는 노벨상 타는 사람이 열 한 지파 중에 가장 훌륭한 사람입니다. 노벨상을 탄 대학이나 또 그런 가능성을 높이는 대학이 높이 평가를 받아야 합니다. 오늘 한국의 대학평가는 캠퍼스나 교수, 학생의 비율 등 외형적인 평가에 치중하는 것은 그 방향이 근본적으로 틀려 있습니다. 반면에 신학교는 다른 일반대학같이 세상의 문화 가치를 창출하는 곳이 아니고 "하나님"을 상대로 하는 곳입니다. "하나님"께서 친히 "기업이 되시고 분깃이 되시는" 곳입니다(Calvin: mihi negotium cum Deo est). 주 하나님과 business를 하는 곳입니다. 세상의 행복이나 즐거움을 찾는 곳이 아니고, "하나님"께서 "최대행복"이 되시고, "그를 영원히 즐거워하는 곳"(enjoy him forever)입니다. 그러므로 시편 16편은 모든 신학생들에게 가장 잘 맞는 성결 구절입니다.

이 점을 칼 바르트가 일찍이 잘 지적해 주었습니다. 19세기 동안 "신학의 장소"는 철학교실이었습니다. Kant는 "종교"의 자리를 "단순한 이성의 한계(限界) 안에서" 마련해 주었습니다(Die Religion innerhalb der Grenzen der blossen Vernunft). 이 같은 Kant의 방법론을 따른 19세기의 신학이 결국 철학교실에 매이게 되었고 말하자면 "신학의 장"(場)이 대학으로 되어 버렸던 것입니다. 이것은 서양의 "신학"이 모든 학문의 여왕(regina scientiarum)으로 군림하였고, "대학"이 "신학"의 "예과"(豫科, rhetorics)로서 발달하여 와서, 말하자면 대학교가 신학부 속에 예속하게 된 역사적 현실을 망각하는 것입니다. 반대로 학문의 내용상 "신학"이 "철학"에 예속되게 된 것을 말합니다. 이에 반대해서 바르트가 "신학의 장소"를 "문화의 장소"인 대학이 아니고, "말씀의 장소"인 "교회"에 잡은 것은 바른 판단이었습니다. 그리하여 그는 "실존주의철학"에 기초한 "기독교 교의학"(Christliche Dogmatik)을 한 권을 낸 후, 돌연 변하여서 "말씀의 신학"에 기초한 "교회교의학"(Kirchliche Dogmatik)을 내게 되었던 것입니다. 말하자면 Barth는 현대 신학의 조류 속에서 "신학"을 "문화의 장소"로부터 해방시켜 그 본래의 장소, 즉 "교회" 안으로 끌고 들여온 공로자라고 할 수 있습니다. 이것은 레위 지파를 다른 열한 지파로부터 구별하여서 고유의 직무, 즉 성전에서 시무케 한 일이라 하겠습니다.

레위지파가 "성막에서 시무"한 일은 ① 여호와의 언약궤를 메고 ② 여호와 앞에 서서 그를 섬기며 ③ 여호와의 이름으로 축복하는 일(신 10:8)이었습니다. 성막의 중심은 언약궤입니다. 언약궤는 언약의 두 석판 또는 증거판을 그 궤 속에 두고, 그 궤 위에 속죄소를 만들어 얹고, 속죄소 두

끝에 두 그룹을 만들어 얼굴은 서로 대하게 하고 날개를 펴서 속죄소를 덮게 한 것입니다. 하나님께서 이와 같이 언약궤를 만들게 하시고 말씀하시기를 "거기서 내가 너와 만나고 속죄소 위 곧 증거 궤위에 있는 두 그룹 사이에서 내가 이스라엘 자손을 위하여 네게 명할 모든 일을 네게 이르리라"(출 25:22)고 말씀하시었습니다. 언약궤가 의미하는 것은 이스라엘 백성이 하나님을 만나는 양식입니다. 인간은 하나님 앞에 계명을 지킬 것이 요구됩니다. 계명을 지키면 복을 주시고 계명을 어기면 저주가 있을 것이라는 약속을 말합니다. 그러나 "모든 사람이 죄를 범하여서 하나님의 영광에 이르지 못하게 되었습니다." 그러므로 하나님께서 "속죄소"를 마련하여 주시었습니다. 곧 예수 그리스도의 보혈로 죄 사함을 받고 성령으로 강림하여 오시는 은혜의 하나님과 만날 수 있게 하신 것입니다.

레위지파의 하는 일은 예수 그리스도를 상징하는 희생제물을 잡아서 하나님 앞에 화목제물로 드리고 죄속함을 얻은 이스라엘을 하나님의 약속대로 축복하는 일입니다. 한 마디로 말해서 레위지파의 한 일은 이스라엘 백성이 희생 제물로 인한 속죄를 받아서, "너희 모든 죄에서 너희가 여호와 앞에 정결하리라"(레 16:30) 하신 언약의 말씀을 따라 이스라엘 백성의 죄를 속(贖)하고, 그 결과로 계명을 지킨 자에게 약속하신 축복을 받도록 축복하는 일입니다. 이 일은 구약시대에는 오실 그리스도의 대속을 바라보면서, "죄 사함 받은 결과 나타나는 축복을 받는 것이며", 그리스도 오신 이후에는, 골고다의 대속을 "믿음으로 말미암아 의롭다하심"을 얻고, 이에 따르는 "그리스도로 말미암는 모든 유익"에 참여함을 얻게 되는 일입니다. 그리고 이 일이 전적으로 "복음을 믿음"으로 말미암음으로, 오늘에 있어서의 목사가 주로 해야 하는 일은 "복음을 전하는 일"이란 것이 명확하게 됩니다.

4. 하나님께로 나가는 단 하나의 길

(1) 율법의 요구를 이루어야 함

사람이 하나님께로 나가는 일은 단 한 길밖에 없습니다. "율법의 요구"(롬 8:4)를 이루는 일입니다. 율법의 요구는 "마음을 다하고 성품을 다하고 힘을 다하여 하나님을 사랑하고, 그리고 모든 사람을 제 몸과 같이 사랑하는" 일입니다. 이것은 율법 전체의 핵심입니다(마 22:40). 이것이 이루어지면 율법 전체가 만족되고 이것이 깨지면 율법 전체가 깨지게 됩니다. 그러기에 예수께서는 "내가 무슨 선한 일을 하여야 영생을 얻으리이까?" 하고 묻는 사람에게 "네가 생명에 들어가려면 계명들을 지키라"고 말씀하시면서 특히 "네 이웃을 네 몸과 같이 사랑하라"고 하시었습니다(마 19:17, 19). 우리가 하나님을 마음을 다하여 사랑하지 않는 것은 우리 속에 다른 것에 대한 사랑이 깃들어 있음을 의미하고, 이것이 결국 "두 마음"을 가진 것이고 사실은 하나님을 사랑하지 않고 있음을 의미합니다. 하나님만을 사랑하고, 힘을 다해서 하나님을 사랑하는 사람만이 하나님께 합당하다는 것은 자명한 일입니다. 다른 것에 사랑이 갈라진다는 것은 다른 것에 탐심(貪心)이 있는 것이고, 그것이 곧 우상숭배입니다. 욕심이 잉태한즉 죄를 낳고 죄가 장성한즉 사망을 낳습니다.

"이웃사랑"의 심각성은 마지막 심판의 표준을 이 한 가지에 두고 있음을 보면 알 수 있습니다. 마지막 심판대 앞에는 이제까지 태어난 모든 민족을 그 앞에 모으고, "이웃사랑한 자들"을 오른편에 "이웃을 사랑하지 않은 자들"을 왼편에 갈라놓고, 오른편에 있는 자에게는 "내 아버지께 복 받을 자들이여 나아와 창세 때부터 너희를 위하여 예비된 나라를 상속하라"고 하시고, 왼편에 있는 자들에게는 "저주를 받은 자들아 나를 떠나 마귀와 그 사자들을 위하여 예비된 영원한 불에 들어가라"고 하는 것입니다. "저희는 영벌(永罰)에, 의인들은 영생에 들어가리라" 하십니다.

이와 같이 하여 모든 인간은 두 부류로 나뉘어집니다. 이웃을 사랑하는 자, 곧 하나님께서 기뻐하시는 자와 이웃을 사랑치 않는 자, 곧 하나님께서 미워하시는 자, 두 부류입니다. 문제는 나 자신이 어느 편에 속하는가의 문제입니다. 성경은 이 문제에 대하여 명확한 답을 주십니다. 모든 사람이 죄를 범하였으매 하나님의 영광에 이르지 못하게 되었다는 사실입니다. "마음이 가난한 자"가 어디 있습니까? 하나님 보시기에 두 마음을 품지 않은 자가 어디 있습니까? 이웃을 제 몸과 같이 사랑하는 자가 어디 있습니까? 그러므로 "나 자신"을 포함해서 "길거리에 다니는 모든 사람"이 "가라지", 곧 "악한 자의 아들들"입니다. 그러므로 나 자신을 포함하여 길거리에 걸어다니는 모든 자들의 최후 운명은 분명합니다. "가라지를 거두어 불에 사르는 것 같이 세상 끝에도 그러할" 것이라고 하셨습니다. "불법을 행하는 자들을 곧 악인을 의인 중에서 갈라내어 풀무 불에 던져 넣으리니 거기서 울며 이를 갊이 있게 될" 것입니다.

(2) 하나님께로 나가는 단 한 길

우리가 하나님께로 나가는 길은 단 한 길 밖에 없습니다. 마음에 갈라짐이 없이 하나님을 사랑하고 진심으로 이웃을 사랑하게 되는 길 한 길뿐입니다. 종교개혁시대로부터 이 문제에 대해서 심각한 오해를 하여 왔습니다. 종교개혁시대에는 무율법주의(無律法主義, anomism)의 오해입니다. Wesley 시대에는 반율법주의(反律法主義, antinomianism)입니다. 두 가지 주장이 모두 율법을 지키지 않아도 영생에 들어갈 수 있다는 오해입니다. "우리가 의롭다하심을 받는 것은 믿음으로 말미암는 것이지 율법의 행위로 되는 것이 아니라"는 진리 때문에 그런 잘못된 오해를 품게 된 것입니다. 사도 바울은 이 점에 대해서 분명히 하였습니다. "그런즉 우리가 믿음으로 말미암아 율법을 폐하느뇨 그럴 수 없느니라 도리어 율법을 굳게 세우느니라"(롬 3:31). 그러므로 우리는 우리 자신의 능력으로 "율법의 요구"를 이룰 수 있다는 착각을 버리고, 오로지 "예수님을 믿음으로" 하나님께서 우리 안에서 시작하신 선한 일을 이루시는 그 한 길밖에 남아 있지 않습니다. "나 자신"을 포함하여 "온 인류"가 하나님께로 나갈 길은 단 한 길뿐입니다. "자비로우신 하나님"께 의지하여 그의 아들의 보혈로써 죄 사함을 받는 길 밖에는 없습니다. 진실로 "그가 찔림은 나의 허물을 인함이요 그가 상함은 나의 죄악을 인함입니다." 그리고 "그가 징계를 받음으로 내가 하나님께 화평함을 얻었습니다." "그가 채찍에 맞음으로 내가 나음을 입어 새사람이 되었습니다." 이제는 "성령께서 내 영혼에 사랑의 인(印)치심을 주시어 내가 자녀 됨을 증거 하십니다." 그러므로 "내가 하나님을 내 아버지라 부르게" 되었습니다. 그리하여 하나님께서 첫째로 나에게 "그 아들의 형상을 입히시기를 기뻐하시고", 둘째로 "그의 선하심으로 인하여 내 속에 시작하신 선한 일을 끝 날까지 완성하실 것"입니다. "하나님께로부터 난자마다 범죄치 아니하는 줄을 우리가 아노라"(요일 5:18)고 하셨습니다. "내가 내 육체 가운데 살고 있으나 내가 사는 것이 아니고 그리스도께서 내 안에 살고 계심으로" 이 "믿음"에서 떨어지지 않는 한 참으로 "율법의 요구"를 이루고 하나님께 나감을 얻게 됩니다. 나 자신을 볼 때에는 죄와 사망의 법아래 있는 육체일 뿐입니다. "짐승과 마귀의 얼룩진 혼합물"(a motley mixture of beast and devil)이라고 한 Wesley의 표현은 그대로 내개 해당됩니다. 그러나 보혈로 내 죄를 사하시고 그리스도의 형상을 내 속에 나타내시고 또한 그것을 내 것으로 보시는 하나님께 감사할 뿐입니다. 그리고 하나님께서는 많은 허물과 정결치 못함에도 불구하고 내 속에 이루신 그리스도의 심령을 그것이 내 것이 아니고 그리스도의 것인 까닭에 그리고 하나님의 선하심의 얼굴이기 때문에 "완전한 것"으로 받아 주십니다. 참으로 "할렐루야" 하나님께 감사 찬송할 뿐입니다. "율법은 육신 앞에서 무력함으로 우리로 하여금 그 요구를 이루게 하지 못합니다." 그러나 하나님은 하실 수 있습니다. 곧 "죄를 인하여 자기 아들을 죄 있는 육신의 모양으로 보내어 육신에 죄를 정하시고 율법의 요구를 이루게 하셨습니다"(롬 8:3-4).

5. 새 천년에 있어서 신학교육의 방향

이 모든 일이 "하나님"께서 "친히" 하시는 일입니다. 하나님께서 "율법의 요구"를 이룰 것을 요구하십니다. 하나님께서는 의를 기뻐하시고 불의를 미워하십니다. 하나님께서 "자비로우시며 은혜로우시며 노하기를 더디 하시고 인자와 진실"이 많으신 하나님이십니다. 하나님께서 독생자를 보내 주시고 그의 보혈로 죄를 멸하시고 불의한 우리를 그의 아들로 의로 감싸주십니다. 하나님께서 우리를 그의 "자녀"라 불러 주시고 그의 사랑의 영(靈)으로 우리 속마음을 뜨겁게 인쳐주십니다. 그런데 이 모든 일은 그의 좌우에 날선 검으로 하십니다. 그의 말씀 능력이 나타나 심령들을 쪼개고 갈라서 상하게 하시고(wounded) 싸매어 주십니다(healed). 이 일을 위해 하나님께서는 그의 종들을 세우셔서 종들의 입을 빌려서 당신의 음성을 발하십니다. 그리하여 우리는 하나님의 종들의 입에서 울려 나오는 말씀을 "하나님의 입으로 나오는 말씀"으로 받아 "아멘"(믿습니다)으로 응답하는 것입니다. "믿음은 들음에서"(fides ex auditu), 이것은 하나님께서 교회에게 베푸신 영원한 구원의 방식이요 특권입니다. "네 위에 있는 나의 신(神)과 네 입에 둔 나의 말이 이제부터 영원토록 네 입에서 떠나지 아니하리라"(사 59:21)고 하신 약속은 목사들의 말씀사역의 영원한 기초가 됩니다.

그러므로 21세기에도 신학교에서 주로 해야 할 일은 "전도인"(傳導人)을 키우는 일입니다. 뭇 영혼에게 먼저 "자기가 비참한 죄인"임을 깨닫게 하고, 나가서 "죄 사함의 복음"을 최대의 권위와 친절로서 설득하여서 "회개하여 예수를 믿고 죄 사함을 얻게" 하는 일입니다. 이 일이 또한 21세기에 있어서 인류의 유일한 살 길임이 분명합니다. 그러나 21세기의 인류에게 생명을 주실지 멸망을 주실지는 하나님께서 하실 일입니다. 그러므로 "사회를 바로잡기 위해 복음을 전한다"는 일은 처음부터 잘못된 일입니다. "사회복음주의"는 출발점이 잘못되어있습니다. "복음"을 "사회개선"의 수단으로 변질시키는 일은 "복음"을 그 "구원능력"의 근원에서 끊어 버리는 우(愚)를 범하는 일입니다. 이것은 기독교인에게 사회적 책임이 없다는 것이 아닙니다. 사회적 책임을 다하지 못하는 사람은 누구든지 지옥가게 될 것입니다. "복음"은 "지옥인"(地獄人)을 "천국인"(天國人)으로 변화시키는 "하나님의 능력"입니다. 그러므로 21세기에 있어서의 기독교회가 총력을 기울여야 할 일은 "죄와의 전쟁"입니다.

웨슬리가 반세기 이상을 오로지 멸망 받을 영혼구원에, 단 이 한 가지 일에 집중할 때에, 하나님께서는 영국 사회를 축복하시고 또한 변화도 주셨습니다. 이 일은 웨슬리 "전도운동"에, "많은 거룩한 백성"을 일으키시는 은혜를 "겸하여 주신 축복"이었습니다. 그는 "곡식이 무르익은 곳"이면 광산이든 공장이든 물불을 가리지 않고 달려가서 "상함 받고"(sounded) "고침 받는"(healed) "단 한 가지 필요한 것"(one thing needful)을 하기에 전념하였던 것입니다.

마지막으로 20세기에 세계 최대의 신학자 박형룡(朴亨龍) 박사의 글을 인용함으로 여러분의 "새 천년을 위한 신학교육의 방향"을 찾는 일에 참고가 되길 바랍니다.

전도자는 중심이 뜨거운 불의 사람이 되어야 한다. 강도(講道)인이 강단에 설 때에 기억할 것은…그 회중 가운데 열린 하늘과 주의 환상을 보고서 갈급한 심령으로 임해야 한다는 것…그가 얼굴을 향하여 마주보고 있는 매인(每人)이 다 그리스도께서 위하여 피 흘린 사람이라는 것을 명심해야 한다. 강도자가 이런 사정을 의식한다면 그의 심령은 불을 일으켜, 모든 무기력과 형식적인 것이 복음적 열정에 삼키운 바 될 것이다. 권위적 영감(靈感)의 원천이 이에 있다. 그리고 교회의 최고 수요(需要)는 고금에 일반이니 그것은 그리스도를 위한 불의 사람들이다. 이 불길을 끄지 않도록 강도인 자신이 주의해야 한다(『박형룡 박사 저작전집』 ⅩⅥ, 287).

여기서 우리는 전도인(傳道人) 박형룡을 보고 그리고 부흥사(復興師) 박형룡을 봅니다. 그 "불길"의 근원은 "매인"(每人)이 "그리스도께서 위하여 피 흘린 사람"를 향한 뜨거움이요 또한 모든 죄인을 향한 "중심의 뜨거운 불길"의 근원이고, 두려워 떪으로서 구원을 이루어야 할 모든 성도들을 향한 "불길"의 근원임을 바로 가르쳐 주십니다.

Ⅱ. 새 천년과 복음주의 신학의 과제

전 문
1. 복음주의 신학의 과제
2. 자유주의 신학의 허위성
3. 기독교 종교의 진리성과 서양
4. 20세기 최대의 신학자 박형룡
5. 오늘날 진리에서 떠난 인류
6. 20세기의 교훈
7. 교회사를 일관하는 유일의 진리
    (1) 박형룡 박사의 가르친 진리
    (2) Calvin주의 전통의 세 갈래
    (3) Calvin과 Wesley
    (4) Calvin과 Wesley의 핵심진리
    (5) 새 천년의 인류의 살 길
8. 오늘에 있어서 우리의 종교적 관심의 초점
    (1) 반율법주의의 오류
    (2) 선행이 따르는 신앙
    (3) Wesley의 종교적 관심의 초점
    (4) 진리의 중심점 명확
    (5) 세계한인신학자대회 개최 제안

전 문[1]

한국복음주의 신학회(Korea Evangelical Theology Society, KETS)의 조직은 1970년으로 소급됩니다. 그리고 그 결정적인 공로자는 조동진, 김의환 두 분께 돌리지 않을 수 없습니다. 두 분은 이미 국제 활동을 하던 분들로써 1970년 5월 4일에 World Evangelical Fellowship의 총무 Dr. Dennis E. Clark의 내한과 동년 6월 1일에 WEF의 Asia Coordinator of Theology인 Dr. Saphir Philip Athyal의 내한으로 6월 4일 후암교회에 "한국복음주의 신학위원회"(Korea Evangelical Theological Commission)를 조직하기로 하고 총신 최의원, 장신 한철하, 서울신 조종남, 고신 오병세 박사로서 구성하였고 나에게 위원장(Convenor-Coordinator)직이 위촉되었습니다. 그러나 김의환 박사가 미국으로 이민감으로써 사실상 그 활동이 중단되었습니다. 그리고 KETS가 본격적으로 조직되게 된 것은 1974년에 아세아연합신학대학(Asian Center for Theological Studies and Mission, ACTS)이 창설된 후 ACTS를 중심으로 김명혁, 이종윤, 정규남, 이형기 등이 정례적으로 사적으로 모이게 된 때이었으며, 마침내 1981년 여름에 본인이 보관하고 있던 Commission시대의 회칙과 재정을 넘겨주므로 정식으로 발족을 보게 되었습니다.

복음주의 신학의 과제를 처음으로 명확히 제시한 것은 1989년에 이르러서였습니다. 이때에 한국복음주의 신학회에서 이 문제를 정식으로 문제 삼기 시작하였습니다("성경과 신학" 제 7권에 참조). 그 내용은 한 마디로 말해서 복음주의 신학에는 중심점이 있다는 발견입니다.

기독교 종교에서 중심점을 분명히 내세우는 일은 "자유주의 신학"에서 언제나 있어왔으나, "보수주의 신학"에서 제시한 적은 별로 없었습니다.

---
[1] 2002년 10월

그것은 보수주의신학은 기독교의 중요 교리들을 수호(守護)하는데 전념하여 왔고 그 중요 조항 하나하나가 중요한 것으로 어느 교리에다 중점을 두어야 하는지는 분명히 하지 못하였습니다.

그러나 나는 그 당시 Calvin의 신앙의 정의 "하나님의 우리를 향하신 선하신 뜻에 대한 확신"(devinae erga nos benevoletiae cognitio)에서 중심점을 발견하게 되었습니다.

그 후 다시 10년이 지나 새 천년을 맞이하게 되자 자연히 "복음주의 신학"이 어떤 신학이어야 하며, 무엇을 하는 신학이어야 하겠는가의 문제가 제기될 수밖에 없습니다. 나는 그간 벌써 수차례에 걸쳐 KETS를 향하여 기독교 종교의 중심진리를 전 세계에 선양할 것을 제안하여 왔습니다.

이 논문집에서 진일보(進一步)한 것이 있다면 그것은 이 중심진리가 "유일의 진리"라는 발견입니다. 이신득의(以信得意)의 교리가 기독교의 핵심진리라는 것은 누구나 잘 알 것입니다. 그러나 이 진리밖에 다른 진리는 없다는 것을 아는 일은 또 별개의 일입니다. 이 논문집이 "인류구원의 유일의 길"이란 부제를 걸게 된 것이 같은 맥락에서입니다. 유일성 주장은 모든 것을 다 검토한 끝에만 할 수 있는 주장입니다. 나는 다시 여기서 이것을 주장하여 마지 않습니다.

1. 복음주의 신학의 과제[1]

사람은 다 거짓되되 오직 하나님은 참되시다 할찌어다 기록된 바 주께서 주의 말씀에 의롭다 함을 얻으시고 판단 받으실 때에 이기려 하심이라 함과 같으니라(롬 3:4).

---

1) 한국복음주의 신학회, 2000년 4월 21일(금)

복음주의 신학의 과제는 새 천년 인류에게 진리를 명확하게 제시해서 인류가 살 길이 단 이 한 가지 길임을 분명하게 보여주는 일입니다.

그러기 위해서는 먼저 기독교 안에 벌어지고 있는 혼란부터 정리해야 합니다. 오늘날 기독교 안에서 무엇이 진리이고 무엇이 비진리인지를 판가름하는 일이 쉽지 않은 상태에 빠져 있습니다. 복음주의 신학이 새 천년에 있어서 인류에게 참 구원을 주기 위해서는 우선 기독교 안에 난무하고 있는 ① 비진리(非眞理)의 소용돌이부터 정리해야 하고 또 한 그 작업에 앞서서 ② "무엇이 참된 기독교 진리인가"부터 명확히 제시해야 합니다. 이 두 가지 작업은 사실 하나의 작업이라 할 수 있습니다. 그리고 사실은 새 천년의 인류를 향해서 "여기에 살 길이 있다"고 "살 길"을 제시하는 작업이 되어야 하겠습니다. 우선 기독교내에 자유주의와 보수주의 두 신학조류로 나눌 때, 그리고 교회를 자유주의 신학을 용납하는 교회와 그것을 용납치 않는 교회로 나눌 때, 문제는 "자유주의 신학"의 타당성 문제입니다. 즉 진리성 문제로 귀착됩니다. 우리의 주장은 자유주의 신학은 "진리"에서 이탈해서 문화화 된 기독교의 일종으로서 그것부터 진리에로 인도해야 할 책임이 복음주의 신학운동 안에 들어 있다는 것입니다. 그리고 "자유주의 신학"에 대한 첫째 과제는 그 방법론에 대한 검토로부터 시작해야 합니다.

무릇 신학뿐만 아니라 모든 학문이 아니 학문뿐만 아니라 만사가 그 방법이 틀리면 결과가 틀리는 법입니다. 방법이 어떻든 결과만 좋으면 좋다는 것은 잘못된 사고인 것이 명확합니다. 더욱이 학문에 있어서는 그 학문의 과학성은 전적으로 방법론에 달려 있습니다.

2. 자유주의 신학의 허위성

자유주의 신학의 허위성은 그 방법론의 비과학성뿐만 아니라 그 출발점의 오류에서부터 시작됩니다. 무릇 신학의 대상은 하나님이심으로 "하나님"에 대한 바른 이해 없이, 다른 이해들을 그 진리대상에 적용해 보았자 처음부터 맞지 않은 것은 명확합니다. Cornelius Van Til의 유신론적 전제주의(theistic presuppositionalism)가 지적하는 대로, 하나님에 대해서 논할 때 하나님께서 모든 것의 전제가 되심으로, 이 사실에 대한 신앙에서 출발하지 않는 모든 사고와 행위가 다 거짓되게 나타나는 것은 자명한 일입니다. 한 마디로 말해서 기독교 신학은 "하나님에 대한 바른 신앙"에서 출발해야 참된 신학이지, 그 외에 다른 모든 출발점이 허위이고 그 출발점의 오류는 그것이 사고든, 행위이든, 특히 신학인 경우에, 그 전체가 거짓으로 나타날 수밖에 없습니다.

신학은 출발점뿐만 아니라 그 방법론도 대상에 맞는 방법론을 써야 합니다. 신학의 대상은 "사람의 말과 지혜의 아름다운 것"으로 할 대상이 아니고, "성령의 나타남과 능력으로" 증거 해야 할 대상입니다. 그럼에도 불구하고 어떤 "아름다운 사상" 하나 가지고 그 엄청난 대상을 온통 그 철학 속에 가두어 넣으려고 해도, 그 모든 것이 "언어유희"(language game)에 불과하게 되고 "진리"에서는 멀리 떨어지게 됩니다. 더욱이 "죄인"이 죄와는 상극되는 대상에 대할 때에, "회개"와 "죄 사함"밖에 대할 길이 없습니다. 그럼에도 불구하고, 그 사실을 덮어놓고 그 엄청난 대상을, "아름다운 말로서"대하려고 할 때 그것이 "기독론"의 말이든지, "성령론"의 말이든지, 어떤 말이든지, 진리에서는 멀고 허위에 불과하게 됩니다. 그런 거짓 것들이 역사의 무대에서 말끔히 도태되어 가는 것을 우리는 보고 있습니다. 자유주의 신학은 한 없이 다양하고 자유주의 신학자의 수만큼 자유주신학의 수도 많습니다. 단 그러나 한 가지 점에서 공통되는데, 그것들은 "진리"가 아니고, 따라서 그 철학들은 역사의 지평(地坪)에서 반드시 사라지리라는 사실입니다.

　복음주의 신학의 과제는 너무나 크고 중대합니다. 그럼으로 진리에서 떠나서 인류를 속이고 있는 자유주의 신학에 대해서는 지면을 아끼고, 복음주의 신학을 먼저 다루어야 하겠습니다. 특히 우리는 단 하나의 기독교 종교 진리의 확정의 작업을 일치해서 이룩하고, 더 나가서 자유주의 신학의 복음화 작업과, 21세기 인류를 향한 구원 작업을 이룩하여 나가야 할 것입니다.

3. 기독교 종교의 진리성과 서양

"기독교 진리"가 거짓이었다면, 어떻게 2천년 동안 이와 같이 인류 사이에 퍼져 왔으며, 그 "진리성", "감화력"을 발휘하여 왔겠습니까? 그 "진리성"을 가장 명확하게 나타냈던 예수님과 사도들은 적대 세계 속에서 그들의 당대에 전(全) 로마 세계를 정복하였으며, 사도 바울은 로마 성도들의 보냄을 받아서 땅끝 즉 서바나로 이 진리를 전파하러 갈려고 하였던 것이 아닙니까! 교회가 이 진리를 배우려고 열심하였고 실천하기에 열심하였던 때는 계속 왕성하였고, 서양이 완전히 기독교화 되었던 것입니다. 우리는 이 점에 있어서 중세와 종교개혁 당시와를 엄격히 구별하지 않겠습니다. 중세도 박형룡 박사의 말과 같이 오류와 폐단이 많았으나 "사도적 신학"을 전승하고 있었으며, 하나의 기독교 체제(Corpus Christianum)이었습니다. 그러나 서양 기독교 세계 속에 문예부흥(Renaissance)의 틈을 타서 인본주의(humanism)가 침투하여 들어왔습니다. 이 불신앙(不信仰)의 세력은 마침내는 사회 표면에 등장하게 되었고, 드디어는 이 불신앙의 조류가 교회의 신학에까지 침투하게 될 때 서양교회는 쇠퇴의 길을 걷기 시작했습니다. Kant의 불신앙적 철학과 신학은 19세기 서양 자유주의 신학의 manifesto이었습니다. 20세기를 시작하는 해에 Adolf von Harnack이 사도신경의 신앙을 전면적으로 도전하고 나섰고 서양교회는 이것을 묵인할 뿐만 아니라 오히려 환영할 때에, 100년 어간에 "이름만"의 기독교 인수도 반감(半減)하게 되었고, 사실적으로 오늘날 서양교회가 전멸 상태에 들어가는 참상을 빚었습니다.

"기독교진리"는 본래 어렵고 복잡한 것이 아니었고, 가난한 자, 무식한 자, 어린이들, 죄인들, 병든 자들의 것이었습니다. Toynbee의 말을 빌리면 "그리스도인"들은 로마의 초 국가(Superstate) 밑에 내적 푸로레타리아트(Internal Proletariat)이었습니다. 이 "단순한 신앙진리"를 예수님 당시에는 "율법사", "서기관"들이 마치 자기네들의 전유물인 양 선전하여, "천국문을 닫고 자기들도 들어가지 않을 뿐만 아니라 들어가려고 하는 자도 들어가지 못하게" 하였습니다. 똑같은 일을 Kant 이후 서양신학자들이 기독교가 아닌 것을 기독교 진리인양 선전하면서 천국문을 굳게 닫고 교회를 오도하고 있습니다.

4. 20세기 최대의 신학자 박형룡(朴亨龍)[1]

---

1) 작은 한국땅에서 세계에 별로 알려져 있지 않은 박형룡 박사를 "20세기 최대의 신학자"라고 말하는 것은 과장된 주장이라고 할 사람이 많은 줄 압니다. "최대"라고 한다면 사실 "최대"이어야지 그렇지 못한 것을 억지로, 또 허위로 "최대"라고 해서는 아니 됩니다. "최대"라 할 때, 20세기의 모든 신학자와 비교해서 "최대"이어야 하는데, "모든" 신학자들을 다 검토해 보았느냐? 라고 유치한 질문을 한다면, 그런 유치한 질문에는 답할 필요도 없다고 생각합니다. 씨름에 있어서 "천하장사"가 한국 최대의 씨름꾼이지만 한국의 모든 씨름꾼과 다 겨루어 볼 필요가 없습니다. 세계에서 알려진 기독교 신학자들이 있습니다. Kant라든지 Schleiermacher라든지, Ritschl이라든지, Barth, Pannenberg, Moltmann 등 그 시대, 그 시대의 최대란 이름을 붙여도 무방할 것입니다. 나에게 알려진 최대 신학자들과

비교해 볼 때, 그들이 모두 박형룡 박사의 위대성에 미치지 못하기 때문에 의당 "박형룡 박사"를 최대로 뽑는 것이지 공연히 공정한 객관적 비교도 없이 허튼 소리하고 있는 것이 아닙니다.

신학이 훌륭하다고 평가를 받기 위해서는, 첫째로 "진리로운 신학"이어야 합니다. 오류가 들어 있어서는 아니되고 또 결함이 있어서는 아니됩니다. Karl Barth는 사실 자유주의 신학 진영에서 고금(古今)의 최대 신학자로 꼽아도 좋을 줄 압니다. 그러나 Barth 신학은 심각한 "오류"를 범하고 있습니다. Cornelius Van Til도 나는 세계 최대급의 신학자로 꼽아도 좋을 줄 압니다. 그러나 그에게 바른 신관(神觀) 수립에는 강하나 구원론에 있어서는 약하다는 결함을 가지고 있습니다.

둘째로, 오류가 없고 결함이 없다 해서 다 위대한 신학자라 할 수 없습니다. 기독교가 봉착하고 있는 시대적인 문제들을 능히 성공적으로 다루어야 합니다. 박 박사는 1923년에 미국 유학 가는 길에 동경에 들렸을 때, 그 당시 Bolshevik 혁명의 영향하에 무신론 사상이 퍼져 있는데 격분하여 "Anti-Christian Inferences From Natural Science"(과학의 반기독교적 총론들)를 그의 박사 논문으로 취급하였습니다. 변증학(辨證學)들이 대개가 겨우 하나님에 대한 신앙을 세우는데 그치나, 박 박사는 사도신경의 주요 신앙 내용들을 확신 있게 세우고 있습니다. 그의 평생의 노력은 역시 그 당시 한국교회에까지 퍼져 들어오는 Barth 신학에 대항해서 바른 신앙 확립에 경주하였습니다. 그는 그 당시에 대두하였던 주요 신학 사상을 다 다루고 있습니다. 진화론(Evolutionism), 과정신학(Process Theology), 상황윤리(Situational Ethics) 등. 사실 그는 기독교 신앙을 바로 수호함으로서 전 세계교회의 교사로서의 면모를 드러내고 있습니다.

셋째로, 사실 위에 언급한 정도의 신학자는 세계에 수 없이 많다고 할 수 있습니다. 박형룡 박사에게 있어서 참된 위대성은 그가 바울신학 전통이라고 말하고 있는 기독교의 중심진리를 고대, 중세, 종교 개혁 및 그 후에 이어지는 교회 신조들에 있어서 확인하고 있는 점입니다. 서양의 신학자들이 대개가 중세를 비판하는데 그치지만 박 박사는 "중세교회는 오류와 폐단이 많으나 저 사도적 신앙을 잃지 않았다"고 보고 있습니다. 박 박사는 후에 대두하여 전 세계 교회를 휩쓴 자유주의 신학의 불신앙을 염두에 두고 하는 말입니다.

Abraham Kuyper가 중세 성직주의(Sacerdotalism, 聖職主義)를 신랄하게 비판하면서도, 무신론과의 싸움에 있어서는 우군(友軍)으로 간주하고 있는(Abraham Kuyper, Lectures on Calvinism, 183) 것과 같은 맥락입니다.

넷째로, 역사적 기독교 종교에 있어서 바른 중심(이신득의 신앙)을 세우는 신학이 쉽지 않으나, 더욱이 그 중심을 하나의 교리의 단편으로서가 아니고, 감동과 부흥의 근원을 파악하는 일이 희귀하지만, 그 감동과 전통 신앙보수의 열심을 겸하고 성경신앙보수를 하고 있는데 그의 위대성이 있습니다. 온 세계가 Calvin주의와 Arminian주의로 갈라서 있습니다. 그러나 박형룡 박사에 있어서는 정통(orthodoxy)과 부흥(revivalism)이 완전히 조화를 이루고 있습니다. 이것은 18세기 신앙대각성운동(The Great Awakening)이 19세기 동안 미국 땅에서 계속 꽃 피다가, 초기 선교사들에 의해서 한국 땅에 심겨진 결과라 하겠습니다. 박형룡 박사는 해방 후 밀려들어오는 자유주의 신학에 대항하여, 성경을 원위치에 확정하였고, 정통신앙을 수호하는 한편, 초대 선교다들의 산 동료로서, 신앙부흥운동의 근거지로서의 역할을 담당하여 왔던 것입니다.

마지막으로, 한 신학자가 신학자로서 그치는 한, 위대하다고 할 수 없습니다. Luther, Zwingli, Calvin, Butzer, Wesley 등 한 교회의 창설과 부흥에 사실적 공로가 인정될 때, 그 신학의 위대성이 인정됩니다. 한국교회사에 있어서 박형룡 박사의 남산 신궁(神宮)

20세기 동서양을 망라하고 박형룡 박사를 최대의 신학자로 꼽는 이유는 동서양의 허다히 많은 신학자들 속에서 박형룡 박사만이 기독교의 역사를 일관하는 단순한 "진리"에 주목하고 선양하였기 때문입니다.

그는 디모데후서 2:2에서 "사도 바울의 가르침" 즉 "바울신학"을 "기독교의 중심진리"로 삼았고, 이 신학이 고대교회-중세교회-개신교회-보수신학을 일관하는 "진리"로 보고 있습니다. 여기서 자유주의 신학을 우리가 수에 넣을 필요가 없습니다. 그러나 어느 복음주의 신학자, 정통주신학자, 근본주의 신학자가 박형룡 박사와 같은 열정으로 기독교의 중심진리를 수호선양(守護宣揚) 하기에 힘을 다했습니까. 박형룡 박사는 사도시대로부터 중세를 거쳐 오늘에 이르기까지의 디모데후서 2:2 적(的)인 기독교 진리를 교회사를 일관하는 유일의 진리로서 열정을 가지고 수호하였습니다.

박 박사는 이 중심진리를 아래와 같이 선언합니다.

> 복음주의 기독교신앙은 하나님께서 우리 사람을 위하여 구속을 준비하셨다고 하는 『좋은소식』이다. 이 신앙은 긍정하기를 죄로부터의 구원은 사람의 어떤 선행이나 공로에 의해서 얻는 것이 아니라 전적으로 하나님의 은혜로 말미암아 주어진다고 한다(『박형룡 박사 저작 전집』 XIII, 304).

터의 의미를 모르는 사람은 한국교회사를 바로 보았다고 할 수 없습니다. 남산의 오순절적 성령의 뜨거운 신앙 불길은, 당시에 30만에 불과했던 한국교회를 1천 5백만으로 성장시키는 "교회성장폭발"(Korean Church Growth Explosion)을 이루었던 근원지였습니다. 강도자(講道者)가 회중의 한 사람 한 사람을 그리스도께서 위하여 죽으신 영혼들로 확인될 때, 그 마음에 일어나는 성령의 감동의 불을 끄지 말아야 할 것을 부르짖고 있습니다. 박형룡 박사는 해방직후에 들어오는 김재준(金在俊) 교수를 주축으로 하여 한국교회에 밀려들어오는 자유주의 신학과 싸워서 정통신학을 보수하는 한편, 18세기 신앙대각성운동을 한국 땅에서 계속 꽃피우고, 한국교회의 계속적 상장을 일으키는 데 결정적인 공헌을 하였다고 아니할 수 없습니다. 한국교회의 이 신학과 신앙의 노선만이 21세기 인류의 살 길이라면 "박형룡 박사"를 "20세기 최대의 신학자"라 해서 잘못이라고 할 수 있겠습니까?

이것은 복잡한 신학이 아닙니다. 죄인이면 누구나가 기뻐할 진리입니다. 하나님께서 아무 공로 없어도 은혜로 주시는 구원의 진리입니다. 이것은 예수 그리스도로 말미암은 죄 사함의 진리입니다. 이것은 바울-어거스틴-루터-칼빈-웨슬리를 일관하는 "오직 믿음"(sola fide)으로의 진리입니다. 이것은 최권능 목사님이 힘써 외쳤던 "예수! 천당!"의 단순한 신앙진리입니다.

5. 오늘날 진리에서 떠난 인류

이 단순한 진리 누구나 필요한 유일의 진리! 오늘날 온 인류가 이 진리에서 떠나서 허무 속으로 달음박질하고 있습니다. 멸망의 종국을 향하여 거세게 밀려가고 있지 않습니까? Calvin은 이와 같은 오늘의 인류의 파국을 일찍이 경고한 바 있습니다. 즉 하나님께서 허락하신 도움을 방해물로 만드는 일(turning helps into hindrance)을 해서는 안 된다는 경고입니다. 일찍이 사도 바울도 같은 충고의 말씀을 명확히 준 바 있습니다. "너희에게 하늘로서 비를 내리시며 결실기를 주시는 선한 일을 하사 음식과 기쁨으로 너희 마음에 만족케 하신 것"은 "자기를 증거하사", "사람으로 하나님을 혹 더듬어 찾아 발견케 하사", "천지와 바다와 그 가운데 만유를 지으시고 살아 계신 하나님께로 돌아오라 하심"인데, 오늘날 사람들은 이 충고를 무시하고 어리석게도 "음식과 기쁨으로 마음의 만족만"을 찾고 있습니다. 오늘 우리가 누리는 물질적 번영이 전적으로 하나님의 호의(好意)에 근원한다는 것은 Harvey Cox가 일찍이 명확히 증명한 바 있습니다. 그러나 오늘 우리는 이 하나님의 호의를 하나님께 이르는 일에 방해물로 삼음으로서 전 시대가 배도의 시대로 되어 가고 있습니다.

6. 20세기의 교훈

　진리(眞理)만이 인류 역사 속에서 남고, 진리가 아닌 것은 역사의 무대에서 사라진다는 사실을, 우리는 지나간 인류 역사상 최대의 비극의 세기에서 직접 목격하였습니다. 식민지통치, 대제국들, 전민족의 군사적 집단화의 큰 영웅들, 세계를 반분(半分) 한 ideology 등이 그 전성기에는 영구한 통치들로 착각하였으나, 오늘날 그 형적(形迹)도 없이 사라져 버렸습니다. "사람은 다 거짓되되 오직 하나님은 참되시다 하리로다." 하나님을 떠난 인간의 모든 사고나 행위나 단체적 삶의 계획(design)들이 다 거짓되고 불의하고, 따라서 역사의 무대에서 사라져 버립니다. 그러므로 우리는 영구히 남는 도성을 찾아야 합니다. 21세기 인류의 살 길을 찾아야 합니다. 그리고 하나님만이 진리이시고 의로우시고, 그의 복음으로 구원받는 영혼들만이 하나님 앞에 영원히 용납됨을 명확히 볼 수 있습니다.

7. 교회사를 일관하는 유일의 진리

(1) 박형룡 박사의 가르친 진리

　우리는 새 천년에 있어서의 복음주의 신학의 과제를 찾고 있습니다. 우리의 주장은 새 천년 인류에게 진리를 명확히 제시해서 인류의 살 길이 단 이 한 가지 길임을 분명하게 보여주는 일이라고 하였습니다. 우리는 최권능 목사의 외치시던 "예수! 천당!"의 단순한 진리만이 유일의 진리임을 지적한 바 있습니다. 박형룡 박사에 의하면 이것은 딤후 2:2에서 사도 바울이 많은 증인 앞에서 디모데에게 가르치던 진리이고, 이 진리를 고대

교회와 중세 교회와 중교개혁을 거쳐 개신교 여러 교파에 전하여 내려 온 오직 믿음(sola fide)으로 의롭게 되는 이신득의(以信得意)의 단순한 진리이고 이 진리는 강요(緊要) 정통교리들과 함께 확집(確執) 되어야 할 진리로서 박형룡 박사는 요약 제시하고 있습니다.

> 복음주의 기독교신앙은 하나님께서 우리 사람을 위하여 구속을 준비하셨다고 하는 『좋은소식』 또 『기쁜소식』이다. 이 신앙은 긍정하기를 죄로부터의 구원은 사람의 어떤 선행이나 공로에 의해서 얻는 것이 아니라 전적으로 하나님의 은혜로 말미암아 주어진다고 한다.
> 이 신앙은 삼위일체, 그리스도의 신격, 성경의 완전영감, 이적, 그리스도의 자기 백성의 죄를 속하는 대신적 수난과 죽음, 그의 부활과 승천, 그리고 그의 신체적 영광스러운 재림, 모든 사람의 부활과 심판, 천당과 지옥 같은 교리들을 기독교의 기초적 진리들로 확집(確執)한다(『박형룡 박사 저작전집』 XIII, 304).

여기서 우리는 박형룡 박사의 다른 일반 보수주의(保守主義) 신학자를 능가하는 위대성을 명확히 볼 수 있습니다. 일반적으로 보수주의 신학은 기독교의 핵심교리들의 정확한 파악이나 수호(守護)에 그치고 맙니다. 그러나 박형룡 박사의 경우 "기독교의 기초적 진리"들을 확집할 것을 주장하면서도 기독교의 중심진리를 먼저 확실하게 제시하고 있는 점입니다. 여기에서 우리는 전도자 박형룡을 볼 수 있고, 그의 영혼구원의 열정이 한국교회 부흥에 기틀을 세우고 있음을 봅니다. 참으로 우리는 박형룡 박사를 적절한 시기에 한국교회에 보내신 하나님께 감사하지 않을 수 없습니다. 전 세계가 자유주의 신학에 휩쓸려서 기독교 신앙진리는 극소수의 근본주의자들에 의해 겨우 명맥을 유지하고 있을 때, 하나님께서는 박형룡 박사를 한국교회에 보내시어 한국교회를 보수신앙의 확실한 토대 위에 세울 뿐만 아니라, 그의 복음의 열정, 죄인 구원의 긴박감을 통해 복음주의 한국교회의 방향을 바로 잡을 수 있도록 하였습니다.

(2) Calvin주의 전통의 세 갈래

박형룡 박사는 김재준(金在俊) 교수의 자유주의 신학 도입에 반대하여 싸울 때, 계속 "선교사들이 전하여 준 신앙보수"를 구호로 내세우고 있습니다. 선교사들이 한국교회에 전하여 준 신앙은 미국을 휩쓴 부흥주의 신앙이었음이 분명합니다. 이 부흥주의 신앙운동은 곧 Jonathan Edwards, George Whitefield, John Wesley 등의 18세기 신앙대각성 운동으로 소급하여 올라감을 볼 수 있습니다. 그리고 John Wesley의 신앙각성운동은 다시 Moravian 신앙운동으로 소급되며, Zinzendorf의 신앙운동은 다시 August Francke, Philip Spener에 소급되어 결국 궁극적으로 Strassburg의 Bucer와 Geneva의 Calvin으로 소급되어 올라갑니다. 이와 같은 계열의 Calvin 해석이 바른 Calvin 해석임이 이제는 분명하게 된 줄 압니다.

우리는 Calvin 해석의 전통을 크게 세 가지로 볼 수 있습니다. 첫째는 칼빈의 후계자 Theodore Beza의 뒤를 잇는 17세기 칼빈주의 정통교리(正統敎理)의 확립 및 수호의 전통입니다. 이 칼빈주의 정통신앙의 전통은 교회의 교리적 기초를 놓는 의미에서 언제나 유지 보수(保守)되어야 할 전통입니다. 우리는 이 전통을 후에 오늘까지 계속되어 오는 보수주의 신앙 운동의 역사에서 볼 수 있으며, 박형룡 박사의 복음주의 신학 정의의 후반부에서 볼 수 있습니다. 둘째로 위에 지적한 Moravian 운동의 전통 즉 Spener-Francke-Zinzendorf를 거쳐 John Wesley, George Whitefield, Jonathan Edwards의 신앙각성운동의 전통에서 볼 수 있습니다. 이 신앙각성 운동은 Calvin주의 정통교리를 배경으로 하고, 그 교리 중 중심교리라 할 수 있는 이신득의(以信得意 sola fide)의 교리의 주관화 운동이라 하겠습니다. 오늘에 이르기까지 기독교의 신앙이 살아서 꽃피워 오고 교회를 부흥케 하여 온 신앙운동은 사실 이 신앙부흥운동의 결과라 하겠습니다.

한편 Descartes, Spinoza, Leibnitz 등의 유럽의 17세기 자유사상의 전통과 18세기의 계몽사조의 전통을 잇는 19세기의 자유주의 신학전통 속에서도 Calvin을 각기 자기 신학의 입장에서 해석하는 전통이 생겨났고, 그 중에도 Barth 및 Barth주의자들은 17세기 칼빈주의 정통신앙을 Scholastic Calvinism이라고 배격하고, Barth의 말씀의 신학에 입각한 Calvin 해석이야말로 참된 Calvin 해석으로 자처하여 오고 있읍니다. 우리가 위에서 본 대로 그들이 가르치는 신학적 기독교는 참된 기독교 종교라기보다 기독교 문학에 속한 것으로 볼 수밖에 없습니다.

또 하나의 칼빈주의 전통은 화란의 Abrahan Kuyper의 칼빈주의 문화철학 전통을 간과할 수 없는데, 이 전통은 우선 하나님의 주권을 삶의 모든 영역에 적용하자는 구호를 내세우고 있으나, 기독교의 중심을 "이신득의"의 구원에 놓지 않고, 사회 문화적 삶 그 자체에 놓음으로서, "중생과 구원"은 일종의 수단의 위치에 떨어지고 맙니다. 그리하여 바울-어거스틴-루터-칼빈의 "구원" 중심의 기독교 종교는 웨슬리로 이어짐을 우리는 확인할 수 있습니다.

(3) Calvin과 Wesley

웨슬리를 보내 주신 하나님께 감사치 않을 수 없습니다. 칼빈은 중세를 현대로 바꾸는 국가와 교회와 문화와 종교의 총체를 완전히 새롭게 변화시키는 초 시대적(超時代的)인 작업을 한 개혁자 중의 한 사람으로서 오늘의 우리의 사회 문화 종교적 처지와는 너무나 판이하여 감히 모방을 하기가 힘든 대상입니다. 더욱이 당시의 "신정정치"(神政政治, theocracy) 시대는 오늘의 세속주의 시대에서 너무나 거리가 멉니다. 그러나 Wesley는 이미 개혁이 다 완성된 지 200년이 지난 후에 외적 삶의 모든 체제가 기독교 체제로는 되어 있으나 영적 삶의 중심에 있어서는 그 근원적 능력이 사라져 버린 시대에 신앙의 불길을 다시 일으켰습니다. 즉 경건의 모양은 있으나 경건의 능력을 되찾아야 할 시대에, 신앙각성운동을 일으킨 교사요 사도를 우리 사이에 보내 주셨음을 감사치 않을 수 없습니다. 오늘도 개인 신도와 교회의 중심부에 있어서 신앙각성의 스승으로서 Wesley에게서 신앙의 새로운 능력을 구할 수 있습니다. 사실 종교의 이 핵심부에 있어서 우리는 Calvin과 Wesley 사이에 아무 차이를 볼 수 없습니다. 박형룡 박사의 사도적 신학이 오늘 바로 우리 신학이 되어야 하는 것처럼, Calvin의 신학이 그리고 Wesley의 신앙운동이 바로 우리의 신학이 될 수 있고 우리의 신앙부흥이 될 수 있습니다. 또 그와 같이 되기 위해서 우리는 힘써야 하겠습니다.

(4) Calvin과 Wesley의 핵심진리

더욱이 Wesley를 우리의 교사로 세워 주심을 감사해야 할 이유는 그의 전 생애의 전 노력이 다 한 가지 점에 집중되어 있어서, 기독교 종교의 중심점이 어디에 있으며 우리의 관심과 노력도 어디에 집중되어야 할지를 명확히 보여주고 있기 때문입니다. 이에 비할 때 칼빈의 기독교 종교의 중심점을 잡는 일은 상당한 공부 끝에야 분명히 됩니다. 사실은 Calvin 연구의 대가(大家)로 알려져 있는 사람들도 그 중심점을 바로 잡지 못하고 있는 것이 그 실상입니다.

그러나 Wesley는 그의 53년의 신앙운동을 "단 한 가지 필요한 일"(one

thing needful)에 집중하고 있습니다. 그것은 그의 새 경험 후 Oxford 대학에서의 첫 설교의 제목이 말하듯이("Salvation by Faith", Sermon I의 제목) "믿음으로 구원 얻은 일"입니다. 그 내용은 완전히 Moravian의 신앙 그대로라고 할 수 있습니다. 우선 로마서 3:23을 출발점으로 삼고 있습니다. "모든 사람이 죄를 범하였으매 하나님의 영광에 이르지 못하더니", 여기에 Wesley는 언제나 "송두리째 썩어서 가증스럽다"(altogether corrupt and abominable)를 첨부합니다. 이와 같이 죄인이 구원받는 길은 오로지 하나님의 값없이 베풀어 주시는 은혜로 되는 것이고, 예수 그리스도의 보혈에 대한 "산 신앙"(a living faith)으로 됩니다. 이 "산 신앙"이란 그리스도께서 "나를 위해"(for me) 내어 주신 바 되었으며, "내 안에 살아 계심"(living in me)을 말합니다. 그리고 "죄가 다시 죄 사함을 받은 나를 주장하지 못하고"(롬 6:14) 오히려 "성령이 친히 우리 영으로 더불어 우리가 하나님의 자녀인 것을 증거하심"으로서(롬 8:16) "하나님께 난자마다 범죄치 아니하게 됨"(요일 5:18, 3:9)을 말합니다. 죄 사함 받고 성령의 인치심 받아 하나님을 아바 아버지라 부르게 되는 기독교의 핵심진리(롬 8:16)는 Moravian Spangenberg가 Wesley를 만난 첫 질문이었습니다. "성령께서 당신의 영과 더불어 당신이 하나님의 자녀라고 증거합니까?"(Does the Spirit of God bear witness with your spirit, that you are a child of God?, I/23) 그리고 이 진리는 Wesley의 신앙의 핵심부를 이루었습니다. 그리고 이것이 Calvin에게서 핵심진리로 되어 있음을 우리는 봅니다. Calvin에 있어서 신앙은 "하나님의 우리를 향하신 선하신 뜻에 대한 확신"(Divinae erga nos benevolentiae cognitio)인데 이 인식(cognitio)이 "성령으로 말미암아 우리 중심에 인치심이 된다"(per Spiritus Sanctum cordibus obsignatur) 라고 함으로서 성령께서 우리 마음에 사랑을 뜨겁게 인치심을 말하는 것입니다. 칼빈에 있어서 성령의 여러가지 호칭 가운데 "양자(養子) 삼으심의 영(靈)"(the Spirit of adoption)을 첫째로 꼽고 있습니다. 성령께서 우리 마음속에 하나님의 사랑을 부어 주셔서 우리가 하나님의 자녀임을 뜨겁게 인치십니다. 이제는 우리를 그리스도 안에 있는 하나님의 사랑에서 아무 것도 끊지 못합니다. 이 인치심은 우리가 영원한 기업으로 들어갈 보증입니다(고후 1:22; 5:5; 엡 1:13; 4:30).

하나님께서 그리스도 안에서 우리 죄를 사하여 주시고 또 우리를 자녀 삼아 주심으로 죄를 짓지 않게 되는 진리는 Moravian-Wesley의 가르친 핵심 진리입니다. 이것은 Calvin의 "죄인에 대한 이중용납"(二重容納, duplex acceptio hominis, Inst., Ⅲ, 17:4)의 교리나 "행위의 칭의"(稱義, operum justitia)의 교리에 해당합니다. Calvin은 이것을 제이은총(the second grace)라고도 부릅니다. 쉽게 말해서 하나님께서는 죄인의 죄를 용서하신 후에 선행까지 주신다는 것입니다. "하나님께 난자마다 범죄치 아니하는 줄을 우리가 아노라"(We know that whosoever is born of God sinneth not, 요일 5:18). 이 말씀은 Moravian-Wesley의 핵심진리인 동시에 Calvin에게 있어서도 핵심진리에 속합니다.

(5) 새 천년의 인류의 살 길

나는 여기서 더 이상서 서투른 말로 Cavlin-Moravian-Wesley가 우리 앞에 밝히 보여준 구원의 길. 온 인류가 따라야 할 진리의 길을 설명하려고 하지 않겠습니다. 오히려 여러분들이 이제부터 힘을 합하여 그 진리를 명확히 들어내고, 온 세계 신학계와 온 세계 교회를 향하여 선교하기를 바랍니다. 새 천년에도 인류의 살 길은 죄인이 의인으로 바뀌는 한 가지 길밖에 없습니다. 아무리 극미(極微)의 세계가 파헤쳐지고 논리의 세계가 그 신기함을 나타낼 지라도, 살인, 간음, 도적질, 거짓말, 탐욕은 사라지지 않고 그 기세를 더욱 크게 부릴 것입니다. 인간의 중심에 자리 잡고 있는 "자기의 이익을 구하는 마음"은 모든 기회를 타서 개인적 수준에서 또 집단적 수준에서 그 기세를 부릴 것입니다. 욕망은 그것이 채워질수록 더욱 커지는 법입니다. 그리하여 앞으로의 세계가 평화의 세계이기보다 전쟁의 세계로 벌어질 것이 분명합니다. 야고보는 일찍이 이 사실을 명확히 알려주었습니다. "너희 중에서 전쟁이 어디로 분쟁이 어디로 좇아 나느뇨. 너희 지체 중에서 싸우는 정욕으로 좇아 나오는 것이 아니냐. 너희가 욕심을 내어도 얻지 못하고 살인하며 시기하여도 능히 취하지 못하나니 너희가 다투고 싸우는 도다"(약 4:1-2).

설사 모든 것이 다 잘되어서 상대적 평화가 하나님의 은혜로 주어졌다고 합시다. 인간의 참 행복이 단순히 물질적 만족과 이 세상의 모든 가치 향유(享有)에서 오는 것이 아니고, 오히려 "줌"에서 "사랑"에서 "자기 희생"에서 옵니다. 궁극적으로는 "유일한 참 하나님과 그의 보내신 자를 앎으로", "영생"을 얻게 됨이 분명합니다. 결국 우리는 새 천년에서도 인류의 살 길과 참 행복이 우리가 확인하고 증거하는 단 한 가지 진리의 길 하나님 앞에 범죄 한 인간이 변화를 받아 악인이 선인(善人)으로 되고 지옥인이 천국인으로 되어 어두움에서 빛으로 나아가는 "단 한 가지 필요한 일"(one thing needful)에 있음을 알 수 있습니다.

8. 오늘에 있어서 우리의 종교적 관심의 초점

(1) 반율법주의의 오류

단 한 가지 부언하지 않을 수 없는 것은 Wesley가 싸웠던 "반율법주의"(反律法主義, antinomianism)에 대한 싸움을 오늘날 우리도 해야 한다는 사실입니다. 아마도 이 싸움은 우리의 "진리 선양"(眞理宣揚) 운동의 시발점으로 삼을 수도 있습니다. 적어도 우리가 관심을 가져야 할 몇 가지 중요 점의 하나입니다. 그리고 이 싸움은 우리 자신에 대한 싸움이 되어야 할 것입니다. 그것은 오늘날 반율법주의(antinomianism)는 넓게 뿌리 깊게 퍼져 있고, 오늘의 신자의 공통적 지병(持病)으로 되어 있다고 할 수 있기 때문입니다. 그 뿌리는 종교개혁의 원리요 기독교의 핵심 진리인, "sola fide" 즉 오로지 믿음으로 말미암는 구원의 교리와 관련 되고 있습니다. 물론 이것은 그 중심 진리를 오해하고 있음이 분명합니다. 우리가 의롭다함을 얻는 것이, 오로지 믿음으로 말미암고 율법의 행위로 말미암지 않는다고 할 때, 행함을 구원과 무관한 것으로 오해 한데서 생깁니다. 설사가상으로 인간의 전적부패(全的腐敗)의 교리는 우리의 선행으로 하나님 앞에 의롭다함을 받는 일은 도저히 생각할 수 없는 것으로 만듭니다. 그리고 만약에 우리가 선행으로 하나님 앞에 의롭다함을 받았다 할 때, 그것은 하나님의 은혜를 무로 돌리는 것이고, 은혜가 은혜 되기 위해서는 "우리가 아직 죄인 되었을 때에" 하나님의 의롭다하시는 은혜가 우리에게 임하여야 하기 때문입니다. 사실 "죄가 많은 곳에 은혜가 더욱 넘치십니다"(롬 5:20).

(2) 선행이 따르는 신앙

그러나 이 교리가 우리의 구원에 있어서 "선행"(善行)이 없어도 된다는 것은 아닙니다. Calvin은 우리가 구원 얻는 것은 "오로지 믿음으로 말미암은 것"이 사실이나 우리가 유업으로 들어가는 것은 "선행을 통해서"(by means of good works, of the manner, through the race of good works, the holiness of life to be the way, by which those chosen are led to the glory of the Heavenly Kingdom: Inst., III, 14:21, 17:6, 18:1,5)라고 합니다. Calvin뿐만 아니라 모든

개혁자는 "행위 없는 신앙"을 주장하는 자들을 "무율법주의자(無律法主義者, anomism)"로 배격하였던 것입니다. Calvin은 "선행 없는 신앙을 꿈꾸어 본 일도 없다"(we dream neither of a faith devoid of good works, nor of a justification that stands without them. Inst., Ⅲ, 16:1)고 명확히 잘라 말합니다. 말하자면, "구원"을 얻는 것은 "죄인 되었을 때에" "오로지 믿음으로" 얻는 것이지만, "선행"없는 "구원"은 있을 수 없다는 것입니다. 이것은 성경의 가르침 바로 그것입니다. "불의한 자가 하나님의 나라를 유업으로 받지 못할 줄을 알지 못하느냐"(고전 6:6) "너희도 정녕 알거니와 음행하는 자나, 더러운 자나, 탐하는 자 곧 우상 숭배자는 다 그리스도와 하나님 나라에서 기업을 얻지 못하리니 누구든지 헛된 말로 너희를 속이지 못하게 하라"(엡 5:5-6).

(3) Wesley의 종교적 관심의 초점

Moravian이나 Wesley는 이 한 가지 점에 종교적 관심의 초점을 두었습니다. 사실 우리가 천국으로 가는가 지옥으로 떨어지는가가 이 한 가지 점에 달려 있기 때문입니다(마 13:41-43, 49; 25:34, 41). Wesley는 Moravian를 만나기 전부터 이 한 가지 점에 집중하여 왔습니다. Wesley는 그의 Oxford 대학에서의 신앙운동에 대하여 아래와 같이 말하고 있습니다.

> 1729년에 영국의 두 젊은이가 거룩함이 없이는 구원을 얻지 못한다는 것을 알았다.
> In 1729 two young man in England, saw that they could not be saved without holiness.

Wesley의 Oxford 대학에서의 6년간의 신앙운동은 "구원"을 이루기 위한 "성화운동(聖化運動)"이었습니다. "거룩함이 없이는 구원 얻지 못한다"는 사실을 발견한 것입니다. 그러나 Moravian을 만남으로서 구원을 위한 우리의 "성화(聖化)"가 전적으로 "죄 사함"에 달려 있음을 알게 된 것입니다. Wesley는 계속해서 다음과 같이 말합니다.

> 1737년에 또한 그들은 사람이 거룩함을 얻기 전에 의롭다 함을 얻어야 한다는 것을 알았다. 그러나 역시 거룩함을 얻는 것을 그들의 목표로 살았다.
> In 1737, they saw, likewise, that men are justified before they are sanctified; but still holiness was their object (Discipline of the Metbodist Church, 1944의 "Historical Statement").

그리고 완전히 부패한 죄인이 의롭다하심을 얻는 것이 "오로지 믿음으로 되는 것"(sola fide)이 진리임으로, 이 진리 속에 확고히 서게 된 것입니다. 그리하여 이 "칭의(稱義)"와 "성화(聖化)"를 다 포함하는 완전한 구원을 이루는 "새 신앙" 운동을 그의 평생 힘써 전개하여 나갔던 것입니다. 죄인이 그 과거에 지은 모든 죄를 사함 받고, 하나님의 양자 삼으심의 영(靈)을 받아, 하나님의 자녀로 새로 태어나서, 이제는 하나님의 은혜로 "죄의 지배"(power of sin)에서 벗어나서, "믿음으로" "죄를 이기게 되는"(dominion over sin, 롬 16:14), 그리하여 "부르심에 합당하게 행하며"(walk worthy of the calling, 엡 4:1), "범사에 우리 구주 하나님의 교훈을 빛나게 하는"(adorn the doctrine of God our savior, 딛 2:10) 생활을 하게 되는 것을 말합니다. 이 마지막 두 구절은 Wesley가 미국에 도착하자 Moravian을 처음 방문하였을 때에 그들에게 얻은 성경구절로 보입니다(I/26). 그리고 Wesley는 평생 이 두 구절을 잠언 31:31과 함께 성도들의 신앙행실의 완전함을 찬양하는 성경 말씀으로 사용하는 것을 볼 수 있습니다.

(4) 진리의 중심점 명확

우리가 다 오늘날 악하고 패역한 시대에 살면서, 또 교회가 병들은 신학들에게 오도(誤導) 되어서, 반율법주의(antinomianism) 또는 무율법주의(anomism)의 중병(重病)에 걸려, 깊이 잠자고 있는데 익숙 되어, Calvin-Wesley의 참 가르침에 이르기가 힘든 상태에 있음을 고백치 않을 수 없습니다. Calvin이 말한 이름만의 기독교인이 바로 나 자신임을 발견합니다.

> 하나님을 입으로는 고백하나 부정한 생활로 실제로 부인하고, 입으로만 그리스도에게 속했다고 한다.
> Vitae impuritate Deum, quem ore confitentur, factio abnegantes, titulo tenus sunt Christi, Inst., III, 14:1.

말로는 하나님을 믿는다고 하지만 실지 행실에 있어서 부정한 생활로 하나님을 무시하며 살고 있고, 이름만 그리스도의 것이라고 하는 것이 나의 실상임을 봅니다.

그러나 이제 Calvin-Wesley에게 가르침을 받아서 이제 적어도 우리는 진리의 중심점은 확실하게 보았습니다. 무엇이 중요하고 무엇이 중요치 않음을 우리는 이제는 분명히 하였습니다. 즉 우리의 구원의 핵심이 하나님께서 마지막 날에 그의 재림주(再臨主)로 심판하실 때에, 양과 염소를 가르시는 기준을 우리는 확실하게 보게 되었습니다. 양의 가죽을 쓴 거짓 선지자들을 심판하는 기준을 우리는 보았습니다. "아름다운 열매" 맺지 않는 "못된 나무"를 찍어 불에 던져 넣는 확실한 기준을 우리는 보았습니다. 말만 무성한 것이 기독교가 아니고 "의와 화평과 희락"의 나라의 시민권을 받는 일이 문제의 핵심임을 보았습니다. 말만 "믿음으로 구원받았다"고 거짓말하고 속으로는 자기 이익만 구하기에 분망(奔忙)하는 것이 아니고, 하나님의 은혜로 자녀됨의 완전함을 주신 그것을 지키는 일이, 종교의 최대 과제로 삼는 일에 있어서 우선 우리는 일치를 보아야 하겠습니다.

(5) 세계 한인신학자대회 개최 제안

1901년 Adolf Von Harnack(Das Wesen des Christentum)을 낸지 100년이 되는 해입니다. 사도신경은 나사렛 예수의 복음의 토양 위에 바울이 세운 헬라 건축물에 불과하며, 나사렛 예수는 "하나님의 보편적 부성애"(universal fatherhood of God)와 "인류의 보편적 동포애"(universal brotherhood of mankind)의 단순한 도덕적 종교(宗敎)를 가르쳤다는 주장입니다. 이와 같이 하여 서양교회는 100년 전에, 사도 바울이 가르친 구속종교(救贖宗敎)를 배격하는 불신앙으로 가기 시작하였던 것입니다. 그 결과는 오늘 우리가 보는 서양교회의 참상입니다. 하나님의 은혜로 한국교회에는 박형룡 박사와 같은 좋은 교사를 보내 주시어서, 서양교회의 몰락의 세기 속에서, 성장 일로의 축복을 받아 왔습니다. 이제 한국복음주의 신학회는 서양교회와 신학계를 향하여 Harnack이 가르친 비기독교 신학이 잘못된 것을 깨닫게 하는(unteach) 작업을 해야 하겠습니다. 말하자면 불신앙에서 건져서 신앙에로 이끌어야 하겠습니다.

그러므로 2001년에 한국복음주의 신학회는 전 세계의 한인신학자대회를 개최하여, 21세기에 있어서 교회가 살고 인류가 살 길이 단 한 가지 길임을 분명하게 보여주어야 하겠습니다[1] "사람은 다 거짓되되 오직 하나님은 참되시다 하리로다. 기록된 바 주께서 주의 말씀에 의롭다함을 얻으시고 판단 받으실 때에 이기려 하심이다", 하나님만이 홀로 "참되시고" 의로우십니다. 하나님께서는 불의하고 거짓된 우리 인간을 위해서 독생자를 보내 주시어, 그의 보혈로서 우리의 거짓과 불의를 소멸하여 주시고, 그의 능력을 믿는 자에게 값없이 의롭게 하시고, 거짓말하지 않게 하시는 큰 은혜를 베풀어 주셨습니다. 이 구원의 진리가 "유일의 기독교 진리"이고 이 길만이 인류가 살 길인데, 오늘날 신학계나 교회가 일치해서 이 단 한 가지 진리에 확실하게 서 있지 못합니다. 그러므로 한국복음주의 신학회는 2001년을 기해서 세계 신학계와 세계교회의 새 전기를 마련하게 되기를 바라마지 않습니다.[2]

---

1) 2001년 10월 26~28일에 "세계복음주의 신학자대회"(International Conference on Evangerical Theology)을 개최 하였다.
2) 한국복음주의 신학회(KETS)는 이 제안을 받아들여 2001년 10월 26일~28일에 "세계복음주의 신학자대회"(International Conterence on Evangelical Theology)를 개최하였음.

Ⅲ. 한국교회의 진로

전 문

A. 한국교회의 보수주의적-부흥주의적 전통

B. 세계 기독교역사 속에서의 한국교회

  1. 세계 기독교역사에 비추어 볼 때 한국교회의 진로는 Calvin-Wesley의 신앙노선을 견지해 나가야 합니다.

  2. Calvin 신학의 다양성

  3. 『기독교 강요』가 보여주는 Calvin의 신학은 구원 중심

  4. 성경은 성경이 구원을 위한 책(冊)임을 분명히 함

  5. Calvin의 신학의 종합성

  6. Wesley의 단일성

  7. Wesley 이후 200년

    (1) 서양사의 비극

      ① 기로에 선 18세기와 배도(背道)에로의 선택

      ② 과격으로 치달은 19세기

      ③ 인류 최대 비극의 세기

    (2) 서양사의 비극 책임: 자유주의 신학

  8. Calvin과 Wesley의 본질적 일치와 외견상의 불일치

    (1) Calvin에 대한 오해

    (2) Calvin에 있어서의 심각한 회개

  9. 한국교회의 진로: 회개와 선행

    (1) Calvin의 관심: 선행(善行)

　　　　(2) 죄 사함과 회개를 통한 선행

　　　　(3) 선행의 은총: 제이은총

　C. 한국교회의 진로

　　1. 하나님께 복받아 번영하는 교회

　　2. 한국교회의 큰 오해

　　3. 한국교회의 오해를 고치는 길

　　4. 한국교회의 진로의 요약

　D. 21세기 인류의 살 길

　　1. 유일(唯一)의 진리

　　　　(1) 21세기 인류에게도 기독교의 기본진리는 그대로 적용됩니다.

　　　　(2) 이 진리는 오늘의 한국에도 그대로 적용됩니다.

　　　　(3) 한국인이든 서양인이든 온 인류가 이 진리를 따라 심판받게 되고 동일하게 믿음으로 구원받게 됩니다.

　　2. 21세기의 물질적 번영과 기독교 신앙진리

　　　　(1) 하나님의 은혜의 선물

　　　　(2) 가난한 자의 복음

　　　　(3) 부르심에 따른 봉사와 나눔인가, 내 업적의 소득과 치부인가

　　3. 21세기 인류의 살 길

　　　　(1) 기독교 세계(a Christian World), 기독교 한국(a Christian Korea)

　　　　(2) 세계사, 서양교회, 서양신학자

　　　　　　① 서양사로서의 세계사

　　　　　　② 기독교 서양의 그루터기 서양교회

　　　　　　③ 서양신학계

　　　　(3) 한국교회와 복음주의 신학운동

전 문[1]

한국교회의 진로는 한 마디로 말해서 최권능(崔權能) 목사님이 평양거리에서 외쳤던 한 마디: "예수! 천당!" 이라고 하겠습니다. 여기에 "죄 사함" 한 마디를 더 첨부하여 "예수 믿고 죄 사함 받아 천당"이라고 해도 좋겠습니다. 예수 믿는 목적이 "죄 사함" 받기 위함이 아닙니까? 내가 지은 모든 죄가 사함 받지 못하고 어떻게 천국에 갈 수 있겠습니까? 그런데 내 모든 과거의 범한 잘못을 다 용서받는다 해도 그것에서 돌이켜서 새 사람 되지 않으면 어떻게 천국에 용납되겠습니까? 그리하여 예수께서 가르치신 대로 "그의 이름으로 죄 사함을 얻게 하는 회개가 예루살렘으로부터 시작하여 모든 족속에 이르리라" 하신 말씀이 곧 한국교회의 진로가 되겠습니다. 사실 죄인(homo peccator)이 의인(homo justus)으로 변화됨을 얻는 일이 오늘의 행복과 영원한 행복, 오늘의 불행과 영원한 비참을 판가름하는 유일의 진리요, 한국교회가 나갈 길이 이 단 한 가지 길 외에 또 어디 있겠습니까?

그런데 이 단순한 진리를 말하는데 어찌하여 137페이지 분량의 짧지 않은 글을 써야 하였습니까? 그 이유는 간단합니다. 첫째로 세계기독교의 전 역사에 비추어서 그 진리가 유일의 진리임을 밝혀야 하였기 때문입니다.

예수님 한 분으로 시작한 기독교 종교의 참 모습은 성경 속에서 분명히 보여 알게 됩니다. 그러나 그 종교의 실제 역사는 서양의 기독교화(基督敎化)와 기독교 서양의 몰락 속에서 볼 수 있습니다. 우리는 한국교회의 진로를 이와 같은 역사에 비추어서 그 바른 방향을 설정해야 했습니다.

그것은 내용적으로 말해서 서양의 기독교 체제(Corpus Christianum)의 형

---

[1] 한국복음주의 신학회 제31차 발표회(2002년 11월)

성과 중세의 그와 같은 기독교 체제가 종교 개혁자들을 통하여 어떻게 기독교 서양의 현대적 체제로 개혁되었으며, 그 이후의 서양사가 어떻게 변천하여 왔는가의 문제입니다. 우리는 이 전 역사를 통합하는 가운데 Calvin이 계획한 기독교 종교의 현대적 체제와, Wesley가 실천적으로 보여준 기독교 종교와, Kant의 계몽사조를 따른 서양기독교의 비참한 역사를 성찰할 때, 한국교회가 나갈 바른 방향을 제시하려 하였습니다. 그것은 한 마디로 말해서 Calvin-Wesley의 신앙노선입니다. 따라서 Calvin-Wesley에 대한 핵심적 검토가 필요하였습니다. 당연히 이와 같은 고찰은 동시에 세계사의 나아갈 방향을 논하지 않을 수 없었습니다. 세계사가 서양의 기독교화와, 기독교 서양의 배도(背道)의 역사로서, 그 모습을 드러냄을 보게 될 때, 우리는 기독교 서양사로서의 세계사를 논할 수밖에 없었던 것입니다.

결론적으로 기독교 서양의 역사의 바른 방향은 Calvin-Wesley의 신앙노선을 따라 명확히 제시되었는데, 이 노선을 따르지 못한 서양교회, 특히 서양신학에 대해 책임을 문제 삼지 않을 수 없었습니다. 한국교회의 진로도 이런 맥락 속에서 문제 삼지 않을 수 없었던 것입니다. 한국교회의 진로와 관련하여 한국교회가 이제까지 등한시하여 왔다고 보여지는 두 가지 점을 지적하였습니다.

첫째는 신자의 완전(Christian Perfection)을 등한시 하는 경향입니다. 우리는 믿음으로 의롭다함을 받는 것이지 하나님께서 우리의 행위를 보시고 의롭다 여기시는 것이 아닌 것은 사실입니다. 우리의 행위는 완전하지도 못하고 순수하지도 못하기 때문에 사실 항상 죄 가운데 사는 것뿐입니다. 그러나 성경은 우리에게 "완전하게 될 것"을 명하십니다. 노아에 대해서도 "그러나 노아는 여호와께 은혜를 입었더라 노아는 의인이요 당세의 완전한 자라. 그가 하나님과 동행하였으며"(창 6:8-9)라고 기록되었고, 아브라함에게도 "두려워 말라 나는 너의 방패요 너의 지극히 큰 상급이라(창 15:1), 너는 내 앞에서 행하여 완전하라"(창 17:1)고 기록되었습니다.

그리스도인의 완전은 특별히 산상수훈에 가장 잘 나타나 있습니다. "가난하고, 애통하고, 온유하고, 의를 사모하고, 긍휼히 여기고, 마음이 정결하고, 화평케 하고, 의를 위하여 핍박받는" 천국인의 모습은 그리스도인의 완전의 모습 그대로입니다. "누구든지 네 오른편 뺨을 치거든 왼편도 돌려대고, 또 너희를 송사하여 속옷을 가지고자 하는 자에게 겉옷까지도 가지게 하며", "너희 원수를 사랑하며 너희를 핍박하는 자를 위하여 기도하라."

그리스도인의 완전은 Wesley가 가장 역점을 두었던 가르침이요. Calvin은 그의 『강요』(綱要)에서 이에 대한 확실한 신앙적 기초를 놓아 주었습니다. 이것 없이는 아무도 천국에 들어가지 못하며 기독교 종교의 진가(眞價)가 여기에 있습니다. 그러나 한국교회는 이 가장 중요한 내용을 놓쳐온 감이 있습니다. 이 글에서 나는 이것을 시정하여 한국교회가 21세기를 살리는 교회되기를 바랍니다.

한국교회가 이제까지 놓쳐온 경향이 있는 둘째 요점은 Wesley가 힘써 가르쳤던 "기독교 세계"(a Christian World)에 관한 것입니다. 물론 이 가르침도 Calvin에 있어서 그 확실한 기초를 발견할 수 있습니다. 이것을 우리 한국교회에 적용한다면 기독교 한국(a Christian Korea)에 대한 신앙이라 하겠습니다. 그것은 하나님께서 복음의 은혜를 모든 한국인에게 빠짐없이 베풀어 주시어 "하나님을 아는 지식이 물이 바다를 덮음같이 온 땅에 충만하여"(사 11:9) 이 땅에서 죄가 완전히 사라지고 착함과 의와 진실만이 주장하게 되는 그런 한국이 되는 것을 의미합니다. 말하자면 세상의 모든 민족이 여호와의 산에 모여와서 그 가르침을 받아 "칼을 쳐서 보습을 만들고 창을 쳐서 낫을 만들게 되는"(사 2:4) 말일(末日)의 예언이 이루어진 그런 한국을 말하는 것입니다. 물론 Calvin도 Wesley도 그런 세계, 그런 나라가 지상에서 실현될 것이라고 말하지는 않습니다. 그러나 성경의 말씀이, 하나님의 진리가 무(無)로 돌아갈 수 없다면 저 예언의 말씀들을 믿어야 한다는 것을 Calvin-Wesley가 다 함께 강조하고 있습니다.

저는 이 가르침이 오늘날 우리 한국 기독교인에게 대단히 중요하다고 봅니다. 오늘날 저부터 한국인에 대한 이해가 너무 나빠져 있습니다. 어차피 한국은 허위와 사기로 가득한 것이 당연하고 정직한 한국은 생각할 수조차 없다는 잘못된 생각입니다. "한국인은 정직하다. 한국 사람은 거짓말하지 않는다"라는 말이 통용되어야 합니다. Calvin이 가르친 대로 "기독교 한국(Christian Korea)이 우리 마음속에 시작"되어야 합니다. 그리고 "우리 서로 간에 우정을 함양하고 누구에게나 해를 끼치지 않도록 하는"(Calvin, *Commentary on Isaish* 2:4) 그런 사회의 시작을 우리가 경험하여야 합니다. 이 신앙은 우리 한국의 어린이 교육에 무엇보다도 필요합니다.

한국교회는 세계 기독교역사 속에 특유한 위치를 차지하고 있습니다. 그것은 초대 선교사들이 전하여 준 그대로의 기독교를 간직하고 있기 때문입니다. 그것은 한 마디로 말해서 정통주의 신앙 전통이요 18세기 대신앙각성운동(The Great Awakening)의 부흥주의(revivalism) 신앙 전통입니다. 이 신앙전통을 박형룡 박사께서 해방과 더불어 밀려오는 자유주의 신학을 물리치고 확고히 지켜준 덕택으로, 한국교회는 오늘의 부흥성장을 보게 된 것입니다. 이것을 바꾸어 말하면 세계 기독교역사 속에서 Calvin-Wesley의 기독교 신앙전통이라고 할 수 있고, 나는 이 글에서 이 신앙노선을 한국교회의 진로로서 제안하려고 합니다.

한 마디 부언한다면, 기복신앙(祈福信仰)은 한국교회의 성장하는 교회들에게 힘이 되고 있습니다. 이것은 신자가 간절히 필요한 것은 무엇이든지 하나님께 기도하여 얻는 신앙입니다. 건강이나 세상 재물이나 무엇이든지 하나님께 구해서 복을 받는 신앙입니다. 이 신앙이 성경이 가르치는 신앙이요, 예수께서 "구하라 주실 것이요"라 가르치셨고, Calvin이 가르친 신앙입니다. Calvin은 기도의 핵심을 간구, 즉 "간구해서 무엇을 얻는 일"(obtain something through petition)이라고 하였습니다. 하나님께 구해서 얻으려 하지 않는 것은 하나님을 조롱하는 일이라고 하였습니다.

그러나 Kant는 기독교 종교에서 이 하나님의 은혜를 구하는 기복적 요소(Gunstwerberei)를 빼버리고 도덕종교(moralische Religion)로 만들었습니다. 이와 같이 하여 서양 기독교는 자유주의 신학의 물결을 타고 불신앙에 휩쓸리게 될 때 오늘의 참상을 맞게 되었던 것입니다.

한국교회의 진로는 명확합니다. 초대 선교사들이 전하여 준 전통신앙과 부흥주의 노선을 지켜나가되, 살아계신 하나님을 의지하는 일에 게을리 하지 않고, 보혈의 공로를 힘입어 죄 사함 받고 의롭다함을 얻고, 우리를 온전히 받아주시는 은혜로 영광의 유업을 얻기에 힘쓰는 신앙노선입니다.

A. 한국교회의 보수주의적-부흥주의적 전통[1]

한국교회는 세계의 어느 나라 교회보다도 "신앙지식"(信仰知識)이 빈곤하다고 보여집니다. 그 이유는 한국교회에 "기도서"가 없기 때문이라고 생각합니다. Calvin은 기도서에 따르지 않는 기도는 기도가 아니라고 단

---

1) 기독신학대학원대학원(방배동) 2000.11.14(화)

정을 내리고 있지만 한국교회에서는 언제나 즉시적인 기도(instantaneous prayer)를 올리고 있습니다.

그렇다면 신앙지식도 빈약하고 기도 아닌 기도를 열심히 올리고 있는 한국교회에 어떻게 해서 하나님께서는 놀라운 은혜를 베풀어 주십니까? 그것은 열심 있는 "기도"와 "성경말씀 읽기"에서 온다고 보여집니다. "지식화 된 신앙"은 빈약할지라도 "은혜를 사모"하여 "열심히 말씀을 읽고", "열심히 하나님께 부르짖는 기도" 속에 담겨 있는 "숨은 신앙"(implicit faith) 때문인 것으로 압니다. "우리가 마땅히 빌 바를 알지 못하나 성령께서 우리를 위해 합당한 기도"를 올려 주시고, 감찰하시는 하나님께서 "성령의 생각"을 아심으로 우리를 축복하여 주시고, 또한 아주 멸망하지 않도록 인도하여 주시는 것으로 압니다. 중요한 것은 한국교회가 지닌 두 가지 좋은 특색 즉, "은혜를 사모하는 부흥주의"와 "바른 신앙을 이어받아 보수하려는 보수주의, 정통주의 신앙"입니다. 이 숨은 신앙 때문에 하나님께서는 우리의 무지함과 한없이 부족함에도 불구하고 오히려 축복하여 주시고 번영케 하신 것으로 압니다.

그러면 이와 같이 아름다운 신앙전통은 어디에서 왔습니까? 그것은 물론 초대 선교사들이 물려준 신앙전통인데 이것을 한국교회의 신앙의 아버지 박형룡 박사께서 잘 보수하여 전해 주셨습니다. 박형룡 박사께서는 19세기 동안 서양교회가 완전히 자유화 되고, 신앙이 총체적으로 무너졌을 때 그 여파가 미국으로 몰려 들어와, 미국 교회 또한 총체적으로 자유화되기 시작할 때 미국으로 유학 갔습니다. 1910년 총회에서 미국북장로교회가 "근본주의" 신앙을 재확인한 일은 미국에 있어서 보수진영의 마지막 몸부림이었습니다. 그러나 자유주의 세력은 즉각 반격으로 나왔고, 1924년의 Auburn 선언과 1927년 총회에서의 번복(飜復)은 보수신앙의 열세를 입증하여 줍니다. 박형룡 박사께서는 이와 같은 때에 미국으로 유학

하시어, 신앙이 과학의 공격에도 불구하고 확고히 설 수 있음을 입증하셨고, 귀국 후에는 한국교회의 신앙보수의 기치를 듦으로써, 20세기 한국교회가 자유화되는 위기를 막을 수가 있었습니다.

그러나 한국교회가 오늘의 부흥을 일으키는데 있어서 또 하나의 중요한 요소는 "복음주의" 신앙의 견지입니다. 즉 박형룡 박사는 기독교 신앙의 주요 조항들을 보수(保守)하는데 그치지 않고, 또한 복음의 중심을 세웠던 것입니다.

> 복음주의 기독교 신앙은 하나님께서 우리 사람을 위하여 구속을 준비하셨다고 하는 『좋은 소식』 또는 『기쁜 소식』이다. 이 신앙은 긍정하기를 죄로부터의 구원은 사람의 어떤 선행이나 공로에 의해서 얻는 것이 아니라 전적으로 하나님의 은혜로 말미암아 주어진다고 한다(『박형룡 박사 저작전집』 XIII, 304).

하나님께서 독생자의 보혈로 구속을 마련하여 주시고 이 죄 사함의 기쁜 소식을 믿음으로 말미암아 우리를 죄로부터 구원하신다는 이 핵심진리를 기독교 종교의 중심에 세우신 일입니다. 이것은 대단히 중요한 일입니다. 기독교 종교를 죄인 구원의 종교로서 이해하고, 죄인을 멸망으로부터 구원하기 위한 전도에 그 중심을 두는 일은, 교회가 그 생명력을 잃지 않고 계속 부흥하는 기초가 되는 것입니다. 이와 같이 한국교회의 부흥은 첫째, 초기 선교사들이 미국에서 보수주의적 복음신앙을 전하여 준데 기인하고, 또한 이 교회 부흥의 신학적 기초를 박형룡 박사께서 견지(堅持) 진흥(振興) 시켜 주신 덕분이라고 하겠습니다.

B. 세계 기독교역사 속에서의 한국교회

한국교회를 이해하고 한국교회의 진로를 명시하기 위해서는 세계사의 흐름 속에서 한국교회가 어떤 위치에 있는가를 분명히 해야 합니다.

1. 세계 기독교역사에 비추어 볼 때 한국교회의 진로는 Cavlin-Wesley의 신앙노선을 견지해 나가야 합니다.

온 인류의 역사는 예수 그리스도의 오심에서 그 전체 의미를 찾아야 합니다. 그 까닭은 예수 그리스도 이전에는 보혈로 의롭다 함을 받지 못한 수많은 족속들이 꺼지지 않은 불못에 떨어져 들어갈 수밖에 없었기 때문입니다. 선민(選民)일지라도, 말일(末日)에 이새의 줄기에서 난 한 싹 즉 그리스도께서 나타나셔서 만민의 기호로 서실 때, 땅 사방에 흩어진 자 중 "남은 백성"만이 구원을 얻게 될 것이었습니다(사 11:10). 그러나 예수 그리스도께서 단지 11명의 제자들에게 세계구원의 위임명령을 내리셨는데, 1세기 내에 전 로마 세계에 구원의 복음이 퍼져 나가고, 마침내 서양 전체가 기독교화 되었다는 것은, 참으로 하나님의 놀라운 은혜가 아닐 수 없습니다. 중세 서양 민족들 전체가 기독교 종교의 체제 하에 들어가 교육받았다는 사실은, 인류 역사에 있어서 가장 중요한 일들 가운데 하나였습니다. 그러나 하나님의 뜻은 오로지 믿음으로 말미암아 의롭다 하심을 받고 완전한 구원에 이르는데 있습니다. 이 일을 위해서 하나님께서는 루터와 Calvin과 Wesley를 보내셨던 것입니다. 루터를 통해서 잘못된 중세체제를 무너뜨리셨고, Calvin을 통해서 현대 체제를 창출케 하셨고, Wesley을 통해서 보혈로 씻음 받은 거룩한 백성을 이루게 하셨던 것입니다. 그렇다면 오늘날 한국교회가 나아갈 길은 Calvin이 가르친 기독교 종교를 확고히 견지하는 가운데, Wesley가 가르친 심령부흥 운동을 계속 일으켜 나가는 것입니다. 즉 우리는 불의하고 악한 지옥인들을 불러서 안과 밖으로 거룩함과 선(善)함을 이룬 천국인(天國人)으로 변화시키는 운동을 일으켜 나가야 하겠습니다.

2. Calvin 신학의 다양성

Calvin과 Wesley사이에는 200년의 시대적 차이가 있습니다. Calvin은 종교개혁 시대에 Luther가 일으킨 종교개혁 운동을 마무리 지은 사도적 위치에 선 사람입니다. 중세의 기독교 체제를 바른 기독교 종교체제로 개혁하여야 하였습니다. 신앙과 교리, 교회와 사회, 국가 전체를 개혁하였습니다. 그러나 200년 후에 Wesley는 Calvin이 개혁한 기독교 종교와 국가 체제 하에서 죄인의 마음속에 회개를 일으키고 새로운 인간으로 변화시키는 운동을 일으킴으로써 영국의 사회 전체가 도덕성을 되찾는 결과까지 가져오게 하였습니다. Calvin은 시대를 바꾸는 총체적인 일을 감당해야 하였습니다. 그러므로 Calvin에 있어서 어느 한 중심점을 잡는 일은 용이치 않습니다.

누구나 Calvin의 사상을 말하면 "하나님의 주권"(the Sovereignty of God)을 연상하게 됩니다. Calvin의 글을 읽을 때 언제나 독자로 하여금 하나님의 존엄 앞에(Coram Deo) 세웁니다. Calvin은 기독교 종교의모든 신앙을 오로지 하나님께 집중시킵니다. 그러므로 Calvin에 있어서의 기독교 종교의 통일 원리는 마땅히 "하나님의 주권"(the Sovereignty of God)에 두어야 할 것입니다.

그러나 Calvin에게 있어서 성경의 절대적 권위가 확립된 사실은 누구도 간과하지 않을 것입니다. Calvin에 있어서 "성경"은 "모든 진리의 근원"이었습니다. 성경의 모든 말씀이 진리이었습니다. 성경이 가면 우리의 신앙도 가고, 성경이 멈추면 우리의 신앙도 멈추어야 하였습니다. 그리하여 Calvin은 사실상 성경중심주의자였습니다.

또 Calvin하면 곧 예정론을 연계시키지 않을 수 없으리만치 철저한 예정론의 교사셨습니다. 그리하여 "칼빈주의자"(Calvinist)하면 "예정론자"를 의미할 정도가 되었습니다.

또한 기독교와 문화와의 관계를 명확히 가르친 점에 있어서도 Calvin을 능가할 사람이 없습니다. Abraham Kuyper는 이런 관점에 있어서 Calvin의 가르침의 중요한 측면을 잘 보여주었습니다. 현대에 이르러 Barth의 "말씀의 신학"이 Calvin에 뿌리박고 있는 사실을 볼 수 있습니다. Calvin의 교회론은 세계 장로교 정치체제의 근원입니다. Marx Weber는 현대자본주의 경제체제가 Calvin에게서 기원하였음을 밝혀 주고 있습니다. 또한 Calvin의 종교개혁운동이 파급된 나라에 정치적 혁명이 일어났고 산업이 발달된 역사적 사실을 부인할 수 없습니다. 최근의 Calvin 연구가들은 Calvin을 신학화 하는 것을 반대하고, Calvin의 생애에 대하여 철저한 사회적 정치적 연구에만 집중하고 있는 것을 봅니다. 그리하여 Calvin에 있어서 어떤 신학적 중심을 잡는 일은 용이한 일이 아닙니다.

3. 『기독교 강요』가 보여주는 Calvin의 신학은 구원 중심

그러나 Calvin의 신학의 총괄이라 할 수 있는 그의 『기독교 강요』는 Calvin 신학의 중심을 어떻게 잡아야 할 지를 명확히 보여주고 있습니다.

먼저 Calvin은 그의 『강요』 첫 머리에 "독자들에게 쓰는 글"에서 쓰는 목적과 성격을 분명히 밝히고 있습니다. 거기서 그는 『강요』(綱要)를 쓰는 목적이 독자들로 하여금 "성경"을 읽는데 도움을 주기 위함인 것을 분명히 밝히고 있습니다. 즉 Calvin은 『강요』(綱要)를 일종의 성경서론(聖經序論)으로 쓰고 있는 격입니다. 따라서 독자가 그의 『강요』(綱要)를 읽으면,

① 첫째로, 성경 속에서 무엇을 찾아야 할 지 즉 복음을 찾아야 한다는 것을 알게 하고
② 둘째로, 성경 안에서 찾은 그것 즉 복음을, 어떤 목적 즉 죄인 구원에 적용해야 한다는 것을 분명히 알게 된다는 것입니다.

이 일을 위해서 Calvin은 그의 『강요』에
① 첫째로, 기독교 종교의 총괄(summa)을 제시하였으며,
② 둘째로, 기독교 종교의 "모든 부분들을 그 질서대로 배열하였다"(in omnibus partibus eoquoque ordine diggessisse)고 말하고 있습니다.

Calvin이 이와 같이 말하는 것은 무엇을 의미하는지 간략하게 설명 하겠습니다.

Calvin의 기독교 종교는 어디까지나 "하나님 중심"입니다. 어느 작은 한 점도 하나님께로부터 떠나면 그것은 벌써 기독교 종교가 아닙니다. 그러므로 Calvin의 『강요』의 중요 부분들을 아래와 같이 총괄하여 배열할 수 있습니다.

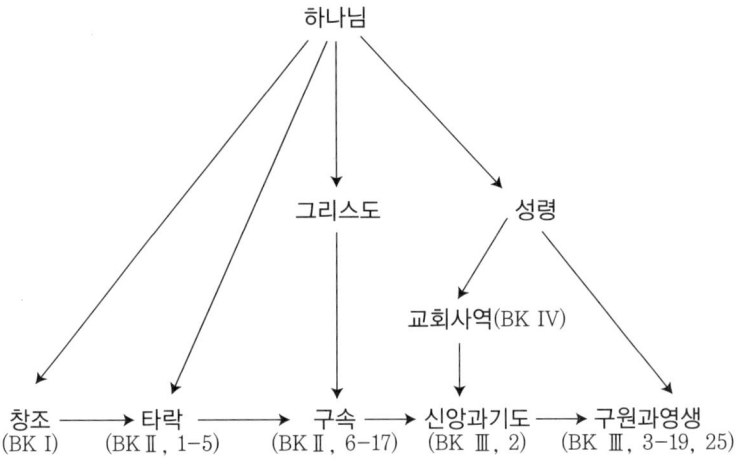

이 속에는 더 자세히 구별해야 할 부분들이 있으나 개략적으로 Calvin이 말하는 기독교 종교의 총괄(summa)과 부분(pars)을 그 각각이 속하는 질서대로 위와 같이 배열할 수 있습니다.

여기서 분명히 되는 것은 Calvin에 있어서는
① 하나님께서 모든 것의 중심과 근원에 서 계십니다.
② 기독교 종교의 모든 부분들이 "신앙"과 "기도"를 중심으로 배열되어 있습니다.
③ 기독교 종교의 그 의미를 결국 한 마디로 요약한다면 "창조"되고 "타락"한 인생이 "교회"의 복음사역을 통해서 "믿고", "기도"함으로 "구원과 영생"을 얻게 된다는 것입니다.

이 내용을 Calvin 자신이 그의 『강요』 제4권, 즉 교회론의 첫머리에 잘 요약해서 설명하고 있습니다.

복음신앙을 통해서 그리스도께서 우리 것이 되고 우리는 그가 가져다주시는 구원과 영생에 참여하게 된다. 그러나 우리는 무지하고 게으르고 방자하기 때문에, 외적 도움 없이는 신앙을 가질 수도 없으며 또한 그 신앙이 성장하고 진보해서 목적지까지 도달할 수 없기 때문에, 하나님께서 이 도움까지 주시었다. 그리하여 하나님께서는 교회 안에 복음설교의 보화를 간직하여 주시고, 또 목사와 교사를 세우시어 그들의 입을 통해서 당신의 것들을 가르치게 하셨다(Inst., IV, i ,1).

이 짧은 글 속에 Calvin은 기독교 종교의 전체를 잘 요약하여 주었고, 그 목적이 우리 속에 신앙을 낳게 하고 그것이 성장 진보해서 영생에 들어가게 하려는 것이란 것을 명확히 제시하고 있습니다.

4. 성경은 성경이 구원을 위한 책(冊)임을 분명히 함

이와 같이 기독교 종교의 초점을 우리의 구원과 영생에 두는 것은 Calvin의 고유의 것이 아니고, 성경이 바로 그것을 가르치고 있습니다. 디모데후서 3:15은 "성경"이 무엇하는 책인지를 명확하게 가리켜 줍니다.

성경은 능히 너로 하여금 그리스도 예수 안에 있는 믿음으로 말미암아 구원에 이르는 지혜가 있게 하느니라(딤후 3:15).

성경은 한 마디로 말해서 "예수 믿고 구원 얻게 하는 책"이란 것입니다. 이것은 Calvin이 강요 전체로서 가르치려는 핵심입니다. 최권능 목사님이 외쳤던 "예수! 천당!"입니다. 하나님께서 천하 인간에게 구원을 얻을 만한 다른 이름을 주신 일이 없습니다. 성경은 우리를 그리스도에게 인도하기 위한 책이고, 하나님께서는 독생자를 믿고 영생을 얻게 하기 위해 주셨습니다.

사도 요한도 요한복음을 쓰는 목적을 분명히 하고 있습니다. "예수께서 행하신 표적을 다 기록하려면 이 세상에 다 채우고도 부족하겠으나, 이 책에 줄여서 기록한 목적은 너희로 영생 얻게 하려는 것이라"고 성경의 목적을 명시하고 있습니다.

> 오직 이것을 기록함은 너희로 예수께서 하나님의 아들 그리스도이심을 믿게 하려 함이요 또 너희로 믿고 그 이름을 힘입어 생명을 얻게 하려 함이니라(요 20:31).

한 마디로 말해서, 성경을 기록하는 목적은 예수께서 하나님의 아들이심을 믿고, 그의 이름으로 구원을 얻고, 영생을 얻게 하려는 것입니다. 이와 같이 Calvin이 『강요』를 쓴 목적이, 독자가 성경 안에서 복음을 찾고, 교회의 복음 설교를 통해서 우리가 그 복음을 믿음으로 말미암아 구원 얻고, 영원한 복락을 누리게 하는 것이라고 한 것은 성경에 증거하는 바와 완전히 일치하고 있습니다.

그러므로 비록 Calvin 신학에 대한 이해는 여러 갈래로 나뉘어져 왔으나 Calvin 자신이나 성경이 일치하여 가르치려는 것은 "구원"에 그 중심을 두어야 한다는 것을 명확히 알 수 있습니다.

5. Calvin의 신학의 종합성

Calvin이 무엇 때문에 『강요』 첫 머리에서 "하나님에 대한 지식"과 "자신에 대한 지식"을 『강요』를 쓰는 이대과제(二大課題)로 제시합니까? 그리고 우리 자신에 대한 지식은 구원을 절실히 필요로 하는 불의하고 악하고 부패하여 비참과 파멸에 빠진 우리 자신임을 명확히 보여주고 있습니까? 그는 또 동시에 하나님의 존영(尊榮)과 위엄(威嚴)과 의와 거룩하심을 분명히 보여주고 있습니까? 이것은 사도 바울이 예수 그리스도를 믿음으로 말미암아 의롭다 함을 얻는 진리를 말하기에 앞서, 로마서 1:18-3:20에서 불의로 진리를 막는 인간들의 모든 경건치 않음과 불의에 대하여 하늘로 좇아 나타나는 "진노와 심판"에 대해서 알려 주는 것과 같은 이유입니다.

죄인 구원이 기독교 종교의 중심부를 이루고 있는 것이 사실이지만, 중세를 현대로 바꾸어야 하였던 Calvin에게 있어서는, 이 중심진리를 둘러싼 여러 가지 일들을 바로 잡아야 하였습니다. 그리하여 그는 기독교 종교의 총괄(summa)뿐만 아니라 여러 가지 부분(pars)을 말해야 했습니다. 그렇다고 해서 이 중심진리 즉 "죄인 구원"의 진리가 단지 여러 부분(pars)의 진리들 가운데 하나가 아니라, 그 중심에 있는 것임을 간과해서는 안 됩니다. 그러나 세계교회는 불행하게도 이 중심을 너무나 속히 버리고, 여러 부분(pars)들에만 집착하여 왔으며, 혹은 중심을 말한다 하더라도 그 심각성을 상실하여 버렸습니다. 그 결과는 오늘의 세계교회가 겪고 있는 참상입니다.

6. Wesley의 단일성

이와는 반대로 하나님께서는 Calvin 이후 200년에 John Wesley를 보내주시어, 기독교 종교에 있어서 무엇이 가장 중요한지를 그의 일생을 통해서, 또 그의 가르침을 통해서 분명히 보여 주셨습니다. 참으로 당신의 백성을 향한 하나님의 친절은 이루 다 감사할 수 없습니다.

John Wesley는 그의 53년의 마상(馬上)의 설교자로서의 사역을 단 한 가지 일에 집중하였습니다.

그는 올더스게이트 신도회(Aldersgate St. Society)를 향하면서 단 한 가지(one thing needful)가 필요하다고 그의 일기를 쓰고 있습니다. 그것은 Moravian의 중심적 가르침인 "산 신앙"(a living faith)이었습니다. 그리고 53년 후 그의 일기 마지막 날에 자기는 그 날 "필요한 단 한 가지 것"(one thing needful)을 설교하였으니 모두 바른 선택을 했기를 바란다고 쓰고 있습니다. Calvin 이후 200년은 교회나 국가나 사회 체제는 다 정착이 된 시기입니다. Wesley는 영국교회 자체에 대해서 한 번도 비판한 일이 없습니다. 그는 누구보다도 충성된 교인이었습니다. 다만 그가 문제 삼은 것은 "죽은 신앙"이었습니다. 하나님을 말로만 믿는다고 하고 생활에 있어서는 하나님을 부인하고 있는 "죽은 신앙"을 문제 삼았습니다. 그리하여 그는 7년간의 Oxford 대학의 Holy Club 운동과 2년 4개월의 미국 선교활동을 마치고 돌아오면서 "나는 아직 하나님께 회개하지 못하였다"(I was never converted to God). 즉 자기가 하나님을 심각하게 믿지 못하였다는 것을 깊이 회개하고 있습니다. 특히 그리스도에 대한 "산 신앙"을 가졌는지에 대해서 더욱 문제 삼고 있습니다. "주 예수"를 내 구주로 받아들여 그가 내 모든 죄에서 나를 구원하셨음을 믿는 "산 신앙"(a living faith)을 가졌는가의 문제입니다. 이것은 결국 구원 문제입니다. Charles Wesley의 찬송은 그 내용을 분명히 하여 줍니다.

웬일인가 내형제여 주 아니 믿다가
죄 값으로 지옥형벌 너도 받겠구나.

예수 믿고 천당가느냐? 믿지 않고 죄 안에서 그대로 살다가 지옥형벌 면치 못하는가? 이 "한 가지 문제"에 John Wesley의 53년의 사역은 집중되었습니다. 그리하여 Calvin 신학 해석은 Wesley의 입장에서 볼 때 더욱 분명하여 집니다.

7. Wesley 이후 200년

John Wesley 이후 다시 역사는 200년이 흘러 어느덧 새 천년이 시작되었습니다. 그러나 지난 200년은 인류 역사상 참으로 엄청난 발전의 시기요, 또한 최대 비극의 시기요, 무엇보다도 하나님께서 보여주신 엄청난 교훈의 시기였습니다. 인류는 이제 하나님의 명확한 교훈을 받았습니다. 동시에 큰 은혜를 입었습니다. 한 마디로 말해서, 400년 전에 Calvin이 연 새시대에, 서양의 배도(背道)로 인해 인류는 엄청난 징계를 받았습니다. 그러나 하나님의 만세전부터 계획하신 한없으신 친절의 섭리로, 인류는 이제 Calvin이 가르치고, 또 Wesley가 길을 열어놓은 복된 새 천년을 누릴 것인가, 불신과 죄악과 곤고로 가득한 옛 천년을 계속할 것인가의 기로에 놓여 있습니다.

(1) 서양사의 비극

① 기로에 선 18세기와 배도(背道)에로의 선택

18세기는 가장 아름다운 신앙부흥(the Great Awakenings)의 세기이었으나 동시에 이성의 시대(the Age of Reason) 또는 계몽사조(啓蒙思潮, the

Enlightenment)의 시대이기도 합니다. Immanual Kant(1724-1804)는 이 세기에 사상적 주역을 담당하였습니다. 이와 같은 Kant 철학의 배후에는 자연과학의 발전이 도사리고 있습니다. 아이작 뉴턴(Isaac Newton 1642-1727)은 벌써 Kant보다 이미 한 세대 전 사람입니다. 그리하여 Kant는 Newton 물리학의 이성을 무시할 수가 없었습니다. Kant는 "이성의 한계 안에서의 기독교 종교"(The Religion within the Boundaries of Mere Reason)을 구상하였습니다. 말하자면 "기독교 신앙"을 그의 철학 안에서 자리매김하려고 하였습니다. 서양사 가운데 이성운동을 일으킨 것은 이미 17세기의 Descartes (1596-1650), Spinoza(1632-1677), Leibniz(1646-1716), Locke (1632-1704) 등에 의해서 시작되었습니다. 그러나 17세기에서는 아직도 사람들이 전통과 신앙의 권위에서 떠나려고 하지 않았습니다. 하지만 18세기에는 이성의 권위를 우선하였고, 불란서 혁명(1789년) 철학자들은 하나 같이 이성의 권위만을 인정하였습니다. 그 결과 19세기는 무신론, 자연주의, 반전통주의 등으로 과격하여졌습니다. 불란서 혁명철학자 볼테르(Voltaire)의 유명한 말 "신부(神父)들의 창자로 귀족들을 목매다는 것을 보기 원한다"고 한 것은 불란서 혁명을 그대로 예시하고 있는 말입니다.

② 과격으로 치달은 19세기

서양의 역사는 중세 기독교의 체제(Corpus Chrisitianum)가 무너진 후 세 갈래로 흘러왔다고 할 수 있습니다. 이것을 도표로 보면 다음과 같습니다.

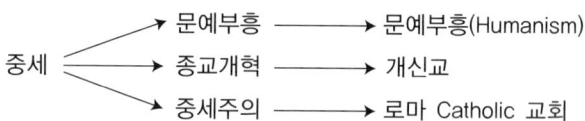

박형룡 박사에 의하면, 중세는 "오류와 폐해가 많았으나 역시 고대 교회의 공동 신경(信經) 아래 의연히 서 있었다"(박형룡 박사가 저작『전집』XIII, 221)고 보고 있습니다. 즉 중세는 바울 신학의 전통 밑에 서 있었다고 보는 것입니다. 그러나 서양의 역사는 중세가 무너진 후 18세기 계몽사조의 과격한 형태인 불란서 혁명사상의 노선을 따라 점점 더 과격하게 되어 갔습니다. 이제는 배도적 사상들이 더욱 크게 소리를 냅니다. 19세기 전반은 아직도 Kant의 이성주의가 그 대세를 잡아왔다고 할 수 있습니다. 말하자면 Kant의 뒤를 이어 Hegel(1770-1831)은 독일 관념론철학을 대성합니다. 그러나 Hegel이 지나감으로 관념론 철학은 급격히 무너지고 19세기 중엽부터는 인류 역사상 유례를 볼 수 없는 과격사상들이 속출합니다. Ludwig Feuerbach의『기독교의 본질』(Das Wesen des Christentums)이 1841년에, Charles Darwin의『종의 기원』(Origin of Species)이 1859년에, 그에 앞서 "공산당 선언"(Communist Manifesto)이 1848년에 나왔고, 그 후 공산주의 운동의 경전이라고 할 수 있는 Karl Marx의『자본론』(Das Kapital) 제1권이 1867년에 나왔습니다.

③ 인류 최대 비극의 세기

기독교 서양의 역사는 중세가 무너진 후, 결국 인본주의(humansim)의 근본철학인 인간 자아의 총체적 주권과, 과학의 합리성에 근거한 합리주의에 대한 확고한 신앙이 주도하여 왔습니다. Dooyeweerd은 이것을 현대 서양사상의 기초를 이루는 '자연-자유의 근본동기'(The Ground Motive of Nature-Freedom)라고 불렀습니다. 이와 같이 하나님에 대한 신앙에서 떠난 서양은 결국 참혹한 비극의 역사를 걸어왔습니다. 19세기 전반에 산업혁명서에 큰 성공을 거둔 서양은, 19세기 후반에는 식민지주의(Colonialism)

에 입각한 제국건설(Imperialism)에 혈안이 되어 결국 20세기는 기독교 서양 국가들간에 이제까지 없었던 전체주의 전쟁(Total War)의 시대로 돌입합니다. 제1차 대전과 제2차 대전이 기독교 서양 속에 즉 인구의 100%가 기독교인인 서양국가들 사이에 이루어진 전쟁들이었다는 사실을 우리는 주목해야 합니다. 더욱이 제 이차 대전의 주역들은 Hitler, Moussolini, 동조(東條) 등의 인류 역사에 등장한 괴물들에 의해서 치러졌습니다. 이에 호응하여 연합국 측에서도 불란서의 DeGgaul, 스페인의 Franco 등의 독재자들의 등장을 보게 됩니다. 여기서 주목해야 할 것은 저런 독재주의의 배후사상으로써 기독교 서양사를 부인하고 민족주의 사관으로 새롭게 역사해석을 하려는 민족 사회주의(National Socialism)가 주도하였다는 사실입니다.

기독교 서양사의 20세기 후반은 공산주의와 자유세계 사이의 심각한 대결의 역사로 기록됩니다. 1917년에 러시아에서 공산혁명이 성공한 후 소련은 막강한 세력으로 등장 하였습니다. 그리고 제이차대전(第二次大戰) 동안에 Hitler의 공격을 견뎌 냄으로서 세계를 양분하는 데 성공했고, 20세기 후반을 온 세계를 그 긴장 속에 살도록 만들었습니다. 그러나 공산주의는 19세기에 등장한 기독교 서양의 식민지주의와 제국주의에 대한 하나님의 심판의 마무리 형태라고 할 수 있습니다. 이 모든 시련 동안에 하나님께서 미대륙을 준비하여 주시고, 영미의 Calvin주의 체제를 통한 세계사의 안정화가 없었던들, 세계는 오늘까지도 전쟁과 긴장의 악몽 속에 계속 시달려 왔을 것이 분명합니다.

우리는 위에서 기독교 서양의 중세체제 붕괴 이후 오늘날까지의 역사를 일별하여 보았습니다. 기독교 서양은 한 마디로 종교 개혁의 하나님 중심의 삶의 체제를 따르지 아니하고, 음녀 같이 하나님을 떠나서 Renaissance 전통의 잘못된 노선을 따라서, 무(Nihil)에로의 개시과정(開示

課程, Opening Process)을 맹목적으로 추구하여 왔다고 말할 수 있습니다. 그 결과 인류 역사상에 새롭게 등장하는 괴사상(怪思想)들과 삶의 형체들을 이루면서, 결국은 20세기는 큰 비극의 세기로서, 즉 하나님의 공의로운 세계 심판을 받아야 하였습니다.

(2) 서양사의 비극 책임: 자유주의 신학

여기서 우리는 어떻게 해서 기독교 서양 속에 이와 같은 배도(背道)와 비극의 역사와, 하나님의 공의로운 심판의 역사가 일어날 수가 있었는가를 심각하게 묻지 않을 수 없습니다. 독일의 기독교 인구는 1970년대까지만 해도 98%를 유지할 수 있었습니다. 이 기독교 인구가 공산권 속에서도 그대로 유지되었다는 것은 놀라지 않을 수 없습니다. 1966년 Roumania의 어떤 목사의 말에 의하면 96%가 기독교인임을 말하고 있었습니다. 이와 같이 볼 때에 서양의 배도와 심판의 역사의 책임을 마땅히 서양교회의 목사들이 져야 하고 그 교회의 교사들인 신학자들이 져야 한다고 봅니다. 18세기에 계몽사조에 반해서 Wesley, Whitefield, Jonathan Edwards 등은 신앙대각성 운동을 일으켰습니다. 서양교회는 당연히 이 신앙노선을 본받아야 했습니다. 그러나 이와는 반대로 신앙보다 이성에 우위를 두는 Kant의 자유주의 신학 노선을 더 취하여 왔습니다. 교회는 마땅히 신앙을 견지하고 신앙을 파괴하는 모든 신학들을 용납하지 말았어야 합니다. 그럼에도 불구하고 서양의 신학은 Kant의 불신앙의 신학전통을 그대로 답습하여 왔습니다. Kant는 당시의 교회로부터 그의 종교론을 가르치지 말도록 명령을 받았고, 그와 같이하기로 맹세하고 교수직을 유지할 수 있었습니다. 그러나 Schleiermacher(1758-1834), Albrecht Ritschl(1822-1889), 그리고 이에 호응하는 성경에 대한 비판 운동은 더욱 과격하게 되어 갔습니다. 이와 같은 19세기 동안의 신학자들의 신앙파괴 운동은 1901년에 Adolf Von Harnack의 『기독교의 본질』(*Das Wesen des Christentums*)에서 총괄된다고 말할 수 있습니다. Harnack의 가르치려는 것은 한 마디로 사도신경의 기독교가 바울의 헬라 철학사상에서 기원하는 것으로 잘못된 기독교란 것입니다. 이 책은 즉시 영어로 번역되어 전 세계에 팔려 나갔습니다. 말하자면 서양교회는 20세기 초부터 100년 동안을 사도신경을 믿지 않도록 교육 받아온 셈입니다. 우리는 앞에서 박형룡 박사께서 1923년에 미국으로 유학가실 당시에 미국에서까지 교회가 얼마나 불신앙으로 전락되어 왔는가를 보았습니다. 미국에 있어서 기독교 신앙이 근본주의(Fundamentalists) 운동으로 겨우 명맥을 유지하여 온 것을 보면 "인자가 올 때에 믿음을 보겠는가"(눅 18:8) 하시던 주님의 말씀이 바로 서양교회에서 그대로 이루어졌던 것을 볼 수 있습니다.

우리가 기독교 서양의 역사를 정확히 볼 때, 사실 하나님께서 한국교회에 박형룡 박사를 보내 주신 일을 감사치 않을 수 없습니다. 불신앙의 세계 속에 신앙한국을 세울 수 있었던 분이 과연 그분이십니다. 만일 한국교회가 김재준(金在俊) 교수의 노선으로 나갔다면 어떻게 될 뻔 하였습니까? 성경 말씀에서 은혜를 받아오는 한국교회의 전통이 무너졌을 것이 아니겠습니까? 현재 한국교회에서 만 명 이상의 교회는 고사하고 천 명 이상의 수많은 교회들이 그와 같은 성장을 볼 수 있었겠습니까? 열심히 성경 읽고, 열심히 기도하는 한국교회의 전통 때문에 세계 교회의 비극적인 쇠퇴 속에서도 놀라운 성장과 번영의 축복을 받은 것이 바로 이 신앙보수의 덕택이라 아니할 수 없습니다. 그리고 또한 Wesley의 부흥주의 기독교 전통의 덕분이라고 할 수 있습니다. 한국교회의 찬송가는 90%가 18세기, 19세기의 부흥주의 찬송가입니다(558장 중 496장). 얼마나 감사한 일입니까! 결론적으로, 한국교회는 Calvin-Wesley의 신앙노선을 견지하여 나가야 한다고 단언치 않을 수 없습니다. 이제 그 내용을 요약함으로서 "한국교회의 진로"를 더 분명히 하여보고자 합니다.

8. Calvin과 Wesley의 본질적 일치와 외견상의 불일치

세계 장로교인 모두가 자기들은 예정론자들이며 말년에 알미니안주의(Arminianism)를 지지하고 나왔던 Wesley와는 다르다고 생각하고 있습니다. 그럼에도 불구하고 저는 위에서 한국교회가 Calvin-Wesley의 신앙노선을 견지하여 나가야 한다고 주장하였습니다. 그것은 한국교회가 보수주의노선을 확고히 하면서도 또 한편 부흥주의노선을 걸어왔다는 사실 때문이기도 합니다. 이것이 초대 선교사들이 전하여 준 기독교이고 박형룡 박사께서 계속 가르쳐 오신 기독교임을 분명히 하였습니다.

Calvin과 Wesley의 본질적 일치에 대해서는 Philip Schaff, John Dillenberger 등이 증명하고 있고, Wesley가 영국교회(The Church of England)의 교리나 예배나 체제에 대해서 어느 한 가지 점에 있어서도 반대의견을 표한 일이 없으며, 영국교회 39개조 신조나 감리교 신조나 모두 Calvin의 가르침에서 떠난 점이 없음을 보아 알 수 있습니다. 우리가 소급해서 올라가서 Luther와 Zwingli 사이의 차이가 성찬론의 "그리스도의 임재의 양태"(樣態, the Mode of Presence)에 대한 차이뿐이고 기독교의 전 신앙조항에 있어서 일치를 이루고 있다는 사실에 주목해야 합니다. Marburg 회담에서(1529) Luther와 Zwingli는 15개 조항의 신앙조항에 대해 토론하였고 14개 조항에서 일치를 보았고 마지막 1조항 즉 성례조항에서도 반(半) 조항에서 일치를 보았습니다. 이 나머지 반 조항에 있어서도 후에 Melanchton

과 Calvin이 일치를 보았으며 또 Zwingli의 후계자 Bullinger와 Calvin 사이에 일치를 보았는데 사실에 있어서 교파의 차이들을 따질 필요가 없이 되어 있습니다. 세계교회는 어떻든 간에 한국교회는 초대 선교사 때부터 장감성(長監聖)이 완전한 신앙적 화합을 원칙으로 삼아 오늘날까지 내려오는 것이 그 전통입니다. 박형룡 박사께서 총신의 조직신학 강사로 변홍규(邊鴻奎) 감리교 목사를 세웠다는 사실은 무엇을 의미합니까. 그 때에 박 박사께서는 저에게 한국에서 변홍규 박사밖에 세울만한 분이 없기 때문에 감리교 분을 세우자고 하셨습니다. 적어도 박 박사의 마음에는 장감(長監)의 차이에 별 관심이 없었던 것을 의미합니다. 우리는 이와 같은 형식적인 문제를 넘어서서 Calvin에 대한 중대한 오해를 고쳐야 한다고 봅니다.

(1) Calvin에 대한 오해

장로교인은 교리에 엄격해야 하며 도덕적인 문제는 그리 중요치 않다고 생각하는 사람들을 봅니다. 심지어는 부흥주의나 전도에 열심하는 것은 Arminian주의자들이나 할 일이지 장로교인은 신앙에 집중하고 "하나님"께 영광 돌리는 일이 가장 중요한 것으로 여기는 사람들이 있습니다.

그러나 이제 좀 더 심각한 오해를 문제 삼아 보겠습니다. 대표적인 Calvin주의자 메이첸(Machen)은 기독교 종교가 "교리에 대한 신앙"(faith in doctrine)이지. "종교경험"(religious experience)이 아니라고 하였습니다. 물론 Machen은 Harnack등이 기독교의 교리를 파괴하는데 대해서 교리수호의 필요상 한 말이기도 합니다. 그러나 이것은 Calvin주의자들의 종교경험 경시의 경향을 보여주는 말입니다. Wesley는 장로교의 본산이라고 할 수 있는 스코틀랜드 교회를 방문하고, 교인들이 "많이 듣고, 모든 것을 아나, 아무것도 느끼지 못한다"(hear much, know everything, and feel nothing). 즉 설교를 많이 듣고, 교리를 잘 알지만 종교경험을 경시하고 있음을 잘 말하고 있습니다. Wesley는 이것을 "충심(衷心)의 종교"(the religion of the heart)를 송두리째 파괴하려는 사탄의 계교라고 말하고 있습니다. 그리고 성령의 열매인 "사랑, 희락, 화평" 등이 모두 종교 "경험"임을 지적하고 있습니다.

(2) Calvin에 있어서의 심각한 회개

Calvin은 처음부터 "하나님에 대한 지식과 자기 자신에 대한 지식"을 동시에 문제 삼고 출발합니다. 그러나 Calvin주의자들이 후자를 등한시 한 결과 Calvin을 곡해하고 우리의 "구원경험" 특히 "선행"을 경시하는 불행한 결과를 야기하였습니다. 사실 Calvin의 글을 접할 때 압도적인 "하나님의 지식"에 우리의 자아 전체가 압도되어서 "하나님 지식"만을 논하기가 쉽습니다. 그러나 Calvin은 우리 "자신"의 문제를 처음부터 심각하게 제기하고 있습니다. 참으로 Calvin의 종교는 심각한 "종교경험"인 우리의 "영혼구원"의 종교입니다. 하나님 앞에 선(Coram Deo) 나 자신의 죄악성을 심각하게 문제 삼지 않는 사람은 Calvin을 바로 알았다고 할 수 없습니다. 강요 I권 1장 1절에서 Calvin은 하나님의 지혜와 능력과 모든 선하심과 의로우심의 빛 앞에 설때, 우리 자신의 "무지", "허무", "빈곤", "연약함" 무엇보다도 "타락과 부패"(depravity and corruption)를 마땅히 느끼게(properly feel) 된다고 합니다. 이 느낌(sensus) 이란 것이 우리의 "경험"이 아니고 무엇입니까? 2절에서도 우리 자신의 불의, 썩음, 어리석음, 부정함에 찔림 받는다(by clear proofs we stand convinced of)고 합니다. 그렇다면 이런 종교경험이 없는 자가 어찌 칼빈주의자라 할 수 있겠습니까? 3절에 가서는 더욱 심각한 멸절의 경험을 말하고 있습니다. "하나님의 존전에 섬을 경험할 때"(whenever they felt the presence of God) 성도들은 두려움과 놀람(dread and wonder)으로 압도되고 쓰러져버린다(stricken and overcome)고 말합니다. 그리하여 죽음의 공포에 사로잡혀 전신이 떨리며 말 못하고 쓰러져 거의 멸절 된다(in fact overwhelmed by the dread of death and almost annihilated)고 합니다. 이것은 Wesley의 집회 때 사람들이 죄에 찔림 받아서 쓰러져서 때로는 몇 시간 몇 일간이나 의식을 잃고 일어나지 못하는 상태와 마찬가지의 종교경험이라 할 수 있습니다.

Calvin에 있어서 이와 같은 우리 자신의 죄와 악함과 비참함과 절망에 대하여 극단적으로 찔림 받는 일이 평생에 한번 정도 있는 것이 아니고, 성찬을 받기 전에 "자기를 살필" 때마다 일어나야 한다고 말하고 있습니다. Calvin은 그의 『성찬에 대한 소논문』(*Short Treatise on The Lord's Supper*)에서 "자기를 살피는 방법"(the manner of examining ourselves)을 아래와 같이 설명합니다.

> 우리는 우리 자신 안에 참 회개(true repentance)가 있는지 그리고 우리 주 예수 그리스도에 대한 참 신앙(true faith)이 있는지를 살펴야 한다. 이 두 가지는 아주 밀접히 연결되어 있기 때문에 한 가지가 다른 것 없이 성립되지 않는다. 우리의 생명이 그리스도 안에 있다면, 우리 안에 죽음뿐이라는 것을 알아야 한다. 우리의 힘을 그에게서 찾는다면, 우리의 약함을 알아야 한다. 우리의 모든 행복이 그의 은혜 안에 있다면, 그 행복 없이는 우리가 얼마나 비참할 것인가를 알아야 한다. 우리가 그 안에 쉼을 얻는다면 우리 안에는 불안과 괴로움뿐임을 느껴야 한다(must feel only disquietude and torment). 그런 느낌은 첫째로 우리의 삶 전체에 대해서 불만하여야 하며, 둘째로 번민과 두려움을 불러일으키게 되고, 마지막으로 의(義)에 대한 갈망과 사랑의 마음이 생겨나야 한다. 왜냐하면 하나님을 떠나서는 자기의 죄의 흉악함과 자기의 상태의 비참함(the wretchedness)을 알게 되어, 부끄럽기 때문에 자신에 대해 불만하지 않을 수 없으며, 자신을 정죄하며 심히 슬퍼하며 한숨 쉬며 신음하지 않을

수 없다(he is constrained to sigh and groan in great sadness). 더욱이 하나님의 공의가 즉각 나타나서 비참한 양심을 피할 길을 찾지 못하고 변명할 아무것도 없이 심한 번민(煩悶)에 빠트린다. 우리의 비참에 대한 이와 같은 찔림 아래서(under such a conviction of our misery) 우리가 하나님의 선하심을 맛보게 될 때 우리는 우리의 행위를 그의 뜻대로 제어하기를 원하게 되고, 우리의 과거의 생(生)을 완전히 청산하고 그 안에서 새로운 피조물로 만들어지기를 원하게 된다(Calvin, Short Treatise on the Lord's Supper, 22).

9. 한국교회의 진로: 회개와 선행

여기서 분명하게 되는 것은 한국교회는 교리를 수호하는 데 그치지 말고, 하나님 앞에서 자기의 죄악을 심각하게 통회하고, 자기의 비참이 영원한 멸망에 해당함을 깨달아, 하나님의 최후 심판 앞에서 찔림 받고, 하나님의 자비에 피해 들어가서, 그리스도의 보혈의 은혜를 붙들어, 이제부터는 중생하여 선한 일에 힘쓰는 새로운 천국인 되기를 힘쓸 때가 되었습니다.

(1) Calvin의 관심 : 선행(善行)

우리가 주목해야 할 것은 Calvin이 『강요』에서 구원론의 태반의 지면을 "중생한 그리스도인의 생활론"과 "죄 사함을 받은 영혼의 선행론"(善行論)에 소비하고 있다는 사실입니다. Calvin은 그의 구원론을 복음의 두 부분인 "회개"와 "죄 사함"에 따라 구성함으로써, III권 3장에서 10장까지가 "회개론", 11장에서 18장까지가 "칭의론"에 해당하지만, 첫 부분의 다섯 장(제

5장에서 10장)을 "그리스도인의 생활론"에, 뒷부분의 다섯 장(제14장에서 18장)을 "선행론"에 할애하고 있습니다. 그러므로 Calvin은 그의 구원론 중 열 장을 "신자의 거룩하고 선한 생활론"에 바치고 있음을 봅니다. 그렇다면 우리는 Calvin을 마땅히 "성화의 교사"(doctor of sanctification)라 불러 마땅합니다. Calvin의 이와 같은 가르침을 따라 선행에 힘쓰는 친백성을 일으킨 운동이 바로 Moravian 운동이고 Wesley 운동이었습니다.

(2) 죄 사함과 회개를 통한 선행

이신득의(以信得義)는 기독교 종교의 핵심진리입니다. "우리가 의롭다 함을 받는 것은 율법의 행위로 말미암지 않고 오직 믿음으로 되는 줄 아노라"(롬 3:28). "율법의 행위로 그의 앞에 의롭다 하심을 얻을 육체가 없나니 율법으로는 죄를 깨달음이니라"(롬 3:20). 그리하여 "모든 사람이 죄를 범하여 하나님의 영광에 이르지 못하게" 되었습니다(롬 3:23). 그리하여 하나님께서는 "그리스도 안에 있는 구속으로 말미암아 하나님의 은혜로 값없이 의롭다 하심을 얻은 자로 삼아 주셨습니다"(롬 3:24). "오라 우리가 서로 변론하자 너희 죄가 주홍 같을지라도 눈과 같이 희어 질 것이요 진홍같이 붉을지라도 양털같이 되리라"(사 1:18). 하나님께서는 우리 형편을 아심으로 독생자를 주셔서 그의 보혈로 우리 죄를 속하시는 큰 은혜를 베풀어주셨습니다. 그러므로 우리는 우리의 죄가 중함을 염려할 것이 아니라고 "죄가 많은 곳에 은혜가 더욱 넘침"(롬 5:20)을 경험해야 합니다. 그러나 성경은 이 죄 사함의 경험이 곧 회개와 중생의 경험으로 직결되는 것을 가르치고 있습니다. Calvin은 이 점을 그의 구원론 초두에 분명히 합니다.

복음을 전하여 죄가 용서됨을 알리는 목적은 죄인들이 사탄의 압박과 죄의 멍에와 악의 비참한 사슬에서 풀려 하나님 나라로 옮겨가게 하려는 것이므로, 이 복음의 은혜를 받아들인 사람은 반드시 과거 생활의 과오를 버리고 바른길로 돌아서며 회개를 실천하는데 전력을 다하게 된다(Inst.,Ⅲ,iii, 1).

For since pardon and forgiveness are offered through the preaching of the gospel in order that the sinner, freed from the tryanny of Satan, the yoke of sin, and the miserable bondage of vices, may cross over into the Kingdom of God, surely no one can embrace the grace of the gospel without betaking himself from the errors of his past life into the right way, and applying his whole effort to the practice of repentance(Inst., Ⅲ, iii, 1).

Calvin은 죄 사함 받은 죄인이 회개하고 중생하여 다시 죄 가운데 빠지기 않기 위하여, 하나님의 죄 사함의 사랑(pardoning love) 안에 머물러서 선한 열매를 보여야 함을 계속 강조합니다. 그리하여 사도 바울은 이신득의(以信得意)의 큰 은혜를 소개한 후에 "그런 즉 우리가 믿음으로 말미암아 율법을 폐하느뇨 그럴 수 없느니라 도리어 율법을 굳게 세우느니라"(롬 3:31)고 선언합니다. 율법의 대강령(大綱領)은 "하나님을 마음을 다하고 성품을 다하고 힘을 다해 사랑하고, 이웃을 네 몸과 같이 사랑하라"는 사랑의 요구입니다. 그리하여 "믿음"과 "사랑"은 항상 짝을 이루고 "믿음"이 "사랑"을 "도리어 굳게 세움"을 바울이 가르치고, Calvin이 가르치고, Wesley가 가르치고 있습니다. 한 마디로 말해서, 예수를 믿음으로 말미암아 우리의 무거운 죄를 사함도 받고 선행도 하게 된다는 것입니다. 주 예수를 믿으면 그 산 신앙 안에서 "선행"까지도 하게 된다는 것입니다.

(3) 선행의 은총: 제이은총

Calvin은 이와 같은 "선행(善行)"의 은혜를 제이은총(第二恩寵)이라고 불렀습니다.

> 하나님께서는 그리스도의 의의 중재에 의해서 우리를 자신과 화해시키며, 죄를 거저 사해 주심으로써 우리를 의롭다고 인정하신다. 동시에 하나님의 이 은혜는 큰 자비와 연결되는데, 이 자비란 하나님께서 성령을 통하여 우리 안에 계시며, 그 힘으로 우리의 정욕을 날로 더욱 더 죽이시는 것이다. 참으로 우리는 성결케된다. 바꿔 말하면, 하나님께 선별된 자가 되어, 참으로 순결한 생활을 하며, 우리의 마음은 율법에 순종하게 된다. 결국 하나님의 뜻을 섬기며, 모든 수단을 다하여 그의 영광만을 증진시키는 것을 무엇보다도 먼저 원하게 된다(Inst., III, xiv, 9).
> We confess that while through the intercession of Christ's righteousness God reconciles us to himself, and by free remission of sins accounts us righteous, his beneficence is at the same time joined with such a mercy that through his Holy Spirit he dwells in us and by his power the lusts of our flesh are each day more and more mortified; we are indeed sanctified, that is, consecrated to the Lord in true purity of life, with our hearts formed to obedience to the law. The end is that our especial will may be to serve his will and by every means to advance his glory alone(Inst., III, xiv, 9).

즉 여기서 하나님께서는 그리스도의 중보(仲保)로 우리를 의롭다 받아 주실 뿐만 아니라 그의 자비는 더욱 크시어 칭의의 은혜 위에 성화의 은혜까지 주시어 하나님의 뜻을 행하여 그에게 영광을 돌리는 것이 우리의 최상의 즐거움이 되게 하신다는 것입니다.

Calvin은 하나님께서 우리에게 "선한 행위"의 은혜를 베푸시는 것을 "행위의 의"(works righteousness, operum justitia)라고 불렀습니다.

> 그런데 하나님께서 우리와 우리의 모든 것을 그리스도 안에서 보시 지 않으신다면 이 용서가 어디서 오는가? 우리가 그리스도께 접붙임을 받을 때에 그리스도의 무죄로 우리의 불이익가 덮여지기 때문에, 하나님 앞에서 우리 자신이 의롭게 되는 것과 같이, 우리의 행위도 모든 허물이 그리스도의 순결로 묻혀 버리며, 우리에게 책임이 돌려지지 않기 때문에, 의롭고 또 의롭다는 인정을 받는다. 따라서 우리는 당연히 믿음으로 우리 자신뿐만 아니라 우리의 행위까지도 의롭다함을 얻는다고 말할 수 있다. 그런데 만일 이 행위의 의가 그 성격이 어떻든 간에 믿음과 값없이 얻은 칭의에 의존한다면, 또 후자에 의해서 실현된다면, 그것은 믿음으로 말미암은 값없이 얻는 칭의에 포함시켜야 한다(Inst., III, xvii, 10).
> Now whence does this pardon arise, save that God contemplates us and our all in Christ? Therefore, as we ourselves, when we have been engrafted in Christ, are righteous in God's sight because our iniquities are covered by Christ's sinlessness, so our works are righteous and are thus regarded because whatever fault is otherwise in them is buried in Christ's purity, and is not charged to our account. Accordingly, we can deservedly say that by faith alone not only we ourselves but our works as well are justified. Now if this works righteousness whatever its character depends upon faith and free justification, and is effected by this(Inst., III, xvii, 10).

하나님께서는 그리스도의 보혈로 우리의 죄를 용서하여 주실 뿐만 아니라, 우리 안에 선한 일을 완성하시기 위해서 우리의 행위까지도 선하다고 받아 주십니다. 즉 사도 바울의 말과 같이 "선한 일을 위해서 그리스도 안에서 우리를 새로 지어 주시고 그 안에서 행하게 하시는 것"(엡 2:10)입니다. 사도 바울은 이 일을 하나님께서 우리 안에서 역사하사 "너희로 소원을 두고 행하게 하신다"(빌 2:13)고 말합니다. 즉 우리로 하여금 선한 뜻도 가지게 하시고, 선한 행위도 하게 하신다는 뜻입니다. 또한 그는 "우리 안에서 이와 같이 선한 일을 시작하신 이가 끝 날까지 이루실 줄 확신한다"고 말하고 있습니다. Calvin은 거듭 강조합니다. 하나님께서 우리를 자녀 삼기 위해서 "예수를 믿음으로 죄 사함을 얻게"하셨는데, 선행을 통해서 유업으로 영접해 드리신다는 사실을 분명하게 보여줍니다(Inst., III, xiv 21; xvii, 6 ; xviii, 1,4).

C. 한국교회의 진로

1. 하나님께 복 받아 번영하는 교회

우리는 한국교회가 하나님의 놀라운 축복 속에 큰 성장을 이룩하여 온 것을 보았습니다. 해방 당시에 30만도 못 되던 교세가 오늘날 1,500만을 헤아리고 있으며, 그리고 수천, 수만 명의 교인을 헤아리는 큰 교회들이 수 없이 많이 생겨났다는 것은 참 으로 놀랍고 감사치 않을 수 없습니다. 이 배후에는 초대 선교사가 전하여 준 보수주의신앙과 동시에 부흥주의 신앙이 오늘의 한국교회를 낳게 했다는 사실을 직시하여 이 방향을 그대로 견지하여 나가야 하겠다고 보았습니다. 그리고 이 배후에는 어디까지나 "살아 계신 하나님"께서 살아 계셔서 날마다 부르짖는 당신의 자녀들의 소원을 풀어 주신 은혜라고 할 수 있습니다. 한국교회에서 크게 성장한 교회는 예외없이 열심히 기도하는 교회입니다. 그것은 하나님께서 사실로 우리의 곤궁을 채워 주시는 하나님이시라고 확고한 신앙을 가지고 그에게 간구하여(petition) "무엇을 얻어"(obtain something)야 한다는 Calvin의 가르침을 실천하여 오는 교회들입니다.

이와 같은 "하나님의 능력"(power of God)에 대한 신앙은 Kant 이래로 "기복신앙"(Gunstwerberei: favour seeking religion)이라고 배척받아 왔고, 이와 같은 자유주의 신학 노선을 따르는 온 세계 교회의 추세와는 달리 한국교회 안에는 산 신앙이 살아 움직여 오게 하신 하나님께 감사치 않을 수 없습니다. Calvin은 간구(petition)가 기도의 핵심이고 하나님께 구해서 무엇을 얻으려 하지 않는(obtain something through petition) 기도는 하나님을 조롱하는 일이라고 하였습니다. 그리하여 하나님께 구할 때에는 반드시 줄 것을 믿고 구하라고 하였습니다(Inst,III,xx,6).

이와 같은 초자연주의 신앙을 Kant의 합리주의 철학이 깨뜨려 버린 후 서양교회는 소수의 예외를 제외하고 총체적 불신앙에 빠져 버렸으나 한국교회는 보수신앙으로 인해서 오늘의 축복을 받게 되었습니다. 사실, 절실히 하나님께 구해서 "무엇을 얻어야 할"(obtain something) 필요가 없는 교인이 어디 있습니까? 목사 된 자가 자기 교인의 이와 같은 절실한 처지를 외면한다면, 그가 신실한 목자라 할 수 있겠습니까? 우리의 필요한 모든 것이 어디 "합리주의"의 테두리에서 얻어질 수 있는 것들입니까? 거의 전부가 초자연적인 권능을 가지신 하나님께 부르짖어서 얻을 수 있는 것이 아닙니까? 하나님은 "복 주시는 하나님"이십니다. 그에게 복을 구하지 않는 자는 심중에 몰래 복을 다른 곳에서 얻을 것을 계산하고 있는 자입니다. 한국교회는 이와 같은 죄를 범하지 않고 계속 만복의 근원께 모든 복을 구하여 계속 축복을 받는 교회가 되어야 하겠습니다.

2. 한국교회의 큰 오해

한국교회는 전체적으로 하나의 큰 오해에 빠져 있다고 보여 집니다. 이 큰 오해를 고치기 전에는 한국교회가 21세기 인류를 살릴 사명을 결코 다하지 못할 것이며, 반면에 이 큰 오해를 고치고 Calvin-Wesley가 가르친 신앙을 그대로 따른다면 한국교회는 구원을 참으로 얻는 교회가 되고 또한 하나님께서는 한국교회를 크게 들어 쓰셔서 21세기에는 한국이 살고 온 인류를 살리시는 큰 역사(役事)를 하실 것으로 믿습니다.

한국교회 뿐만 아니라 오늘날 전 세계교회가 빠져 들어가 있는(그와 같이 말할 수 있는 것은 전 세계에 바른 신학을 찾아볼 수 없고, 근본적으로는 하나님에 대한 두려움과 지옥형벌의 심각성을 말하고 있는 신학을 찾아보기 힘듭니다.) 하나의 오해는 종교개혁시대에도 있었고(무율법주의, Anomianism) Wesley는 주로 그와 같은 오해 즉 Calvin주의자들의 반율법주의(Antinomianism)와 싸웠던 것입니다.

우리가 하나님 앞에 의롭다함을 받는 것은 오로지 믿음(sola fide)으로 말미암고 선행으로 말미암아 의롭다함을 얻지 못합니다. 우리의 행위가 아무리 의롭다 해도 하나님 앞에서 "완전"할 수도 없고 "순결"하지도 못하고 또 설사 완전하다 할지라도 우리는 하나님 앞에서 "무익한 종"일 뿐입니다. 사도 바울은 이 점을 명확히 결론을 내렸습니다. "율법의 행위로 그의 앞에 의롭다하심을 얻을 육체가 없나니 율법으로는 죄를 깨달음뿐이니라"(롬 3:20).

그러나 여기서 많은 오해가 일어나고 있습니다. 우리가 하나님 앞에 "율법의 행위"로 의롭다하심을 얻을 수가 없으며 "오로지 믿음으로 말미암기" 때문에, 우리는 "율법을 지킬 필요가 없으며, 어차피 지킬 수도 없다"고 생각하는 것입니다. 우리 힘으로 율법을 지킬 수 없는 것은 사실입니다. "율법의 행위로 의롭다하심을 얻을 육체가 없다"는 것은 우리가 "육체"를 쓰고 있는 한 율법의 행위로 의롭다함을 받을 수 없다는 것입니다. 그렇다면 "율법의 행위"를 할 필요가 없는 것이 우리의 현실이요 사실이 아닌가? 라고 생각할 수 있습니다. 이와 같이 한국교회 뿐만 아니라 세계교회가 "율법의 행위" 즉 "하나님을 마음을 다하는 성품을 다하고 힘을 다해서 사랑하고 이웃을 내 몸과 같이 사랑하는 일"은 처음부터 포기하며 살고 있고 그것을 행할 필요도 없다고 착각하고 있는 형편입니다.

그러나 성경이 어디에서 율법을 행치 않아도 된다고 한 마디나 말했습니까? Calvin이나 Wesley가 어디에 그와 같이 말했습니까? 오히려 사도 바울은

> 그런즉 우리가 믿음으로 말미암아 율법을 폐(廢)하느뇨 그럴 수 없느니라 도리어 율법을 굳게 세우느니라(롬 3:31).

라고 하였습니다. Calvin은 선행 없는 신앙을 꿈꾸어 본 일이 없으며 선행 없이 의롭다함이 이루어진다고 꿈꾸어 본 일이 없다고 밝히 말하고 있습니다.

> 우리는 선행 없는 신앙을 꿈꾸어 본 일이 없으며 선행 없이 의롭다함이 이루어진다고 꿈꾸어 본 일이 없다.
> We dream neither of a faith devoid of good works nor of a justification that stands without them(Inst., III, xvi, 1).

사도 바울은 이런 착각에 대해서 "속지 말라"고 경고하고 있습니다.

> 불의한 자가 하나님의 나라를 유업으로 받지 못할 줄을 알지 못하느냐 미혹을 받지 말라(고전 6:9).

믿음으로 의롭다하심을 받았다고 해서 아무 변한 것 없고, 우리에게서 의로움이나 선한 것은 아무 것도 찾을 수 없고, 믿기 전이나 믿은 후나 한결같이 불의로 가득 차 있는 자는 하늘나라를 유업으로 받지 못하리라는 것입니다. 하늘나라에 살인자, 도적, 간음하는 자, 거짓말하는 자, 탐욕으로 가득한 자로 가득하다면 그것이 천국이 되겠습니다.

> 너희도 이것을 정녕히 알거니와 음행하는 자나 더러운 자나 탐하는 자 곧 우상 숭배자는 다 그리스도와 하나님 나라에서 기업을 얻지 못하리니 누구든지 헛된 말로 너희를 속이지 못하게 하라 이를 인하여 하나님의 진노가 불순종의 아들들에게 임하나니(엡 5:5-6).

그러므로 예수님 말씀대로 "불법을 행하는 자들을 거두어 내어 풀무불에 던져 넣으실 것"(마 13:40, 42)이요 "의인은 자기 아버지의 나라에서 해와 같이 빛나게 될 것"(마 13:43)입니다.

그렇다면 우리는 말로만 "의롭다함을 받았다"고 할 것이 아니라, 좋은 나무가 선한 열매를 맺는 것과 같이 아름다운 열매 맺는 나무가 될 필요가 있습니다. 우리 속사람이 변화를 받아서 선행이 나타나도록 해야 하겠습니다. 사실상 오늘날 한국교회나 한국사회에서 이와 같은 소리를 많이 듣습니다. "행함이 있는 믿음"을 외치는 소리, "사랑을 실천하자"는 소리, "성화운동을 하자"는 소리, "한국교회가 이대로는 안 된다"는 소리를 많이 듣습니다. "기독교인이 천만이 넘는데 왜 한국이 이 모양인가?" 중생하지 못한 육신들이 아무리 외쳐도 "육체로는 율법의 행위로 의롭다하심을 얻지 못한다"는 것이 분명한데 그와 같은 육신의 소리들이 무슨 소용이 있습니까? 그와 같이 외치는 자들은 각종 운동본부를 만들 것이 아니고, 먼저 "자기 자신"을 살펴보아야 할 것입니다. 자기가 먼저 자기 속에 선이라고는 티끌만큼도 찾을 수 없음을 하나님 앞에 통회하고, 혹시 하나님께서 긍휼을 베푸시기 위해서 그의 앞에 엎드려야 할 것입니다. 하나님께서는 그의 은혜를 어떻게 베푸십니까? "성경의 말씀과 성례와 기도"를 통해서가 아닙니까! 그렇다면 이런 것들이 없이는 무슨 하나님의 신령한 은혜도 기대를 하지 말아야 할 것입니다.

우리는 열심 있는 한국교회를 전제로 하며 한국교회가 "선행"의 은혜까지 받아야 할 것을 말하고 있습니다. "믿음으로 의롭다 하심을 받는 것"이 유일의 기독교신앙진리임에 틀림없습니다. 그러나 이 기독교의 핵심진리 즉 "오로지 믿음으로 의롭다하심을 얻는" 진리에 대해서 "선행"이 없어도 된다는 오해를 고쳐야 한다는 것을 말하고 있는 것입니다.

3. 한국교회의 오해를 고치는 길

① 한국교회는 먼저 구원에 대한 결심과 그 목표가 분명해야 하겠습니다.

구원의 목표는 다름 아닌 하나님께 용납 받아서 영원한 유업으로 들어가는 것입니다. 결코 영원한 불 하나님의 진노의 불로 들어가서는 아니 되겠다는 결심입니다. 그리고 그 길을 우리 앞에 뚜렷이 보여주셨으므로 즉 Calvin이 말하는 대로 "하나님이 평범한 방법 즉 선행의 방법"으로 그리로 인도하신다는 것을 보여주셨으니 이 목표를 확실히 붙잡는 일이 필요합니다. 이 얼마나 감사한 일입니까. "선한 사람"이 되는 것만도 좋은 일인데, 우리 죄를 회개하고 겸손하고 온유하게 됨으로 그곳으로까지 들어갈 수 있게 하시니, 왜 모든 것 다 바쳐서 이 길을 가도록 힘쓰지 않겠습니까. Calvin의 말이 너무 귀하니 그대로 인용하여 보겠습니다.

> 주께서 그의 자비로 영생의 유업(遺業)에로 인도하시기로 정한 자들을 그의 통상적인 방법 즉 선행을 통해서 그 유업을 얻게 하신다(Inst. Ⅲ, xiv, 21). Those whom the Lord has destined by his mercy for the inheritance of eternal life he leads into possession of it, according to his ordinary dispensation, by means of good works(Inst., Ⅲ, xiv, 21).

주께서는 그의 자비로 영원한 유업(遺業)에로 인도하시기로 작정한 자를 "선행"을 통하여 그것을 얻게 하셨다는 것입니다. 예수님의 같은 말씀이 우리 귀에 들려오지 않습니까? "마음이 가난하여져서 천국으로 들어가라. 애통하고 온유하고 하나님의 의를 먼저 구하고 이웃에게 친절하게 되어 천국인이 되어 그 나라에서 해와 같이 빛나라." 사도들이 한 목소리로 외칩니다. "참고 선을 행하고 모든 시험을 믿음으로 이기고 즉 선으로 악을 이기어 유업으로 들어가라."

한국교회는 첫째 이 목표를 뚜렷이 하고, 둘째로 꼭 천국까지 이르러야 하겠다는 결심을 해야 합니다. 이 일이 다른 무엇보다도 중한데 그와 같이 중한 것을 중히 여기는 것 같지 않습니다. 오히려 경한 것을 더 중히 여기는 경향이 많습니다. 그리고 이것이 참 기독교 종교 신앙인데 잘못된 신앙가운데 우왕좌왕해서는 아니 되겠습니다. 이 길만이 살 길이요 남은 모든 길이 멸망에로 이끄는 길입니다. 한국교회의 목사님들은 기회가 있는 대로 교인들을 바로 세우기에 힘써야 하겠습니다.

② 두 번째로 중요한 것은 "나 자신"의 형편이 어떤 형편에 있는지 바로 아는 일입니다.

위에서 Calvin의 "자기를 살피고"의 글을 인용한 대로 자기형편이 어떤 상태에 있는지를 잘 아는 일이 필요합니다. "불의한 자가 하나님의 나라를 유업으로 받지 못한 줄을 알지 못하느냐"고 분명히 말씀하시는데, "나 자신"에게 "의"라고는 조금도 없는데, "선"이 라고는 하나도 찾을 수 없는데, "진실"이라고는 도무지 없는데, 어떻게 의와 선과 진실의 나라로 용납될 수 있겠는가를 분명하게 알아야 하겠습니다. Calvin은 말합니다.

> 우리가 누구인지를 생각해 보고, 우리 속에 무엇이 있는지를 점검해 볼 때에는 우리의 양심은 크게 가책 받지 않을 수 없게 되고 큰 번민에 빠지지 않을 수 없게 될 것이다. 왜냐하면 우리 가운데 한 사람도 자기 속에 의리라고는 조금도 발견치 못할 것이고 도리어 죄와 사악함으로 가득 차 있는 것을 보게 될 것이며 다른 사람이 우리를 비난하지 않더라도 우리 양심이 우리를 고발할 것이며 다른 재판관이 필요치 않으며 우리 양심이 우리를 정죄할 것이다. 마침내는 하나님의 진노가 우리에게 불탈 것이며, 결국은 영원한 죽음을 피할 길이 없을 것이다. 우리가 졸든가 바보가 아니라면 이 무서운 생각은 일종의 영원한 지옥일 것이며 우리를 격동시키고 고문할 것이다(Calvin. A Short Treatise on the Lord's Supper,7).

Wesley도 자신에 대해서 Calvin과 똑같이 영원한 지옥형벌에 해당하는 자로 보고 있습니다. 더욱 놀라운 것은 그가 새 사람이 되는 큰 경험을 하고 Moravian의 본거지인 헤른후트(Hernuhuth)까지 다녀온 후에 자신에 대해서 "자기 속에 선한 것이라고는 도무지 찾을 수 없으며 부패하고 가증스러운 것 뿐"이라고 하면서, "전적으로 세상적이며, 감관적(感官的)이며 마귀적이어서 짐승과 마귀의 혼합물"이라고 자백하고 있습니다(Wesley's Works, I/161). 이보다도 더 놀라운 것은 88세에 그리스도인의 완전을 행하며 오로지 한 마음으로 달음질 한 그가 임종의 순간에 "나는 죄인 가운데 괴수"(I the chief of sinners am)라고 자복(自服)하고 있는 것입니다.

그러므로 우리 자신을 돌아볼 때 "진노의 자식"이요 "지옥의 상속자"임이 분명합니다. 그러나 "죄가 많은 곳에 은혜가 더욱 넘쳤나니"(롬 5:20) 말씀하신 대로 오히려 하나님께서는 죄인에게 은혜를 더욱 베푸시는 하나님이십니다. "자비롭고 은혜롭고 노하기를 더디하시고 인자와 진실이 많은 하나님이십니다." "범죄한 나라" "허물진 백성"을 향하여, "오라" 부르시고 "너희 죄가 주홍 같을지라도 눈과 같이 희어질 것이요 진홍같이 붉을지라도 양털같이 되리라"고, 독생자의 보혈로 우리의 흉악한 죄를 완전히 깨끗하게 씻어 정결케 하여 주실 것을 미리 약속하신 하나님이십니다. 그리하여 결국에는 예수께서 "죄인의 친구"로 오셨고 "탕자의 아버지"로 우리를 부르시고 자녀삼아 주십니다. 죄인이 어떻게 하나님의 아들이 될 수 있겠습니까. 죄가 많은 곳에 은혜를 더 넘치게 베푸시기 때문입니다.

이와 같이 한편으로는 우리를 더욱 "겸손"하게 하시며, 한편으로는 "은혜"를 더욱 넘치게 하십니다. 이것은 신자가 언제나 "사함 받은 죄인"으로서 하나님의 "죄 사하시는 사랑"(pardoning love) 가운데 지내도록 하시는 하나님의 측량할 수 없는 "은혜의 종교" 진리입니다. 이것은 우리가 우리 주 예수그리스도의 "보혈의 은혜"에서 떠나서는 안 된다는 진리입니다. 일순간도 "하나님"에게서 떠나면 지옥에 떨어지는 것이고, "그리스도의 은혜"에서 한순간이라도 떠나서는 아니 된다는 진리입니다. 우리 자신 안에는 "죄와 사망" 뿐인 "짐승과 마귀의 혼합물"이고 따라서 언제나 매순간 회개하여 하나님께로 돌아와서 믿음으로 그리스도의 은혜를 새로 받아서 그 안에 거하도록 해야 한다는 것을 말합니다.

기독교 종교는 그러므로 영혼의 종교입니다. 내적 싸움을 한 순간도 멈추어서는 안 됩니다. "너희가 영으로 몸의 행위를 죽이면 살리라"고 하신 대로 "쉬지 말고 기도해서" 계속적으로 역사(役事)하는 육의 작용을 다시금 영으로서 죽이는 일을 해야 합니다. 그러므로 신자는 날마다 더 "큰 죄인"이 되어 갑니다. 양심이 날마다 더 예민하여지고 자기 마음속에 "사랑"의 법에 어긋난 움직임이 조금이라도 일어나면 더 큰 죄책감으로 소리 지르지 않을 수 없게 됩니다. 그러나 오히려 더 많은 시간을 "은혜"도 모르고 "죄"도 모르는 자연인의 상태에 살기 때문에 우리 신자는 사실 더 큰 회개와 더 큰 은혜의 경험을 이루어 나가야 할 것입니다.

③ 우리는 "죄 사함의 은혜를 받고" "죄 사하는 심령"을 가져야 하겠습니다.

우리 자신을 볼 때 "우매하고 무지하여 짐승"임을 보게 됩니다. "우리 속에서는 악한 생각과 각종 범죄로 가득함"을 봅니다. 그러나 "너희 죄가 진홍같이 붉을지라도 눈과 같이 희어지리라"는 말씀을 따라 "죄 사하시는 사랑"(pardoning love) 안으로 피해 갈 수밖에 없습니다. 하나님의 "죄 사하시는 사랑"은 우리에게 값없이 "의"를 입혀 주시고 "평화"를 주시고 "기쁨"을 주십니다. 뿐만 아니라 우리에게 "양자의 영"을 부어주시어 "아바 아버지"하고 부르짖게 하십니다. "하나님의 영"이 우리에게 "사랑하는 아들"이라고 "인치심"을 주실 뿐만 아니라 "우리의 영"이 또한 "하나님의 양자 삼으시는 영"을 알게 되어 "우리가 자녀"인 "표"를 나타냅니다. 말하자면 "죄인"이 변하여 "착한 심령"을 받아서 "선인"으로 되는 것입니다.

사도 바울의 다음 말은 이 사실을 잘 설명하여 줍니다.

> 우리는 그의 만드신 바라 그리스도 예수 안에서 선한 일을 위하여 지으심을 받은 자니 이 일은 하나님이 전에 예비하사 우리로 그 가운데서 행하게 하려 하심이니라(엡 2:10).

죄인인 우리가 "선한 일을 위하여 지으심을 받아" "그 가운데서 행하게 하십니다." 악 밖에는 아무 것도 행하지 못하던 우리가 이제는 은혜로 선한 일을 하도록, 선 가운데 행하도록 하나님께서 만들어 주십니다. 그리하여 바울은 이 일에 대하여 "너희 안에서 행하시는 이는 하나님이시니 자기의 기쁘신 뜻을 위하여 너희로 소원을 두고 선을 행하게 하신다"고 하였습니다(빌 2:13). 더욱 감사한 것은 "너희 속에 착한 일을 시작하신 이가 그리스도 예수의 날까지 이루실 줄을 우리가 확신하노라"(빌 1:6)고 하시는 말씀입니다.

이 모든 말씀은 결국 무엇을 의미합니까? 하나님께서는 우리 "지옥인"인 우리를 부르시어 "천군인"으로 만드신다는 것을 의미하지 않습니까? 한국교회는 이 일에 더욱 주목해야 하겠습니다. 위에서 이미 강조한대로 우선 이 문제 자체를 심각하게 문제 삼아야 하겠습니다. 한국교회 성도들은 우선 자기가 어떤 형편에 있는가? 지옥 갈 형편에 있지 않는가?를 살펴야 하겠습니다. 말할 것도 없이 자기형편을 잘 모르는 사람은 예수님의 친구가 될 수 없으며 탕자의 아버지의 아들이 될 수 없습니다. 그러므로 "죄가 많음으로 더 넘치는 은혜"를 받아야 하겠습니다. "사함을 받을 일이 적은 자는 적게 사랑 하느니라"(눅 7:47) 하시는 경고의 말씀과 "저의 많은 죄가 사하여졌도다. 이는 저의 사랑함이 많음이니라"고 하시는 말씀을 따라 우리 마음도 "많은 죄 사함을 받아 사랑"으로 넘쳐야 하겠습니다.

사랑은 먼저 "마음을 다하고" 즉 "마음속 깊이 뜨거운 마음으로" 하나님을 사랑하고, "영혼을 다해서" 즉 "하나님 외에 다른 것을 사랑하는 갈라진 마음 없이 하나님만 사랑하고", 그리고 "힘을 다해서" 즉 우리의 각종 기능의 능력을 다해서 하나님을 사랑해야 하겠습니다. 그리고 이웃을 대할 때에 "자기의 유익을 구치 아니하며 성내지 아니하며 오래 참고 온유하며 무례하게 되지 않도록" 존경하기를 서로 먼저 하는 일입니다. 그리고 이 일은 우리 자신이 도저히 이룰 수 없고, 하나님께서 우리 안에 그리스도로 말미암는 죄 사하시는 사랑(pardoning love)을 부어 주실 때, 우리가 "자녀"로 나타날 때만 그와 같은 선(善)한 일에로 회개가 시작됩니다. 그러나 더 감사한 것은 하나님께서 우리의 완전치 못한 사랑의 행위까지라도 그리스도의 피로 씻으시고 완전한 것으로 받아 주시는 일입니다. 그리고 이 모든 일은 하나님의 "택하심"에 소급됩니다. 하나님께서 우리를 택하여 주시고 불러 주시지 않았다면 아무리 보잘 것 없는 것이나 그와 같은 "선한 마음"이나 "선한 행위"가 전혀 있을 수 없습니다.

그리하여 사도 베드로는 "믿음"에 덕을 덕에 지식을 지식에 절제를 절제에 형제우애를 형제우애에 사랑을 더하라고 명한 후 이것이 "택하심"의 표인 고로,

> 그러므로 형제들이 더욱 힘써 너희 부르심과 택하심을 굳게 하라 너희가 이것을 행한즉 언제든지 실족치 아니하리라 이같이 하면 우리 주 곧 구주 예수 그리스도의 영원한 나라에 들어감을 넉넉히 너희에게 주시리라(벧후 1:10-11).

라고 약속하였습니다. 한 마디로 말해서, 우리가 의롭다함을 받는 것은 오로지 믿음으로 됩니다. 그러나 우리가 하늘 유업으로 들어가는 것은

"선행"(善行)을 통해서입니다. 이제 한국교회 안에 이와 같이 "선행"을 통하여 "천국"가는 운동이 맹렬히 일어나야 하겠습니다.

4. 한국교회의 진로의 요약

한국교회의 진로에 대해서 결론적으로 정리하겠습니다.

1. 하나님께서는 한국교회를 크게 축복하여 주셨습니다. 특히 그의 살아 계신 능력을 나타내시어 믿는 자들에게 신유(神癒)의 은사와 세상 복을 풍성히 내려 주시는 은혜를 보여 주셨습니다. 신학자들 가운데 Kant의 불신앙의 전통을 따라 기복신앙을 반대하는 소리를 내는 자도 있으나, 이것은 잘못된 신학으로서 한국교회는 계속 하나님께 복을 구하는 일을 게을리 해서는 아니 되고, 믿고 힘써 하나님께 복을 구하여야 하겠습니다.
2. 한국교회는 하나님 앞에서 죄를 회개하는 일을 더욱 힘써야 하겠습니다. 구원에 대한 심각성을 회복해야 하겠습니다. 순간, 순간 하나님께 죄 사함의 은혜를 진실하게 힘을 다해 구해야 하겠습니다.
3. 한국교회는 하나님께서 그리스도 안에서 죄 사함의 은혜를 베푸실 뿐만 아니라, 자녀 삼으심의 은혜도 베푸시고 특히 선행(善行)의 은혜로 그리스도의 형상을 입혀 주심을 믿는 가운데, 이 선한 길을 힘써 행하여 영원한 유업을 받기에 힘써야 하겠습니다.

죄인 즉 지옥인을 부르시어 착한 사람 즉 천국인으로 양육하시는 하나님의 천국사업만이 한국교회가 사는 길이요, 한국이 거룩한 나라로 되는 일이요 세계교회가 회생하는 길이요, 21세기 인류가 살 유일의 길입니다.

D. 21세기 인류의 살 길

1. 유일(唯一)의 진리

(1) 21세기 인류에게도 기독교의 기본진리는 그대로 적용됩니다.

우리는 위에서 기독교 서양의 지난 두 세기 비극의 역사를 되새겨 보면서 한국교회의 진로를 찾아보았습니다. 한 마디로 18세기에 서양 기독교회는 구체적으로 제세되었던 Kant의 계몽사조(Enlightenment)의 노선인가, Wesley의 신앙각성(the Great Awakening)의 노선인가의 기로에서, 기독교 서양은 불행하게도 신앙을 저버리고 세속적 이익만을 추구하는 길을 걸어왔습니다. 그 결과 19세기의 식민지주의 제국주의의 부도덕한 기독교 서양의 추태를 보였습니다. 아편전쟁은 극단적 범죄의 한 표본이라 하겠습니다. 20세기의 인류 최대 비극의 역사는 하나님께서 공의로운 심판을 보이신 기독교 서양에 대한 응징이었습니다. 이와 같이 우리 눈앞에 뚜렷이 보여준 교훈은 세계교회가 Kant의 자유주의 신학 노선이 아니라, Wesley의 신앙각성 운동으로 복귀해야 함을 분명히 가르치고 있습니다. 감사하게도 한국교회는 초대 선교사들이 전하여 준 교리적 정통성을 견지하는 가운데 신앙부흥주의로 나가는 전통과, 해방 후 한국교회가 자유주의 신학의 침투의 위기에 봉착하였을 때에 하나님께서는 박형룡 박사를 보내 주시어 이 전통을 그대로 견지하여 나올 수 있게 하심으로 부족한 점이 많은 중에도 세계교회의 희망이 되게 하셨습니다. 이제 새 천년 21세기에 들어서면서 이 길만이 인류의 살 길임을 분명히 하고자 합니다.

교회의 나갈 길은 우리가 신학적으로 규명하여 단언할 수 있다 해도, 어찌 인류 전체의 운명을 감히 논할 수 있는가 물을지 모르겠습니다. 우리가 그와 같이 말할 수 있는 근거는 인류가 나갈 길이나 개인이 나갈 길이, 모두 동일하게 바른 길인가 잘못된 길인가를 명확히 논할 수 있기 때문입니다. 진리인가 비진리인가, 오류인가 진리인가의 문제는 분명히 판가름 할 수 있습니다. 우리는 위에서 기독교 서양이 잘못된 길을 걸어 왔기때문에, 이제는 과거의 오류를 청산할 때가 왔다는 것을 거듭 강조하여 왔습니다. 예컨대 100년 전에 Harnack은 분명히 서양교회에 오류를 가르쳤습니다. 기독교 서양은 100년 동안 그 잘못된 자유주의 신학 노선을 따라 온 결과 세속적 관점에서나 교회적 관점에서 오늘의 비극을 연출하여 왔습니다. 이런 의미에서 우리는 교회가 걸어야 할 바른 길이 바로 21세기에 있어서 인류가 살 길이라고 단언할 수 있습니다.

이 내용을 더 자세히 검토하여 봅시다. 우리가 제시하는 한국교회의 나갈 길이, 21세기 인류의 살 유일의 길이란 것을 증명하는 일은 어렵지 않다고 생각됩니다. 그것은 기독교 종교가 주장하는 첫째 진리는 "사람"편에는 진리가 아무 것도 없고, "하나님"께만 진리가 있다는 주장입니다.

> 사람은 다 거짓되되 오직 하나님은 참되시다 할찌어다 기록된바 주께서 주의 말씀에 의롭다 함을 얻으시고 판단 받으실 때에 이기려 하심이라 함과 같으니라(롬 3:4).

여기서 사도 바울이 가르치고 있는 것은 사람에게는 "진실"이라든가 "의"라든가 "선"한 것이 아무 것도 없고, 오직 하나님만이 참되시고 의로우시고 선하시다는 것입니다. 이 사실을 부인할 사람은 없을 것입니다. 앞서 우리는 Calvin과 Wesley에 있어서 인간 의 전적 부패와 비참의 사실을 거듭 확인한바 있습니다. 이것은 모든 신자가 항상 경험하는 바입니다. "오호라 나는 곤고한 사람이로다. 이 사망의 몸에서 누가 나를 건져내랴"라는 마음속의 외침은 우리의 신앙이 자랄수록 더욱 심각해지고 깊어지고 커지는 외침입니다. 하나님께 대한 우리의 회개와 예수 그리스도에 대한 우리의 신앙이 더 자랄수록 우리의 죄가 더 적어져야 하는데 오히려 우리의 죄인 됨이 더 분명하게 되고 더 심각하게 되는 것은 하나의 아이러니 입니다. 하나님의 은혜로 "선한 심령"이 우리 속에 이루어질 수록 우리의 악한 본성은 그만큼 더 크게 발동하는 것을 봅니다. "자연인"이란 것이 얼마나 "음란"하고, 얼마나 "잔인"하고, 얼마나 "진실치 못하고", 얼마나 "욕심 부리고", 얼마나 "교만"하고, 얼마나 "자기주장"을 하며, 얼마나 "세상을 사랑"합니까?

> 의인은 없나니 하나도 없으며…선을 행하는 자는 없나니 하나도 없도다(롬 3:10-12).

라고 한 사도 바울의 말은 우선 21세기의 인류가 한사람 예외 없이 인정해야할 말씀입니다.

이것을 바꾸어 말하면 21세기 인류의 살 길은 "하나님"에게로 돌아가야 한다는 것입니다. 즉 우리 자신 안에는 "진리"가 없으며 "의"도 없고 "선함"도 없으나 우리가 살 길은 우리 자신에게서 나와서 오로지 "참되시고"

오로지 "의로우시고" 오로지 "선하신" 하나님께 가서 그에게서 "정직함"과 "선함"과 "의로움"을 얻는 길 뿐입니다. 이 일이 오로지 하나님의 은혜로 "복음신앙"을 통해서 이루어진다면, 21세기 인류의 살 길은 이 한 가지 길임을 누가 부인할 수 있겠습니까? 우리로서는 "선"을 행할 수 없으며, 일생 동안 얼마나 많은 악을 범하여 왔습니까? 순간 순간 우리의 "생각"과 우리의 "말"과 "행동"으로 평생 "악"한 생각과 악한 말과 악행 밖에 하지 못한 것이 백일하에 드러났습니다. Wesley는 이것을 하늘의 별, 바다의 모래, 비의 방울, 영원의 날들과 같이 많다고 하였습니다.

그러므로 우리의 살 길은 "회개"와 "죄 사함"의 길밖에 없습니다. 그와 같은 "악"과 "거짓"과 "불의"에서 돌이켜야 합니다. "선함"과 "진리"와 "의"가 하나님의 은혜로 우리 속에 새롭게 심어져야 합니다. 중생해야 합니다. 우리는 하나님의 은혜로 새 사람, 선한 사람, 진실한 사람, 의로운 사람으로 변화를 받아야 합니다. 이것은 우리의 그 많은 무거운 죄가 사유(赦宥)함을 받게 될 때 이루어집니다. Wesley가 올더스게이트(Aldersgate St.)에서 경험한 그것입니다!

> 하나님께서 그리스도를 믿음으로 말미암아 한 심령 속에서 일으키시는 변화(Wesley's Works I/103).
> The change which God works in the heart through faith in Christ(Wesley's Works I/103).

이 "산 신앙"(a living faith)이 일어나야 합니다. 그때에 하나님께서는 우리에게 양자의 영을 부어 넣어 주시고, 우리는 "아바 아버지"라 부르는 "하나님의 아들"로 중생하게 됩니다. 죄인이 의인 되는 길이 이 한 가지 길뿐이라면 바로 이 길이 21세기의 인류의 살 길이 아니고 무엇이겠습니까!

(2) 이 진리는 오늘의 한국에도 그대로 적용됩니다.

이제 이 일이 우리의 현실에 맞는 일인지 세계 인류를 논하기에 앞서 우리 한국의 경우에도 사실적인 일인지 알아보아야 하겠습니다. 즉 우리가 말하는 일이 21세기 한국인이 살 유일의 길인지를 현실적으로 알아보아야 하겠습니다. 이것은 불의한 한국, 거짓으로 가득 찬 한국, 악한 한국이 의롭고, 진실하고, 선한 한국이 될 수 있는 길이 어디에 있는가의 문제입니다. 한국이 불의하고, 거짓으로 가득 차 있고, 악한 한국이란 무엇을 말합니까? 하나님께서는 이사야를 통해서 이스라엘을 향하여 "범죄한 나라" "허물진 백성"이라고 말씀하고 계셨습니다.

> 슬프다 범죄 한 나라요 허물진 백성이요 행악의 종자요 부패한 자식이로다. 그들이 여호와를 버리며 이스라엘의 거룩한 자를 만홀(漫忽)히 여겨 멀리하고 물러갔도다(사 1:4).

여기서 국가의 범죄와 백성의 도덕적 부패가 지적되고 있습니다. 1,000만 이산가족이 있는데 불과 200명씩 어쩌다 한 번씩 만나 보게 하는 것은 분명히 국가의 범죄입니다.

> 신실하던 성읍이 어찌하여 창기가 되었는고 공평이 거기 충만하였고 의리가 그 가운데 거하였더니 이제는 살인자들뿐이었도다. 네 은은 찌끼가 되었고 너의 포도주에는 물이 섞였도다. 네 방백들은 패역하여 도적과 짝하여 다 뇌물을 사랑하며 사례물을 구하며 고아를 위하여 신원치 아니하며 과부의 송사를 수리치 아니하는도다(사 1:21-23).

오늘의 한국 속에서 "신실"을 찾을 수가 있습니까? 정치인은 국민을 대표하는 사람들로서 그들은 모든 사람의 모범이 되어야 할 사람들입니다. 그러나 정계에서 보다 더 "신실"을 찾을 수 없는 분야가 어디 있습니까? 정계뿐입니까? 이 나라 구석구석이 얼마나 거짓으로 가득 차 있고, 윤락과 부패가 범람하고 있습니까? 이사야의 고발이 그대로 우리에게 적용이 된다는 것을 누가 부인하겠습니까? 성경은 "사람"의 속에서는 "악한 생각과 살인과 간음과 음란과 도적질과 거짓 증거와 훼방"같은 악한 것 밖에 나오지 않는다는 것을 분명히 하고 있습니다.

한국이 살 길은 정직과 선함과 하나님의 의인 것이 분명합니다. 거짓되고 불의하고 악하고 퇴폐한 인간을 의롭고 선하고 신실한 길로 우리를 인도하시기로 작정하셨다면 우리의 살 길은 그 길 외에 다른 길이 없음이 분명합니다.

> 우리는 그의 만드신 바라. 그리스도 예수 안에서 선한 일을 위하여 지으심을 받은 자니 이 일은 하나님이 전에 예비하사 우리로 그 가운데서 행하게 하려 하심이니라(엡 2:10).

"우리 안에 선한 일을 시작하신 이가 그리스도 예수의 날까지 이루실 것이라"(빌 1:8)고 하셨음으로 우리는 그 길만이 우리의 살 길로 알고 따라 가야 할 것입니다.

(3) 한국인이든 서양인이든 온 인류가 이 진리를 따라 심판받게 되고 동일하게 믿음으로 구원받게 됩니다.

하나님께서 인간을 향하여 물으시는 문제는 참인가 거짓인가? 선한가

악한가? 의로운가 불의한가?의 문제입니다. 그리고 이 문제 앞에 21세기의 온 인류가 균등하게 해당된다는 것을 말합니다. 남녀노소 모든 직종의 사람들이 고하귀천(高下貴賤)을 막론하고 모든 인종에게, 그리고 기독교인이든 비기독교인이든 "무론대소(無論大小)하고 모든 죽은 자들"이 요한계시록 20:11의 "크고 흰 보좌" 앞에 서게 될 것이고 우리가 논하는 진리와 선과 의의 표준을 따라 심판을 받게 될 것입니다.

> 또 내가 크고 흰 보좌와 그 위에 앉으신 자를 보니 땅과 하늘이 그 앞에서 피하여 간 데 없더라. 또 내가 보니 죽은 자들이 무론대소하고 그 보좌 앞에 섰는데 책들이 펴 있고 또 다른 책이 펴졌으니 곧 생명책이라. 죽은 자들이 자기 행위를 따라 책들에 기록된 대로 심판을 받으니 바다가 그 가운데서 죽은 자들은 내어주고 또 사망과 음부도 그 가운데서 죽은 자들을 내어 주매 각 사람이 자기의 행위대로 심판을 받고 죽은 자들은 내어 주매 각 사람이 자기의 행위대로 심판을 받고 사망과 음부도 불못에 던지우니 이것은 둘째 사망 곧 불못이라. 누구든지 생명책에 기록되지 못한 자는 불못에 던지우더라(계 20:11-15).

마태복음 25:32에도 "모든 민족들"이 그 앞에 모이게 되고 그들이 "인정(人情) 있는 자"와 "무정한 자"로 나누이게 될 것을 말씀하십니다.

> 인자가 자기 영광으로 모든 천사와 함께 올 때에 자기 영광의 보좌에 앉으라니 모든 민족을 그 앞에 모으고 각각 분별하기를 목자가 양과 염소를 분별하는 것같이 하여 양은 그 오른편에, 염소는 왼편에 두리라(마 25:31-33).

그러므로 사도 바울은 하나님께 선악을 공의롭게 심판하실 때 "유대인"

과 "이방인"의 차이를 두지 않고 있습니다. 이것은 오늘에 있어서 기독교인이나 비기독교인이 동일한 표준에 따라 심판을 받을 것이란 말입니다.

> 하나님께서 각 사람에게 그 행한 대로 보응하시되 참고 선을 행하여 영광과 존귀와 썩지 아니함을 구하는 자에게는 영생으로 하시고 오직 당을 지어 진리를 좇지 아니하고 불의를 좇는 자에게는 노와 분으로 하시리라 악을 행하는 가 사람의 영에게 환난과 곤고가 있으리니 첫째-는 유대인에게요 또한 헬라인에게며 선을 행하는 각 사람에게는 영광과 존귀와 평강이 있으리니 첫째는 유대인에게요 또한 헬라인에게라(롬 2:6-10).

심판에 있어서 뿐만 아니라 구원에 있어서도 하나님은 인종이나 민족의 차이를 두지 않습니다. 백인이든 흑인이든 황인종이든 기독교인이든 비기독교인이든 모두 차이 없이 "오로지 믿음으로 말미암아 의롭다하심을 얻게" 됩니다.

> 하나님은 홀로 유대인의 하나님 뿐이시뇨 또 이방인의 하나님은 아니시뇨 진실로 이방인의 하나님도 되시느니라 할례자도 믿음으로 말미암아 또는 무할례자도 믿음으로 말미암아 의롭다 하실 하나님은 한 분이시니라(롬 3:29-30).

한 마디로 "복음신앙으로 말미암는 구원"도 인간이면 누구에게나 남녀노소, 인종과 모든 계층을 넘어서서 해당될 것입니다. 이 구원의 결과로 누리게 될 의와 평강과 희락도 모든 인종에게 골고루 해당될 것입니다.

2. 21세기의 물질적 번영과 기독교 신앙진리

21세기를 하나님의 특별한 은혜로 유례없는 물질적 번영의 세기로 맞이하게 되었습니다. 사회의 모든 가치분야가 해방되어 자유시장경제의 물결 속에서 무제한적 발전의 기회를 맞이했습니다. 기독교가 가르치는 중심 진리는 이와 같은 가치폭발과어떤 관계에 있습니까?

(1) 하나님의 은혜의 선물

Calvin은 이 모든 공동은총(共同恩寵)을 하나님의 도우심으로 보았습니다. 사실 피조계(被造界)에 있어서 하나님의 선물이 아닌 것이 어디에 있습니까? 정치, 문화, 과학, 의학 등 모든 분야의 혜택은 하나님의 선물이요, 성령의 감화로 그 지식들이 발전된 것입니다. 사도 바울도 루스드라에서 "하나님께서 하늘로서 비를 내리시며 결실기를 주시는 선한 일을 하사 음식과 기쁨으로 너희 마음에 만족을 주신 것"(행 14:17)은 "사람으로 하나님을 더듬어 찾아 발견케 하시려는 것"(행 17:27) 곧 "하나님께로 돌아오라 하심이라"(행 14:15)고 보고 있습니다. 문제는 Calvin이 지적한 대로 사람들이 "도우심을 장애물로 만드는데"(turn helps into hindrances) 있습니다. 그 때문에 예수께서는 "너희가 두 주인을 섬기지 못할 것이니 혹 이를 미워하며 저를 사랑하거나 혹 이를 중히 여기고 저를 경히 여김이라"(마 6:24)고 가르치셨던 것입니다. 사도 바울이 "그리스도 예수를 아는 지식의 고상함" 때문에 세상의 모든 가치를 배설물로 여긴 것과 같습니다. 복음만이 인생에게 최대 행복, 최대 만족, 최대 기쁨을 준다는 것은 "하나님"의 맛을 본 사람만이 알 수 있습니다. 그러기에 "하늘에서는 주 외에 누가 내게 있으리요, 땅에서는 주밖에 나의 사모할 자 없나이다"(시 73:25)하고 고백하였던 것입니다. Calvin에 있어서 하나님은 항상 최고선(summun bonum)이었습니다. 그러기에 그는 "나는 무슨 일이든 하나님을 상대로 한다"(mihi negotium cum Deo est)고 말하였고 하나님과만 사귀기를 원하였던 것입니다.

(2) 가난한 자의 복음

둘째로 복음은 시초부터 가난한 사람들의 것이었습니다. 창세기에 보면 모든 문명은 가인의 계열에서 발달되었습니다(창 4:17, 20-22). 오늘도 아크로폴리스와 고린도, 미케네, 피라밋, 스핑크스, 욱소르의 찬란한 문명속에 견주어보면 성지(聖地)는 지하 수십 미터 밑에서 찾아야 하고, 갈릴리 바다와 이곳 저곳의 형적들은 찾을 수 없는 이름뿐입니다. 복음은 인간이 만들어 낸 가치에서 소외된 사람들의 것입니다. 병들고 불구가 되고 사업에 실패한 모든 사람에게 사실상 복음이 필요합니다. 아세아 일곱 교회 중 서머나 교회는 궁핍하였으나 부요하였으며, 라오디게아 교회는 "부요(富饒)하여 부족한 것이 없다하나 네 곤고한 것과 가련한 것과 가난한 것과 눈먼 것과 벌거벗은 것을 알지 못하도다"(계 3:17) 하였습니다. 이제 새 세기에는 백화점마다 물건이 꽉 차 있으나 구경만 하는 인구가 태반이고, 소위 "구조 조정"을 함으로써 수백만의 실업인구가 생겨나고 있으니, 과거에는 학생들의 배부른 데모로 온통 수라장이 벌어졌으나, 지금은 날마다 생존을 위한 절박한 데모들이 벌어지고 있습니다. 그러므로 예수께서 "가난한 자들은 항상 너희와 함께 있으리라"(막 14:7)고 말씀하신 대로 도움을 필요로 하는 사람들에 대한 우리의 배려는 새 세기 새 천년에도 언제나 있어야 할 것입니다.

그러나 기독교가 목표로 하는 것은 결코 공평한 재판장이 되는 일이 아닙니다. 주님은 "누가 나를 재판장이나 물건 나누는 자로 세웠느냐"(눅 12:14)고 반문하셨습니다. 신자만이 명재판장(名裁判長)이 되고 명정치가(名政治家)가 되고 명경제인(名經濟人)이 되는 것은 아닙니다. 천국은 "먹는 것과 마시는 것이 아니요 성령 안에서 의와 평강과 희락이니라"(롬 14:17)고 했습니다. 복음의 능력은 욕심쟁이, 부자, 자연인을 감화시키어 기쁜 마음으로 자기의 전 재산을 한 푼 남기지 않고 천국을 위해서 다 바치게 하는데 있습니다. "웬일인가 내 형제여 재물만 취하다 세상물건 불탈 때에 너도 타겠구나." 지혜로운 사람이면 누구나 천국가기를 바라지 세상물건 붙들고 있지 않을 것입니다. 복음의 능력은 빈곤에 처해 있는 성도에게 "내일 일을 조금도 염려하지 않게 만드는데" 있습니다. 문제는 "욕심"에 있고 "우상숭배"에 있습니다. 그러기에 예수께서는 계속해서 말씀하시기를 "삼가 모든 탐심을 물리치라 사람의 생명이 그 소유의 넉넉한데 있지 아니하니라"(눅 12:15)고 하셨습니다. 21세기의 주요 문제도 "죄"의 문제입니다. 숨은 "탐심", "불신", "분노", "미움", 이런 것을 회개하고, 죄 사함 받고, "애통하고, 온유하고, 의를 사모하고, 긍휼히 여기고, 마음이 깨끗하게 되어, 모든 선한 일에 시간을 아끼지 않고, 힘을 다하게 되는" 천국인이 되는 일이 중요합니다. 한 마디로, 21세기에도 세계를 살릴 길은 지옥인들이 천국인이 되는 길밖에 없습니다.

(3) 부르심에 따른 봉사와 나눔인가, 내 업적의 소득과 치부인가

한 사회와 문화의 발전은 과거에도 그랬지만 현대사회에서는 특히 다원화된 가치분야에 종사하는 각종 직업인의 봉사생활에 달려 있습니다. 그리하여 Calvin은 사회의 구성요소 가운데 어디에 서 있든지 하나님의 "부르심"(calling)으로 보았고, "부르심"에 있어서는 귀천을 따지지 아니하고, 다 같은 "거룩한" 하나님의 "부르심"으로 보았습니다. 이것은 과거에 사농공상(士農工商) 천민(賤民)에 대한 잘못된 관념을 깨뜨리고, 모든 사람이 자기의 거룩한 소명에 힘을 다해서 "봉사" 할 계기를 열어 주었습니다. 그것은 어떤 가치가 창조되든지 자유시장에서 제 값을 받고 팔리게 되었기 때문입니다. 이와 같이 오늘의 물질적 번영의 시대에 우리는 소명의 원리에 따르든, 이기(利己)의 원리에 따르든, 이제는 모든 가치분야가 개방되어 일종의 가치폭발의 시대가 왔습니다. 이 배후에는 모든 권위와 전통에서 해방된 인간자아가 인간의 무든 수요에 부응하는 더 높은 가치 더 좋은 것 더 아름다운 것을 창조해서 말하자면 더 높은 소득을 올리려고 전력을 다하는 시대가 도래 했습니다. 이 경쟁에서 도태되는 사람은 그대로 사회의 탈락자로 전락하고 맙니다. 이렇게 우리는 오늘도 무한한 경쟁의 시대, 어떤 의미에서 서로간의 끊임없는 투쟁의 시대에 살고 있습니다.

중세의 교회중심의 기독교체제(Corpus Christianum)에서 벗어난 서양인은 문예부흥(Renaissance)이래 오늘까지 이와 같은 자유로운 가치창조와 더 많은 가치를 소유하기 위해서 피비린내 나는 전쟁을 거듭하여 왔습니다. 19세기의 식민지 확장과 제국건설경쟁 20세기의 제1차, 제2차 대전과 공산주의혁명 투쟁들은 모두 이 무제한적인 가치독점(價値獨占)을 위한 서양기독교인의 야고보가 지적한 욕심에서 비롯된 싸움의 결과였습니다(약 4:1-2). 오늘은 영미 중심의 부강(富强)한 지배 밑에서 국가 단위의 대전쟁(大戰爭)이 소강상태에 있으나 그 내부에서는 모든 개인과 그룹(group) 사이에 그리고 사실상 모든 국가 사이에 같은 투쟁이 전개되고 있습니다. 모든 가치분야의 종사자들이 "부르심"(calling)에 순종하여 힘을 다해 기쁜 마음으로 "봉사"하는 것이 아니라 더 많은 돈을 벌기 위해서 끊임없는 전쟁을 치르고 있습니다. 그리하여 아프리카의 수많은 아사자를 그대로 방치한 호주에서는 21세기를 축하하기 위해 세계 최대의 불꽃을 터뜨리며 좋아하고 있습니다. 21세기의 물질적 번영의 배후에 숨어 있는 서양기독교인의 불신앙의 전통은 그대로 온 세계로 퍼져서, 이 서양문명 속에 휩쓸린 모든 다른 민족들까지도 같은 종류의 불신앙적 생존을 하고 있습니다. 이와 같은 "이기주의" 철학의 기초 위에 진행되고 있는 21세기 서양문명의 삶의 체제 속에서 시달리고 있는 인류에게 "참 행복"과 "참 보람"과 "영광"을 안겨 주는 길은 오로지 신앙의 원리에로 대 전환을 이룩하는 길입니다. "부르심"(calling)과 "섬김"의 원리에로, "사랑"의 나눔의 원리에로의 대전환입니다. 불신앙과 가치중심의 원리에서 신앙과 사랑의 원리에로의 전환입니다. 나의 수입과 점유의 폭을 극대화하기 위하여 개인적으로나 단체로나 국가단위로 혈안이 되어 갖은 죄악을 범하는 일을 그치고, "이웃을 내 몸과 같이 사랑하는 원리"에 따라 전 인류의 복지를 증진하는 방향으로 전환하는 일이 필요합니다. 한 마디로 말해서 Wesley가 말하는 "기독교 세계"(a Christian World)의 구현을 위한 대전환이 필요합니다.

3. 21세기 인류의 살 길

(1) 기독교 세계(a Christian World), 기독교 한국(a Christian Korea)

Wesley의 "기독교 세계"(a Christian World, Wesley's Works. V/45-47)는 기독교회를 의미하지 않고, 세계의 모든 사람이 한 사람도 예외 없이 그 마음에 성령 충만을 받아 죄를 회개하고, 죄 사함을 받아, 중생한 참된 신자들의 선한 삶의 세계를 말합니다. 산상수훈의 말씀이 그대로 성취된 세계를 말합니다. 회개와 죄 사함을 받아, 심령이 가난하게 되었고 애통하고 온유하게 되어 원수까지 사랑하게 된 그런 생활 세계를 말합니다. 성경에 예언된 "말일"(末日)에 이루어질 세계(사 2:1-4; 사 11:6-12) 즉 사탄이 지배하는 죄와 모든 분쟁과 분노의 세계가 그리스도의 통치로 말미암아 평화와 친절과 서로 돕기에 힘쓰는 참 그리스도인의 세계를 말하는 것입니다. 즉 "칼을 쳐서 보습을 만들고 창을 쳐서 낫을 만드는" 세상을 말합니다. Wesley가 이와 같은 세계를 강하게 기독교의 목표로 내세우는 근거는 "사탄이 하나님의 진리를 무너트리지 못할 것이며 하나님의 약속을 무로 만들지 못 할 것"이란 신앙에 근거하고 있습니다.

> 사탄이 하나님의 진리를 실패로 돌리고 하나님의 약속을 무로 돌릴 수가 있는가? 그렇지 않다면 기독교가 모든 것을 지배하고 땅을 덮을 때가 올 것이다(Wesley's Works. V/45).
> Can Satan cause the truth of God to fail, or his promises to be of none effect? If not, the time will come when Christianity will prevail over all, and cover the earth(Wesley's Works. V/45).

기독교가 사실 지상의 모든 사람의 심령 속에 이루어진다면 저 예언들이 이루어질 것이 분명합니다. 적어도 부분적으로는 그리스도인의 세계 속에 이것이 이루어짐을 볼 수 있습니다. 이사야 25:6-9의 말씀은 모든 국제적인 신자의 모임에서 목표로 삼아야 할 것입니다.

> 만군의 여호와께서 이 산에서 만민을 위하여 기름진 것과 오래 저장하였던 포도주로 연회를 베푸시리니 곧 골수가 가득한 기름진 것과 오래 저장하였던 맑은 포도주로 하실 것이며 또 이 산에서 모든 민족의 그

가리워진 면박과 열방의 그 덮인 휘장을 제하시며 사망을 영원히 멸하실 것이라 주 여호와께서 모든 얼굴에서 눈물을 씻기시며 그 백성의 수치를 온 천하에서 제하시리라 여호와께서 이같이 말씀하셨느니라 그 날에 말하기를 이는 우리의 하나님이시라 우리가 그를 기다렸으니 그가 우리를 구원 하시리로다 이는 여호와시라 우리가 그를 기다렸으니 우리는 그 구원을 기뻐하며 즐거워하리라 할 것이며(사 25:6-9).

ACTS(아세아연합신학대학교)는 사실 남한강가 아름다운 언덕 위에 이와 같은 예언의 말씀이 이루어지고 국제사회가 이루어질 것을 목표로 하고 세워졌던 것입니다.

한편 Wesley는 이와 같은 우리의 목표가 오늘 당장 이 세상에 이루어진다고 보는 것은 아닙니다. 같은 설교 제4부(Ibid. 47-52)에서 Wesley는 "이런 기독교가 오늘날 어디에 존재하는가?"(Where does this Christianity now exist?) "모든 국민이 그와 같이 성령 충만하게 된 나라가 어느 나라인가?"(Which is the country, inhabitants whereof are all thus filled with the Holy Ghost?)라고 반문하고 있습니다. 결국 그와 같은 기독교의 나라가 지상에는 없다는 것을 고백할 수밖에 없다고 합니다(Then, let us confess we have never get seen a Christian country upon earth, Ibid. 47). 결국 Wesley는 그와 같은 "기독교"가 Oxford 대학의 종교가 될 가능성에 대해서 묻고 있습니다. 그리고 누가 그와 같은 기독교를 회복하는 도구가 될 것인가를 묻고 있습니다. 결론으로 인간으로서는 가능하지도 않고 헛된 것뿐이나, 하나님께는 모든 것이 가능함을 고백하고, 모든 것을 하나님께 맡기는 기도로 끝을 맺고 있습니다.

여기서 중요한 것은 "기독교 세계"(a Christian World)가 이 세상에 이루어질 때가 올 것을 확신하는 일입니다. "물이 바다를 덮음같이 여호와를 아는 지식이 세상에 충만할 것임이니라"(If not, the time will come when Christianity will prevail over all, and cover the earth). 이 말씀이 이루어지리라는 "하나님의 가능성"입니다. 인간으로는 불가능합니다. 오늘의 현실은 그것과는 너무나 거리가 멉니다. 그러나 "진리"가, "선"이, "의"가 이 땅에 이루실 하나님의 능력에 대한 확신입니다. 우리의 세계를 이와 같은 시각에서 보는 것과 그런 비전(vision)이 전혀 없는 것과 사이에는 큰 차이가 있습니다. 세상은 어차피 악한 세상이니 상관할 것 없다 하고 처음부터 포기하는 것과, 이 세상에 진리가 반드시 이루어진다는 확신을 가지는 것과는 큰 차이가 있습니다. 진실성과 선의지(善意志)를 가지고 하나님의 의가 이루어지기를, 하나님의 뜻이 그의 나라가 이 땅위에 이루어지기를, 열심히 확신을 가지고 간구하는 것과 그렇지 않는 것과의 사이에는 큰 차이가 있습니다.

Calvin도 이사야 2:4("칼을 쳐서 보습을 만들고")의 주석에서 같은 확신을 나타내고 있습니다. 그리스도의 다스리심으로 오는 평화가 오늘 완전히 이루어짐을 보지 못합니다. 그러나 완전을 향하여 "진보를 이루는 일을 생각해야 한다"고 주장합니다.

> 우리는 진보를 이루는 일을 항상 생각해야 한다. 그리스도의 나라가 여기서 시작되는 일을 생각지 않는 것은 지극히 어리석은 일이다(Calvin. Commentary on Isaiab, 2:4).
> We must always think of making progress; and it is excessive folly not to consider that the kingdom of Christ here is only beginning (Calvin. Commentary on Isaiab, 2:4).

그리스도의 나라가 "시작되었다"는 것을 경험하고 진보를 생각해야 한다는 것입니다. 이 예언이 이 땅에서 성취된다고 생각해서는 아니 되나, 그 "시작"을 경험하고 그리스도로 말미암아 하나님과 화목되었음으로 서로 서로 우애하고, 누구에게도 상처를 주지 않도록 하는 것으로 족하다는 것입니다.

> 우리가 그 시작을 경험하고, 그리스도를 통하여 하나님과 화목함을 얻었음으로 우리는 서로 간의 우정을 키우고, 아무에게도 해를 끼치지 않도록 함으로서 족할 것이다(Calvin. Commentary on Isaiab 2:4).
> It is enough, if we experience the beginning, and, if being reconciled to God through Christ, we cultivate mutual friendship, and abstain from doing harm to anyone(Calvin. Commentary on Isaiab, 2:4).

기독교 세계의 vision은 곧 기독교 한국의 비전(vision)으로 연결됩니다. 이것은 한국을 기성 기독교회의 제도 속에 넣는다는 것과는 거리가 먼 이야기 입니다. 성경에서는 처음부터 의와 죄악의 기준을 언제나 모든 인류에게 공평하게 적용합니다. 하나님께서는 외모로 사람을 취하지 아니하시고 모든 사람에게 동일하게 악을 미워하시고 벌하시고 선을 기뻐하시고 상 주십니다. 동일한 기준을 첫째는 유대인에게요 또한 헬라인에게 분별없이 적용하십니다.

이것을 오늘 우리의 처지에 적용한다면 "첫째는 기독교인이에게요, 또한 비기독교인에게로다"라고 말할 수 있습니다. "기독교 한국"은 첫째로 거짓, 사기, 불신 같은 것은 전혀 찾아 볼 수 없는 한국을 말합니다. 말하자면 완전히 정직만이 지배하는 한국입니다. 한국인은 거짓말이란 일체 하지 않고, 한국인은 믿어도 된다는 말입니다. 즉 "사람은 다 거짓되되 오직 하나님은 참되시다 하리로다"하신 말씀이, 하나님의 은혜로 그리스도의 보혈로 씻음 받아 변화를 받아, 한국인에게는 적용되지 않게 되어, 중생한 한국인 중생한 한국이 됐다는 것을 말합니다. "내 육신에 선한 것이 거하지 아니하는 줄을 아노니"라고 고백한 바울의 말이 하나님의 은혜로 그리스도의 보혈로 모든 악이 내 속에서 소멸되어 한국인에게는 적용되지 않는다는 것을 말합니다. "의로운 한국", 죄란 찾아볼 수 없는 한국. 이것이 Wesley가 말하는 "기독교"(Christian)의 의미입니다.

물론 그런 나라를 Wesley도 아무데도 찾을 수 없다고 한 대로 그런 한국은 찾기 어려울 것입니다. 그러나 그런 한국이 당연한 것이란 신앙이 중요합니다. 어차피 한국은 허위와 사기로 가득한 것이 당연한 것이고 정직한 한국은 생각할 필요가 없다는 잘못된 생각을 버려야 하지 않겠습니까. 어차피 악한 세상 악한 한국이니 한국에서는 악을 행하는 것이 당연하다는 생각을 버리고, 그리스도 안에서 "선하게 변화를 받은 한국인"과 "한국"을 당연한 것으로 보아야 하지 않겠습니까!! 한국인은 정직하다. 한국인은 "선한 일에 열심하는 하나님의 친백성이다" "너희 착한 행실을 보고 하늘에 계신 너희 아버지께 영광을 돌리게 하라"하신 이 말씀을 내게 이루는 일만이 내가 살 길이다. 이 말씀을 이루지 못하면 나는 멸망한다. 이와 같이 생각하면서 날마다 하나님께 "이 죄인을 용서하시고 선을 내게 이루어주소서" 간구하는 일이 당연하지 않겠습니까? "기독교 한국"이란 말은 결코 나쁜 말이 아닙니다. 오늘날 한국사회에 필요한 말은 바로 이 말입니다.

Calvin은 세상에는 "선인"(善人)만이 있는 것이 아니고 "악인"도 섞여 있고, "선인"도 완전히 선하게 될 수 없기 때문에 "그리스도의 나라"가 이 땅에 완성 되리라고 생각해서는 아니 된다고 하였습니다. 그러나 "그 시작을 경험하는 일"(experience the beginning)도 하고, 그 진보를 생각해야 한다는 것은 역시 같은 "기독교 한국"을 위해서 기도하라는 말로 이해됩니다. 그 일은 곧 "서로 서로 간에 우정을 함양하고(cultivate friendship) 누구에게나 해를 끼치지 않는다"는 것을 말합니다.

이와 같은 한국은 얼마나 좋고 얼마나 아름답습니까? 우리 자녀에게 특별히 이와 같은 마음을 어렸을 때부터 넣어 주도록 해야 하겠습니다.

(2) 세계사, 서양교회, 서양신학자

① 서양사로서의 세계사

세계사를 서양사로서 본다고 할 때 비서양인은 대개가 분노할 것입니다. "세계사를 어떻게 서양사로만 볼 수 있단 말인가?"하고. 그러나 세계사의 이해를 서양사의 맥락 속에서 이해하여야 한다는 것은 명백한 사실입니다. 아프리카의 동네 동네 다니면서 불지르고, 도망 나오는 주민 가운데 "쓸 만한" 남녀를 남자 따로 여자 따로 노예로 팔아먹던 악랄한 기독교 서양의 죄악의 역사가 세계사를 만들었지, 아프리카가 세계사를 만들은 것은 아니지요. 19세기 동안에 아세아에서 독립국으로 남은 나라는 중국, 일본, 태국뿐이었습니다. 그것도 기독교 서양의 식민지 정책에 따라서 된 일이지, 아세아사람이 세계사를 만들었다고 할 수는 없습니다. 중국이 말만 독립국이었지 강제로 아편시장화 하려는 기독교 영국의 죄악된 역사 앞에 굴종할 수밖에 없었던 것은 서양사로서의 세계사를 생각할 수밖에 없게 만드는 것입니다.

세계사의 책임을 기독교 서양에 물을 수밖에 없는 것이 세계사의 현실입니다. 과거역사에 대해서 책임을 묻는 일과, 미래역사의 담당자 노릇을 해야 한다는 것, 그 사이에는 큰 차이가 있습니다. 기독교 서양이 자기네들이 세계사를 잘못 만들어 온 일에 대해서, 크게 뉘우친다 해서, 이제 앞으로의 세계사가 기독교 서양의 새로운 자세에 따를 것인가의 문제는 별개의 문제입니다. 그러나 위에서도 지적한대로 19세기, 20세기에 있어서의 100% 기독교신자들로 구성되는 서양의 열강들의 잘못된 역사 선택을 한 일에 대해서 심각한 반성과 일대전환이 21세기 인류를 위해 필요하다고 봅니다.

　우리는 위에서 기독교 서양이 19세기의 잔인하고 죄악된 역사와 20세기의 미치광이 역사를 연출하게 된 근원을, 18세기에 명확히 제시된 Kant의 "이성주의" 노선과, Wesley나 Edwards의 힘을 다해 전파한 "신앙부흥"이냐, 사이의 잘못된 선택 때문으로 돌렸습니다. "이성"이 오늘의 엄청난 물질문명을 만들어 낸 사실을 부인할 수 없으며, 지금 온 인류가 다 이 큰 흐름 속에 휩쓸리고 있습니다. 이것은 Calvin이 가르친 대로 "하나님의 은혜의 선물"입니다. 그리고 기독교 서양은 이것을 "이기주의"(egoism)의 입장에서 처리할 것이 아니고, "신앙"으로 처리했어야 할 것이었습니다. "그리스도께서 모든 사람을 대신하여 죽으심은, 산 자들로 하여금 다시는 저희 자신을 위하여 살지 않고, 오직 저희를 대신하여 죽었다가 다시 사신 자를 위하여 살게 하려 하심이라"(고후 5:15). 신자는 "내 죄 때문에 죽으신 그리스도"로 말미암아 "자기의 유익을 구치 아니하게 된" 사람들을 말합니다. 그러나 기독교 서양은 "하나님의 소명"(calling)을 따라 봉사하며 "이웃을 내 몸과 같이 사랑"하는 원칙에 따라 19세기, 20세기를 살지 못하고, "이성"과 "이기"(利己) 두 가지 원칙에 따라 나갈 때, 19세기 동안에 아프리카나 아세아에서 범한 잔악한 역사를 만들었고, 그 결과로서 20세기의 비참이 벌어졌던 것입니다. 그 근원은 "신앙"을 "이성"으로 대치하여 버린 중대 과오에 있습니다. "신앙"이 무너질 때 "이기"(利己)를 변하여 "사랑"의 역사를 만들 근거가 어디에 남습니까? 회개는 곧 "이기"(利己)를 멸하고 "사랑"으로 돌아오는 일입니다. 그런데 하나님께로 진심으로 회개하고 돌아오는 일은 Calvin이 말한 하나님 두려움(timore Dei profectam)에서 생겨나는데, Kant는 바로 이 "두려움"을 빼앗아 버리고 만 것입니다. 이와 같은 잘못된 신앙에 오도되어 기독교 서양은 신앙을 잃어버리고 "이성"만 의지하고 나가다 보니 저런 잘못된 세계사가 연출되게 되었던 것입니다.

② 기독교 서양의 그루터기 서양교회

기독교 서양의 형체를 겨우 지난 20년 전까지 유지하여 오다가 이제는 전면 붕괴의 참상을 봅니다. 그러나 무너진 기독교 서양의 폐허 속에서도 아직도 서양교회에게 기독교 서양의 회복의 책임이 있다고 봅니다. 우리는 서양교회가 19세기에 내렸던 잘못된 선택: 이성으로 신앙을 대치하는 잘못을 돌이켜야 한다고 봅니다. 이제라도 서양교회는 "참 신앙"에로 돌아와야 합니다. Kant와 그의 후예들이 가르치는 자유주의 신학이 아니고 Calvin-Wesley의 복음 신앙에로의 복귀입니다. 이것이 성경이 일치하여 가르치는 기독교 종교의 유일의 진리입니다. 모든 불의를 버리고 하나님의 의에로 복귀. 모든 악행을 버리고 하나님의 선(善)에로의 복귀, 모든 거짓을 버리고 하나님의 신실하심으로 복귀해야 합니다. 완전히 죄로 썩어 버린 우리 인간이 그 거짓과 불의와 선한 것이 도무지 없음을 회개하고, 그리스도의 보혈로 씻어 죄 사함의 은혜를 입어, 이제 "선한 일에 힘쓰는 친백성(親百姓)"으로 나타나는 일입니다. 하나님의 진노와 영원한 불구덩이로 떨어질 사실을 놓고, 멸망으로부터의 구원을 받는 일입니다. 이제 서양의 교회들은 이 진리, 이 심각성, 이 새로운 의, 이 선한 길을 걷는 것을 온 세계에 보여주기를 바랍니다. 먼저 서양사의 잘못된 선택을 뉘우치는 일부터 시작해야 하겠습니다. 이제부터는 새로운 역사를 만들기 시작하는 작업을, 운동을 일으켜야 하겠습니다.

③ 서양신학계

신학은 "신앙(信仰)을 가르치는" 일을 해야 합니다. 목사(pastor)는 양무리를 치고, 교사(doctor)는 신앙을 가르칩니다. 기독교 종교를 바로 가르치는 일이 신학자의 소임입니다. 그런데 19세기 초에 Kant는 잘못된 기독교 종교를 제시하였습니다. 20세기 초에 Adolf von Harnack은 역시 잘못된 기독교 종교를 가르쳤습니다. Barth 신학은 Kant나 Harnack와 다르다고 말하나 바른 기독교 종교를 가르치지 못한 점에 있어서 다 일치합니다. 우리는 이 모든 신학을 일괄해서 "자유주의 신학"이라고 부르고 있습니다. "참 신앙"에서 떠났다는 의미에서 입니다. 하나님께 대한 "두려움"을 가르치지 않는 모든 신학이 잘못된 신학입니다. 하나님께 "복"주심을 구하지 않는 모든 신학이 잘못된 신학입니다. 기독교 서양 속에서 "신앙"을 무너뜨린 책임자가[1] 서양의 자유주의 신학입니다. 기독교 서양 속에서 "신앙"을 무너뜨린 책임자가 간접적으로는 과학의 발전, 산업의 발전, 문화와 사회의 다원화 등임을 들 수 있습니다. 그러나 교회를 향하여 "신앙"을 가르칠 책임을 지니고 있는 "신학자"가 제 1차적 책임을 져야합니

---

[1] 기독교 서양 속에서 "신앙"을 무너뜨린 책임자가 간접적으로는 과학의 발전, 산업의 발전, 문화와 사회의 다원화 등을 들 수 있습니다. 그러나 교회를 향하여 "신앙"을 가르칠 책임을 지니고 있는 "신학자"가 제1차적 책임을 져야 합니다.

다. 그러므로 이제는 기독교 서양이 무너진 그 폐허를 보면서 "신앙"을 무너트린 잘못을 돌이켜야 할 때가 온 줄 압니다. 서양신학이 바른 신앙을 되찾아야 하겠습니다. 나는 여기서 서양신학의 잘못된 방법론과 잘못된 자기이해에 대하여 논하지 않겠습니다. 다만 서양신학이 "신앙"을 바로 가르치지 못하였다는 것만을 지적하고자 합니다. 즉 서양교회의 "신앙"을 무너뜨린 책임을 서양의 신앙의 교사들에게 묻고자 하는 것입니다. 그리고 이제라도 돌이켜서 "신앙"을 가르치는 일에 분발하여야 하겠다는 것을 말하려는 것입니다. 서양을 살리는 길만이 아직도 세계가 살 길이라 보기 때문입니다. 19세기의 잘못된 선택의 책임을 뉘우치는 가운데 바른 길을 이제라도 인정하고 가르치는 일을 시작해야 한다는 것입니다.

(3) 한국교회와 복음주의 신학운동

우리는 앞서 세계교회사 속에 한국교회의 기적적 존속을 확인한바 있습니다. 세계 어디를 가도 19세기 부흥성가(復興聖歌)만을 열심히 부르는 교회를 찾아보기 힘듭니다. 장감성(長監聖)이 아무 이질감 없이 Calvin과 Wesley가 공존하는 교회도 찾아보기 힘듭니다. 박형룡 박사와 감리교 감독 변홍규 박사가 함께 강의하였다는 것이 그 상징이라 하겠습니다. 이것은 하나님께서 이제 21세기 세계복음화운동을 향한 하나님의 포석이었다고 보여집니다. 한국교회는 이제 모든 교파가 합하여 Calvin-Wesley의 신앙을 실지로 나타내 보일 때가 왔다고 보여집니다. 이 점은 앞서 충분히 논했기 때문에 다시 되풀이하지 않겠습니다. 인간은 의(義)도, 진리(眞理)도, 선(善)함도 없음을 Calvin과 Wesley가 다같이 회개하였습니다. 그러나 주 예수께서 죄인을 위하여 죽으셨음을 입으로 고백하고, 또한 증거 해야 하겠습니다. 이제는 거듭나서, 시간을 아껴서, 모든 재능을 다 바쳐서, 모든 종류의 선한 일에 힘을 다해야 하겠습니다. 이것이 "화평케 하는 자"에 대한 Wesley의 해석입니다. Calvin의 말대로 우리 사이에 "우정"을 함양하고 누구에게나 "해"(害)를 입히지 않게 해야 하겠습니다.

한국교회, 한국 신학계가 21세기 세계를 바꿀 수 있게 되기를 기도해야 하겠습니다. 그러나 세계사의 책임은 서양교회와 서양신학계가 져야 한다고 우리는 위에서 보았습니다. 한국의 "복음주의 신학운동" 즉 Calvin-Wesley 신학운동은, 한국교회와 더불어 서양교회가 먼저 이와 같은 "모범"을 보이고, 19세기의 잘못된 선택을 돌이키는 운동을 시작해야 21세기 세계가 살게 될 줄 압니다. 즉 Wesley가 말한 "우리 눈에 기이한 일"(마 21:42)이 이제 다시 일어나야 하겠습니다.

Ⅳ. 21세기를 위한 기도[1]

전 문
1. 세계사(世界史)를 주신 하나님께 감사!
2. 서양사의 오류 속에 신앙의 불길 일으키소서!
3. 한국교회의 기적! 세계교회에 변화를 일으키소서!

전 문[2]

   21세기를 위하여 우리는 무엇을 구해야하겠습니까? 모든 사람이 다 각기의 소원이 있을 것입니다. 그러나 그것은 꼭 21세기에만 필요로 하는 것이 아니고, 언제나 모든 것을 후(厚)히 주시는 하나님께 간구해서 얻어야 하겠습니다. 21세기에 특유한 소원이 있을 것입니다. 극미(極微)의 세계가 유례없이 파헤쳐짐으로 인류의 생활에 막대한 영향을 미칩니다. 생명공학 같은 것이 그 예일 것입니다. 논리의 세계가 탐구됨으로 막강한 힘을 나타냅니다. 정보화가 그 좋은 예일 것입니다. 또 전례 없는 지구촌 형성과 온 인류의 단일인격화 등도 "21세기를 위한 기도"제목이라 할 수 있겠습니다. 그러나 이런 종류의 기도들은 한 마디로 말해서 "일용할 양

---

1) 한국복음주의 신학교육협의회 연구발표회, 서울인터콘티넨탈호텔, 2001년1월10일(수)
2) 2002년 11월 16일

식을 주옵소서"로 요약되며 그것은 신자에게 고유한 기도도 아닙니다.

  참된 "21세기를 위한 기도"는 첫째, 역사의 의미를 바로 아는 기도이어야 하며, 둘째로, 역사 전체가 어떻게 의미 있게 형성되었는지를 잘 보는 가운데, 하나님께 올려지는 합리적 기도이어야 합니다. 이 기도문을 다시 읽어 볼 때, 나는 21세기를 위한 기도가 바로 올려 졌다고 생각됩니다.
  첫째로, 인류 역사의 전 의미가 불의와 부패와 광포의 세계 속에 통회와 보혈의 씻음으로 온유하고 선하고 의로운 무리를 일으키신 사실에 있습니다. 하나님께서 온 인류의 역사를 경륜(經綸)하시는 경륜(經綸)이 이 한 가지 일을 목표로 하고 있습니다. 이것이 무너지면 온 세계사는 그 즉시 무의미로 떨어지고, 결국 말할 수 없는 현세적 불행을 초래할 뿐만 아니라 영원한 파멸에로 떨어져 들어가게 될 것입니다.
  둘째로, 21세기를 위해 하나님께 기도할 근거가 저 연약한 양무리에게 로마의 강권(强權)을 굴복시키신 사실입니다. 서양사의 기독교화 이것은 세계사 전체를 위한 기도의 당당한 이유가 될 수 있다고 봅니다. 하나님께서 세계사 속에 기독교 서양을 일으키실 뿐만 아니라, 그 서양사로 하여금 세계사를 흡수하게 하신 사실입니다.
  서양민족들 전체를 묶어서 하나의 기독교체제(Corpus Christianum)를 만들게 하신 일, 이것을 종교개혁을 통해서 현대적 체제를 갖출 수 있도록 하신 일, 그리고 18세기 신앙각성운동을 통해서 기독교 세계사를 경영할 기틀을 마련해 주시었다는 사실, 이런 사실들이 보통의 중요성을 가지는 것이 아니라고 생각됩니다. 기독교 서양이 이 신앙노선을 그대로 견지하여 왔었더라면, 19세기, 20세기의 역사가 달라졌을 것이고 따라서 오늘의 21세기의 세계사의 모습도 전혀 달라질 수 있었을 것입니다.
  그러나 서양신학자들은 잘못된 노선을 선택하였습니다. 그리하여 서양사의 세계사화(世界史化) 과정 속에서 오늘날 우리가 보는 대로 전혀 다른 세계사가 이루어져 왔습니다. 그리하여 여기에 올려진 "21세기를 위한 기도"가 올려 졌던 것입니다. 당연히 여기에는 한국교회의 신앙적 과제가 모든 일의 시발점으로 제시되어 있습니다. 그리고 그 근거는 하나님께서 신앙에서 떠난 온 세계 속에 대해(大海) 속의 고도(孤島)와 같이 홀로 18세기 신앙각성운동의 본 모습을 찾을 수 있도록 홀로 한국 땅에 남겨놓으셨기 때문입니다.

1. 세계사(世界史)를 주신 하나님께 감사!

암흑의 세계 속에
선민을 일으키심 감사합니다.

우상과 강포와 퇴폐의 세상 속에
족장들을 일으키시고 홀로 의와 진리와
선하신 심판자, 축복자를 알게 하시고
따르게 하심 감사합니다.

우상과 강포와 퇴폐의 민족들 사이에
이스라엘을 일으키시고
율법을 반포하시고
제사와 구원을 허락하심 감사합니다.

이천년 선민의 역사 속에 그리스도를
충분히 계시하시고
마침내 독생자를 구주로 보내 주심 감사합니다.

불의와 부패와 광포의 세계 속에
통회와 보혈의 씻음으로
온유하고 선하고 의로운
무리를 일으키심 감사합니다.

하나님이여!
어찌하여 그 연약한 양무리에게
로마의 강권(强權)을 굴복 시키었나이까!
어찌하여 셈도 아니요, 함도 아니요,
세계의 수많은 족속들 사이에
저 야벳을 세우셔서 세계사를 만드셨나이까?
어찌하여 저 중세사의 기적을 일으키시었나이까?

이로서 하나님께서는 세계사를 기독교사로
만드시는 일을 하시었나이다.
나사렛 예수께서 불과 11명의 사도를 파송하신
것 뿐이온데
그 일이 세계사를 만드는 일이 되었나이다.

온 인류를 죄악에 가두시고
독생자의 보혈로
그 모든 죄를 속하시고
성령의 양자삼음으로
새 역사를 만들
하나님의 자녀들을 낳으셨나이다.

일찍이 사도 바울은
그 원리를 분명히 보았나이다.

"너희는 유혹의 욕심을 따라
썩어 가는 구습을 좇는 옛 사람을 벗어버리고
오직 심령으로 새롭게 되어 하나님을 따라
의와 진리의 거룩함으로 지으심을 받은
새 사람을 입으라"(엡 4:22-24).

2. 서양사의 오류 속에 신앙의 불길 일으키소서!

그러나 세계사의 주역
서양사는
너무나 많은 과오를 범하여 오나이다.

중세사의
교회와 예전의 우상화
현대사의
이성의 우상화

그러나 하나님께서는
교회의 방향을 바로 세우는
사도들을 그 시(時) 그 시(時)
보내셨나이다.

루터, 쯔빙글리, 기라성 같은
개혁자들을 보내시어

죄인이 의인되는
바른길을 가르쳐 주셨나이다.
Wesley, Edwards 등 많은
회개의 모범을 보내시어
잠자는 교회를 깨우시고
이성의 기이(奇異)에
도취된 시대를
"기독교 세계"에로의
길잡이로 삼으셨나이다.

하나님이여
어찌하여
그리스도의 이름으로 불리 우는
기독교 서양이
신앙의 뜨거운 부르심을
외면하고
유일의 살 길을
이성(理性)의 길로 착각하였나이까?
어찌하여
기독교 서양이
이교세계를 향하여
용서받을 수 없는 범죄를 행하였나이까?
어찌하여
기독교 서양이
인간으로서는 생각할 수 없는

끔찍한 20세기의 광태(狂態)를
연출하였나이까?
어찌하여
기독교 서양이
오늘의 비참한 폐허로
남았나이까?

서양사의 오류를
오늘날 온 세계가 따르고 있나이다.
그리하여
오늘날 21세기는 서양사의
오류의 모범을 그대로 따르고 있나이다.
이성과 이기!

그리하여
이제 21세기도
번영 속에서도 빈곤!
화려 속에서도 허무!
경쟁과 실패!
퇴패, 파괴, 불안, 시기, 다툼,
비참의 역사가 계속되나이다.

하나님이여
기독교 서양(基督敎西洋)을 기독교(基督敎) 서양(西洋)으로 회복하소서 세계사의 좋은 주역으로 돌이키소서.
19세기의 잘못된 선택
이성과 불신앙의 원리가 아니고
이성과 신앙의 원리에로 돌이키소서.
회개와 죄 사함을 통한
새 역사를 이룩하는
"기이한 일"을 이루 소서

3. 한국교회의 기적! 세계교회에 변화를 일으키소서!

하나님이여!
한국교회의 기적을
일으키심을 감사하나이다.
초대 선교사들을 보내 주심
감사하나이다.
"모든 목사는 부흥사(復興師)가 되라"
19세기 부흥운동의 전통을
이 땅에 퍼뜨려 주심 감사하나이다.

한국교회가
불신앙(不信仰)의 이성주의(理性主義)의
오류를 범할 위험에 처했을 때
박형룡(朴亨龍) 박사님을 보내주심
감사하나이다.

그를 통해
신앙 보수에 굳게 서게 하심
감사하나이다.
신앙의 감격을 유지케 하심
감사하나이다.

살아 계신 하나님이여
이 땅에
"산 신앙"의 불길을
불러일으키심
감사하나이다.

교회마다
병에 시달리는 성도들에게
치료(治療)의 기적을 일으켜 주심
감사하나이다.
암도 낫게 하시고
각종 불치병을 치료하여 주심
감사하나이다.
믿음으로 복 받게 하심
감사하나이다.
Kant의 도덕종교의
불신앙을 따르지 않게 하심
감사하나이다.

전능하신 손이시여
한국강산에서
떠나지 마소서.
계속 어려움을 이기게 하시고
하늘의 신령한 복
땅의 기름진 복
풍성히 내려 주소서.

"믿음이 없이는 기쁘시게 못하나니
하나님께 나아가는 자는 반드시
그가 계신 것과 또한 그가 자기를 찾는 자들에게
상주시는 이심을 믿어야 할찌니라"(히 11:6)
하지 아니하셨나이까?
"복 주시는 하나님"의 살아 계신 능력에
의지하는 신앙을 계속 부어 주소서

하나님이여!
이 땅에도
"하나님"을 향한 열심이
"선행"의 소중함을 등한히 하게 하였음을
자복하나이다.
"선행"없이는
결단코 천국가지 못함을
알게 하소서!
믿음으로 의롭다함을 얻으나

오로지 선행으로만 유업에 들어감을
얻음을 믿게 하소서.
그리고 하나님께서는 이 은혜까지
베푸심을 체험하게 하소서.
지옥형벌에 해당하는 죄를 회개케 하소서.
한국교회를 일깨우소서.
하나님의 자비와
그리스도의 은혜와
죄 사함의 사랑을 체험케 하소서.
가난한 심령 속에
선함으로 넘치게 하소서
선행하는 한국교회로 새롭게 하소서.

하나님이시여
한국교회를 일깨우소서.
이제 안과 밖으로 선하게 되어
"하늘에 계신 아버지께 영광을 돌리게"하소서.
세계교회로 하여금
Calvin-Wesley의 신앙이
한국교회에 살아 있음을
보게 하소서.

세계교회에 변화를 일으키시고
21세기를 살리소서!

제 2 부
서양신학의 문제점과 그 뿌리

Ⅰ. 서양신학의 문제점

Ⅱ. 서양신학의 문제점의 뿌리

Ⅰ. 서양신학의 문제점[1]

전 문
1. 서양교회의 몰락과 서양신학의 불신앙
2. 그러면 "서양신학"이 어떻게 병 들었습니까?
   (1) 첫째로 "신학이 무엇인가"를 몰랐습니다.
   (2) 둘째로 서양신학은 그 "방법론"에서 오류를 범했습니다.
      ① 기독교 신앙진리에 대한 개념적 접근방법의 오류
      ② 성경에 대한 이성적 비판의 방법론 오류
      ③ 서양신학의 스콜라주의(Scholasticism)화의 오류
요약

전 문[2]

"서양신학"이라 할때 그 범위가 대단히 큽니다. 그러나 우리는 명확한 대상을 말하고 있습니다. 신학적으로 볼때 18세기말에 큰 분수령을 봅니다. 18세기는 뉴톤 물리학이 처음으로 공인된 세기로서 "이성의시대"(the Age of Reaseon)이라고 불리어지나, 웨슬리(1703-1791)의 "신앙대 각성운동"(the Great Awakening)의 세기라 할수 있습니다. 그러나 18세기 말엽에 칸트

---

[1] KETS 2001년 춘계논문발표회 준비회 2001년 3월 3일
[2] 2002년 10월 30일 (수)

의 계몽사조(the Enlightenment)가 시작되었습니다. 칸트의 "단순한 이성의 한계 안에서의 종교"(Die Religion innerhalb der Grengenzen der blossen Vernunft)가 1791년에 출판되었습니다. 웨슬리가 바로 이 해에 세상을 떠났습니다. 그러므로 19세기를 앞두고 서양신학은 웨슬리의 "신앙"의 노선이냐 칸트의 "이성"의 노선이냐의 갈림길에 서게 되었습니다. 불행하게도 서양신학은 태반 칸트의 "이성의 한계" 안에서 신학을 세우는 길을 따랐습니다 우리가 "서양신학"이라할때 웨슬리의 "신앙"의 노선이냐 칸트의 "이성"의 노선이냐의 갈림길에서, 칸트의 노선을 따르는 "서양현대신학" "자유주의신학"을 말합니다.

서양신학에 문제가 있다는 것은 무엇인가 잘못되었다는 것입니다. 자 잘못을 논하기 위해서는 판단의기준이 필요합니다. 결국 기독교 종교를 어떤 종교로 보는가의 문제입니다. 서양신학이 말하는 기독교가 잘못 되어 있다는 것입니다. 본래 교회가 가르쳐온 종교 진리를 서양의 신학이 왜곡하여 잘못 가르쳐왔기 때문에 오늘의 참상이 일어났다는 것입니다.

그 기준은 단순하고 분명합니다. 기독교 종교는 본래 죄인(homo peccator)을 불러서 의인(homo justus)으로 변화시키는데 전 관심이 있었지만 서양신학이 이 중심을 놓쳐버리고, 이 대 구속종교를 다른 여러 가지 종류의 가르침으로 변질시켰다는 것입니다. 그리하여 서양교회가 그 잘못된 가르침을 따라갈때에 죄인 구원의 능력을 상실하게 되었다는 것입니다. 이 죄인 구원이야말로 21세기 인류가 현세에서나 또 영원히 하나님 앞에서 필요로 하는 유일의 진리인데, 이것을 상실하게 만든 서양신학에 그 책임을 묻고 있는 것입니다.

서양신학이 어떻게 해서 이 핵심진리에서 이탈하게 되었습니까? 우리는 여기서 신학 자체에 대한 이해가 잘못된 점과 신학의 방법론이 잘못되어서 그와 같이 되었다는 것을 지적하고 있습니다.

첫째, 신학은 무엇 하는 학문입니까? 신학은 본래 "하나님의 말씀"을 "받아" 이것을 "가르치는" 학문으로 서왔습니다. 말하자면 성경 말씀을 해석하는 일이 신학의 주요 임무입니다. 성경은 계시의 말씀으로서 먼저 오경으로 계시되었고, 예언자가 이것을 해석하였습니다. 이것이 합해서 성경이라 할 수 있습니다. 물론 여기에 신앙 경험을 노래로서 표현한 시편, 또 그 계시에 따른 완전한 생활을 가르친 잠언 등이 합하여져서 구약성경을 이루었습니다. 서기관들은 이 성경을 해석하는 신학자들이었습니다. 그러나 그들이 오늘의 서양신학 모양으로 구원의 진리를 가르치지 못한 채 "자기도 천국에 들어가지 못하고 들어가고저 하는 자들도 들어가지 못하게 하는" 잘못을 범할 때에 예수께서 이것을 바로 잡으셨습니다.

예수께서는 성경을 해석하는 일을 주로 하셨습니다. 그리하여 부활 후에 제자들을 모으시고 "내가 지난 3년 동안 성경이 나를 증거하기 위한 책임을 가르쳤지만, 지금 너희가 보는 대로 이 사실이 이루어졌다. 그것은 그리스도께서 죄를 속하기 위하여 죽으시고, 믿는 자를 의롭다하기 위해 3일 만에 죽은 자 가운데서 다시 살아난 일인데, 이 사실을 힘입어 회개하고 죄 사함을 얻는 구원운동이 예루살렘으로 시작해서, 땅 끝까지 이룰 것이며, 너희는 이 일의 증인들이 될 것이라"(눅 24:44-48)고 구약성경의 바른 해석의 방향을 주시었고, 또 이 사실이 곧 신약성경의 내용이 된 것은 더 말할 것 없습니다.

즉, 부활하신 예수께서는 제자들에게 "예수 믿고 구원 얻게 하는 일"을 신구약 성경의 중심에 세워놓으셨습니다. 그러므로 신학이 해야 할 일은 예수께서 신구약 성경의 중심에 세워놓으신 일 "예수 믿고 구원 얻는 일"을 해야 합니다. 그럼에도 불구하고 서양신학은 이 본래 임무에서 떠나버렸습니다. 예수님 당시의 서기관들 마냥 "천국문을 닫고 자기도 들어가지 않고 들어가려하는자도 들어가지 못하게"합니다. 본 눈문에서는 그 사실을 분명히 설명 하려 하였습니다.

둘째로, 신학방법론에서 이 진리(res ipsa)를 잘 드러내도록 신학이 과학적 방법을 써야 하는데, 세 가지 이유 때문에 그 일이 실패하였다는 사실을 지적했습니다. 즉 "이성중심적 접근"과 "비판적 접근"과 "스콜라주의화"의 세 가지 입니다. 이 세 가지 중에 "스콜라주의"에 떨어진 사실은 오늘날 자유 보수를 막론하고 다 그와 같이 되었다는 사실을 지적 했는데, 이것이 오늘날 세계 신학이 봉착하고 있는 심각한 문제라고 생각합니다

1. 서양교회의 몰락과 서양신학의 불신앙

서양 기독교역사의 과오[1]와, 죄악[2]과, 비극[3]과 오늘의 서양교회의 몰락의 책임이 "서양신학"에 있다고 판단됩니다. 물론 서양 기독교역사의 비극의 제1차적 책임은 "서양교회"에 있습니다. 그러나 그 잘잘못을 판가름해야 할 궁극적 책임은 "교회의 교사"(doctor)들에 있습니다. "신학교 교수"들이 "잘못된 기독교"를 "신학생"들에게 계속 가르칠 때, 그와 같은 "잘못된 신앙교육"을 받은 목사(pastor)들이 "교회"를 바로 이끌지 못할 것은 명확한 일입니다.

예컨대 19세기가 시작할 때, Kant는 하나님은 이 세상 일에 대해서는

---

[1] 18세기말의 "신앙"을 배제하는 "이성"의 선택.
[2] 19세기의 "노예매매", "아편전쟁" 등의 죄악사.
[3] 20세기의 1차, 2차 세계대전, 공산혁명의 참상과 세계양분화의 비극.

"무관하다"고 가르치기 시작해서 그와 같은 불신앙 교육을 200년 동안 계속하여 오고 있으며, 20세기가 시작할 때 Harnack이 사도신경이 가르치는 기독교는 잘못된 기독교라고 가르치기 시작해서 그와 같은 불신앙을 100년 동안 가르칠 때 100% 신자이었던 기독교 서양이 저와 같은 참상을 초래한 것은 당연한 일입니다.

2. 그러면 "서양신학"이 어떻게 병 들었습니까?

(1) 첫째로 "신학이 무엇인가"를 몰랐습니다.

① 19세기 신학자들은 신학이 하는 일은 "이성으로 신앙을 해석"하는 일이라고 착각하였습니다. Kant가 이 일을 의식적으로 시도한 첫 철학자이었습니다. 그러나 "이성"의 틀 안에 "신앙"이 들어갈 수 없음은 자명한 일입니다. 그는 "이성의 한계" 안에서 "도덕적 종교체계"를 하나 만들어 냈습니다. 그 뒤를 따라서 Schleiermacher, Ritschl 등 최근의 해방신학, 흑인신학, 여성신학에 이르기까지 많은 체계들이 산출되었습니다. 아마도 "신앙"에서 떠난 신학자들의 수만큼 그 체계들도 많다고 할 수 있습니다. 그러나 이 모든 체계들의 공통점은 그 모든 것이 Machen이 말한 대로 "기독교"가 아니란 점입니다. 기독교는 "예수 믿고 구원 얻는 종교"이지 이것을 주지 못하는 모든 신학이 예수님의 "화 있을진저" 꾸지람 받은 "천국문을 닫는" 신학입니다.

② 20세기에 이르러 Barth가 "신학"을 철학교실에서 해방시켜 "교회의 강단"으로 바로 자리를 잡고, 그 내용도 "하나님의 말씀 사역"(ministerium divini verbi)으로서 잘 지적했습니다. 그러나 Barth는 불행하게도 "사역" (ministerium)이 "예수 믿고 구원 받아 천국" 가게 하는 사역에 다 초점을 두지 않고, "말씀의 신학" 체계를 또 하나 만들어 냄으로서 19세기 신학자들의 잘못된 전철을 밟았습니다.

③ 성경이 목적하는 것은 "믿고 구원 얻게 하려는 것임"(딤전 3:16; 요 20:30-31)에도 불구하고, 서양신학은 초점을 다른 데 두든가, 또 교리 체계는 잘 세웠으나 이 "구원"을 사실로 이루게 하는 데는, 즉 Wesley적인 단 한 가지 필요한 일(one thing needful) 즉 "산 신앙"(living faith)을 전하는 일에는 등한시 한 결과 오늘의 참상을 초래하게 되었습니다.

(2) 둘째로 서양신학은 그 "방법론"에서 오류를 범했습니다.

학문의 과학성은 전적으로 그 "방법론"에 달려 있습니다. 모든 학문은 그 학문의 대상에 적합한 "방법" 즉 "논리"를 구성해야 그 학문이 과학적 학문이 될 수 있습니다. 물리학, 생물학, 심리학, 법학, 윤리학 등이 다 그 대상에 맞는 학문체계를 만들어야 과학적이 될 수 있습니다. 신학도 마찬가지로 그 대상인 "하나님"을 향하는 "인간"의 학문임으로, "죄인"이 "회개"와 "죄 사함"을 통한 "변화"의 논리가 명확해야 "과학적 신학" (Wissenschaftliche Theologie)이 될 수 있습니다. 그러나 서양신학은 다음의 세 가지 방법론적 오류를 범함으로 신학이 과학적이 되지 못하고, 종교의 중심에서 이탈하게 되는 오늘의 참상을 초래했습니다.

① 기독교 신앙진리에 대한 개념적 접근방법의 오류

Kant로 시작되는 기독교 신앙에 대한 자유주의 신학의 "개념적 접근"으로 인한 신앙진리 왜곡의 방법론적 오류는 이미 위에서 설명한 바 있습니다. Kant는 18세기 "이성의 시대"(the age of reason)에 "이성"의 권위의 주창자로서 "신앙"도 "이성의 한계 안에서"(within the boundaries of mere reason) 해석되어야 한다고 보았습니다. 그리하여 기독교 종교에 대해서 "이성적으로 이해가 되는 기독교의 진리개념"을 중심으로 기독교 종교를 재해석하는 작업을 하였던 것입니다. 이와 같은 접근방법이 기독교 신앙진리에 대한 왜곡을 초래한 것은 피할 수 없는 일입니다.

가장 심각한 문제는 "환원주의"(還元主義 reductionism)의 오류에 빠지는 일입니다. 인간 이성으로 파악된 기독교의 어떤 "진리개념"으로 기독교를 재 해석할 때, 기독교 전체를 하나의 특수개념으로 환원하게 됩니다.

Kant의 "도덕적양심", Schleiermacher의 "신의식"(神意識), Albrecht Ritschl의 "하나님의 나라", Hegel의 "세계정신"(Weltgeist), Berdtaev의 "자유"(ungrunt), Teilhard de chardin의 "진화론적우주생성"(evolutionary cosmogenesis), Paul Tillich의 "존재", Rudolf Bultman의 "실존적자기이해" Panhenberg의 "역사로서의계시", Moltmann의 "소망", Harvey Cox의 "세속도시 등 Barth는 19세기의 "철학적 개념적 접근방법"에 대해서 그 잘못을 시정하기 위해서 기독교 종교의 보다 본질적인 내용인 "말씀"을 중심으로 "말씀의 신학"을 제창하고 나왔습니다. 그러나 무엇이든 간에 "단일개념"을 가지고 접근하는 일은 실재 자체(res ipsa)와 맞지 않는다는 것은 누차 명확히 지적한 바 있습니다.

② 성경에 대한 이성적 비평의 방법론적 오류

성경을 포함한 기독교 진리에 대한 "이성적 비판"을 가함으로 "신앙"을 잃어버리게 하는 과오는, 성경에 대한 고등비평(higher criticism)에서 가장 잘 드러납니다. 서양신학은 지난 200년 동안 성경에 대한 각양 이성적 비평을 일삼음으로서 교회로부터 성경을 빼앗았고 교회는 "신앙의 근원"을 잃어버린 결과가 되었습니다.

성경비평의 이론적 근거는 성경이 역사적인 산물이기 때문입니다. 그러므로 성경은 "역사적 탐구"의 대상이 되고, 따라서 마땅히 각종 역사 과학적 탐구방법(literary, historical, formgeschichtilich, reduction narrative criticism 등)을 동원해서, 성경의 역사적 실상을 분명히 해야 한다고 보았던 것입니다. 그러나 성경이 말하고자 하는 "신앙진리"는, 저런 비판적 방법에 의해서 처음부터 배제되고 결국 저런 방법론이 신앙파괴의 결과를 야기한 것은 분명한 일이었습니다.

그렇다고 성경이 그 역사적 지평이 없는 것은 아닙니다. 다만 성경이 주장하는 대로, "성경은 신앙의 역사"로서 먼저 "신앙"에 초점을 두고, 그 "신앙"이 "역사적으로 역사(役事)하였음"을 확인하는 방법으로 나갔어야 하였습니다. 이것을 거꾸로 성경의 "역사적 지평"을 "불신앙적 방법론"으로 아무리 접근해 보아도 "무신앙"에서 "신앙"이 생겨날 수 없음은 자명한 일이었습니다.

결론적으로 서양신학의 "기독교 신앙진리"에 대한 "불신앙적 접근"은, 서양교회로 하여금 "신앙"을 잃어버리고 오늘의 쇠퇴를 초래하는 주범이었습니다.

③ 서양신학의 스콜라주의(Scholasticism)화의 오류

서양신학의 "스콜라주의(Scholasticism)화"는 자유-보수를 막론하고 서양 교회로 하여금 기독교 신앙에서 떠나게 하는 큰 오류를 범하였다고 봅니다. 이것은 기독교 종교의 총괄(summa)과 부분(pars)과 신앙의 중심(scopus fidei)의 관계의 문제입니다.

Calvin도 『강요』가 "기독교 종교의 총괄(summa)을 그 모든 부분(pars)에 있어서 그 순서대로 배열하여 제시하였기 때문에"(religionis summa omnibus partibus eo quoque ordine diggessisse), 독자가 그것을 잘 이해하면 성경 속에서 복음을 찾아서 죄인 구원에 그 복음을 적용해야 할 것을, 쉽게 알게 될 것이라고 말하고 있습니다. 그리고 Calvin의 경우는 그 부분(pars)들은 사실 기독교 종교의 기본적인 구성 요소들을 말하는 것이지 서양신학계가 그 각 전공분야에 있어서 날이 갈수록 세분화 되고 미세화(微細化) 하여 오는 극히 지엽적인 "주제"(subjects)들과는 거리가 멉니다. 최근에 발표된 이성훈 박사의 חֶסֶד(인자) 연구를 예로 들어보겠습니다. 그 용어가 구약 성경에 있어서 중요한 용어임에 틀림이 없습니다. 이 단어에 대한 철저한 연구가 필요하다는 것도 인정됩니다. 그러나 이 단어 하나의 연구가 기독교 종교의 총괄(summa)이나 그 중심(scopos)을 겸하여 연구하면서 그 위치를 분명히 하기 전에는 사실 חֶסֶד(헷세드)란 말의 연구도 잘 됐다고 할 수도 없고, 또 기독교 종교의 본질이 확실하게 파악됐다고도 할 수 없습니다. 그러나 서양의 학문이 그와 같은 연구를 허락하지도 않으며 그런 식의 연구는 인정도 받지 못하는 것이 서양신학의 Scholar 주의의 현실입니다. 하나님의 이름에 접근하여 가는데 출애굽기 34:6을 무시하기 어렵습니다.

여호와로라 여호와로라 자비롭고 은혜롭고 노하기를 더디하고 인자와 진실이 많은 하나님이로라.

יְהֹוָה יְהֹוָה אֵל רַחוּם וְחַנּוּן אֶרֶךְ אַפַּיִם וְרַב־חֶסֶד וֶאֱמֶת

여기서 구원론에 있어서는 그 이름의 제일 첫째 특징으로 제시되는 רַחוּם(자비, mercy)가 근원으로 됩니다. Calvin은 예정의 근원을 여기에 둡니다. 그러나 구원을 이루는 핵심은 오히려 חַנּוּן(은혜, grace)에서 찾을 수 밖에 없습니다. 이 은혜가 그리스도의 보혈의 은혜로 나타나, "죄가 많은 곳에 은혜가 더욱 넘침"으로 우리의 구원이 확정이 됩니다. 이와 같은 구원의 은혜 위에 하나님의 "사랑"(חֶסֶד)과 하나님의 신실하심(אֱמֶת)이 우리 마음에 부은바 되어 선(善)을 행할 수 있는 새 사람으로 중생케 하심을 볼 수 있습니다(롬 5:5; 8:16). 그러므로 חֶסֶד는 우리 구원에 있어서는 오히려 제이은총(第二恩寵) 즉 "선행(善行)의 은혜"의 근원이 되며, 참으로 하나님을 향하는 우리의 신앙의 가장 큰 내용을 제공하여 줍니다. 그리하여 이스라엘의 하나님은 언제나 인자와 진실(חֶסֶד אֱמֶת)로서 기억됩니다. 물론 저 하나님의 이름의 반포에 있어서 노하기를 더디하심(אֶרֶךְ אַפַּיִם)이 얼마나 큰 힘을 나타냅니까! 하나님은 궁극적으로 죄인을 향하신 진노를 길이 참으시는 하나님이십니다. 신앙의 이 모든 입체적 내용을 무시한 채 인자(חֶסֶד)란 단어 하나의 연구에 집중시키는 일이 사실상 기독교 종교의 전체(summa)와 중심(scopus)를 붙들지 못하게 하는 서양신학의 치명적 결함임을 통감합니다.

마치 이성훈 박사의 예를 듦으로서 이 박사를 헐뜯으려는 것으로 오해 말기를 바랍니다. 40년 전에 제 박사 논문이 이 박사의 것과 다를 것이 없습니다. 저는 Chalcedon의 기독론을 취급 하였습니다. A.D. 270년경으로 기억합니다만 Samosata의 Paul의 이단으로 시작해서, Nestorius를 중심으로 한 안디옥 학파의 기독론 문제를, A.D. 451년 Chalcedon 회의에서 비로서 "양성(兩性) 일인격(一人格)"의 결론을 맺었습니다. 그러나 교회는 그 후 8세기까지 논쟁을 계속하였고 단성논파 (Monophysites)의 분파를 형성하기까지에 이르렀습니다. 이와 같이 3세기에서 8세기까지 500년이나 논쟁할 수밖에 없었던 "그리스도의 품격"에 대한 이해를 마침 독일의 Schwartz, 영국의 Sellers 등의 좋은 통찰을 빌려서 그리스도의 품격에 대한 정통적 이해를 굳힐 수가 있었습니다.

그러나 "그리스도의 품격"에 대한 "형이상학적 이해"를 아무리 잘 하였다 하여도 "기독교 종교"의 전체적(summa)인 이해와 더욱이 그 중심(scopus)을 붙잡는 일에서는 너무나 거리가 멉니다. Calvin의 그리스도의 "성육신"에 대한 가르침(Inst., Ⅲ,xⅱ)을 공부해 보면 저의 박사학위 논문은 그리스도의 품격에 대한 겉핥기를 한 것에 불과하다는 것이 명확히 됩니다. 더욱이 그리스도에 있어서 가장 중요한 것은 그의 생애와 사업이 아닙니까? "죽으심과 부활과 승천"이, 얼마나 엄청난 은혜와 유익과 힘을 우리에게 가져다 줍니까? 그의 세 가지 직분을 통한 구원사업이 얼마나 엄청난 내용을 가집니까? "그의 높아지신 지위에서의 사역"은 더욱이 우리의 유일의 위로와 신앙의 반석이 아닙니까?(롬 8:34) 그러나 이 모든 것이 나에게 "유익"(fructus, bona)이 되지 않는다면 저 모든 연구가 무슨 소용이 있겠습니까? 그러나 서양신학이 얼마나 미흡했으면 개혁교의학(Reformed Dogmatics)의 원조라 할 수 있는 Heinrich Heppe가 그의 『복음주의개혁교의학』(Evagelisch Reformierte Dogmatik)에서 "그리스도의 은혜를 받음으로 오는 유익"을 빼 버리고 구원의 서정(序程, ordo salutis)의 세부에만 부심하고 있지 않습니까? 이것이 서양신학의 맹점이 아니고 무엇입니까? 그 때문에 나는 Cavlin의 강요 Ⅲ권의 제목에서 제시한 "그리스도의 은혜를 받음으로 어떤 유익을 얻는가?"(What benefits come to us from it)를 찾기에 5년의 세월이 필요했습니다.

서양신학이 이와 같이 세부(pars)의 연구에만 집중해서 중세 스콜라주의(scholastism)에 빠져 버리게 됨으로서 사실적으로 복음진리에서 멀리 떠나 버리게 되었습니다. 오늘 서양신학이 필요한 것은 먼저 신학자 스스로 복음신앙을 통해서 "구원" 얻는 일이요, 또 그 구원이 동반하는 큰 유익(fructus)을 누리는 일입니다. 그리고 서양교회로 하여금 이 일을 이루도록 가르치는 일입니다.

요약

우리는 서양신학의 문제점을 논하였습니다.

첫째, 신학이 무엇을 하는 것인지 모릅니다. 신학은 "복음"을 전해서 "믿고 구원 얻게 하는 일"입니다. Calvin의 신학이 그렇고 Wesley의 신학이 그렇습니다. 교회의 교사들이 그렇습니다. 물론 성경이 그렇습니다.

둘째로, 서양신학은 그 방법론적 오류를 범하였습니다.

① Kant로 시작되는 "신앙"에 대한 "주관적 이해"를 꾀하는 일에 있어서입니다.

② "성경"에 대해서 "역사과학적 비판"을 가하는 일에 있어서 입니다.

③ 기독교 종교의 부분(pars)만 현미경적으로 취급하므로 총괄(summa)과 중심(scopus)을 망각하는 일에 있어서입니다.

우리가 해야 할 일은 서양신학으로 하여금 저와 같은 잘못을 시정하도록 하는 것입니다. 더 나가서 "기독교의 복음진리를 21세기 인류에게 전해서 구원 얻게 하는 일이 중요하다"는 것을 "서양교회"에 가르치도록 하는 일입니다.

Ⅱ. 서양신학의 문제점의 뿌리

1. 신학의 출발점의 문제
2. 지적우상숭배
3. 두려워 할 자를 두려워 하지 않는 문제
4. 고군분투하는 ACTS

1. 신학의 출발점의 문제

서양신학의 문제점은 근본적으로 그 출발점의 오류에서부터 시작됩니다. 무릇 신학의 대상은 하나님이심으로 "하나님"에 대한 바른 신앙 없이 각양 이해들을 그 진리대상에 적용하면 처음부터 맞지않는 것은 명확합니다.

하나님에 대해서 논할 때 하나님께서 모든 것의 전제가 되심으로, 이 사실에 대한 신앙에서 출발하지 않는 모든 사고와 행위가 다 거짓되게 될 것은 자명한 일입니다. 한 마디로 말해서 기독교 신학은 "하나님에 대한 바른 신앙"에서 출발해야 참된 신학이지 그 외에 다른 모든 출발점이 허위이고 그 출발점의 오류는 그것이 사고든 행위이든 특히 신학인 경우에 그 전체가 거짓으로 나타날 수밖에 없게 만듭니다.

위에서 논한 Kant이후에 그의 뒤를 따르는 서양신학자들이 자기 "이성"

으로 이해한 각양 "진리개념"에서 출발하여 기독교를 재해석 하는 일들이 모두 근본적으로 "하나님에 대한 신앙"에서 출발하지 않는 오류에 귀착됩니다.

신학은 이와 같이 잘못된 출발점을 가질때 그 대상에 맞는 접근을 하지 못합니다. 신학의 대상은 "사람의 말과 지혜의 아름다운 것"으로 할 대상이 아니고, "성령의 나타남과 능력으로" 증거 해야 할 대상입니다. 그럼에도 불구하고 어떤 "아름다운 사상" 하나 가지고 그 엄청난 대상을 온통 그 철학 속에 가두어 넣으려고 해도, 그 모든 것이 "언어유희"(language game)에 불과하게 되고 "진리"에서는 멀리 떨어지게 됩니다. 더욱이 죄인이 죄와는 상극되는 대상에 대할 때에, "회개"와 "죄 사함" 밖에 대할 길이 없습니다. 그럼에도 불구하고, 그 사실을 덮어놓고 그 엄청난 대상을 아름다운 말로서 대하려고 할 때 어떤 "말"이든지, 진리에서는 멀고 허위에 불과하게 됩니다. 그런 거짓 것들이 역사의 무대에서 말끔히 도태되어 가는 것을 우리는 보고 있습니다. 출발점이 틀린 신학은 한 없이 다양하고 신학자의 수만큼 신학의 수도 많습니다. 그러나 한 가지 점에서 공통되는데 그것들이 "진리"가 아니라는 것이고, 따라서 그 철학들이 역사의 지평에서 반드시 사라지리라는 사실입니다.

2. 지적우상숭배

하나님을 출발점으로 하지 않는 사고나 행위가 다 우상 숭배입니다.

신학도 참된 하나님을 대상으로 삼지 않고 다른 대상들을 섬길때 "지적우상숭배"를 범하는 것입니다. Kant의 "양심", Schleiermacher의 "신의식", Ritschl의 "하나님의 나라", Barth의 "말씀" 등이 다 "지적우상" 들입니다. 이 "우상"들이 참 하나님의 자리에 앉아, 하나님 대신하기 때문에 참 하나님을 섬기지 못하게 합니다. Kant는 "실천이성" 즉 "양심" 으로 "도덕종교" 를 하나 만들어 냈습니다. 그리고 "기복종교"(祈福宗敎)를 부인했습니다. 말하자면 하나님께 복받는 것을 믿지 않는 하나님에 대한 불신앙에 빠졌습니다. 지적으로 만들어 낸 우상들은

> 입이 있어도 말하지 못하며 눈이 있어도
> 보지 못하며 귀가 있어도 듣지 못하며
> 목구멍으로 소리도 못하느니라 우상을 만드는 자와
> 그것을 의지하는 자가 다 그와 같으리로다(시 115:5-8).

고함과 같습니다. 서양신학의 "지적우상"들은 사실 눈도없고 귀도없고 손도없고, 다만 "개념"뿐입니다. "그 개념을 만드는 자와 그 개념을 섬기는 자가 동일"합니다.

위에서 지적한 대로 죄인이 참 하나님께로 나갈 길은 "죄 사함"과 "회개"의 길 밖에 없습니다. "의로우신 하나님" 앞에서 구주 예수의 보혈의 공로로 "죄 씻음"을 얻어 값 없이 "의롭다하심"을 받아야 합니다. 그리고 하나님의 "사랑", 십자가의 "사랑"을 회개하는 심령에 부어 주시어 새로 나게 하심을 받아, 하니님께로 돌아오는 길(ad deum conversio)밖에 없습니다. 저런 진리 개념들이 각각 또 하나의 "교훈"을 시도하고 있으나, 그런 "관념"들이 자기도 구원하지 못할뿐 아니라 "하나님에 대한 회개와 예수 그리스도에 대한 믿음"을 주지 못할 것은 자명합니다. 그것들이 모두 하나의 문학적 가치는 있을지 모르나 "하나님의 증거를 전하는 일"과는 아무 상관도 없으며 "말과 지혜의 아름다운 것"에 불과합니다.

3. 두려워 할 자를 두려워 하지 않는 문제

　서양신학은 참 하나님을 출발점으로 하지 않고 우상을 하나씩 만들어 냄으로서 마땅히 두려워할 자를 두려워 하지 않게 되었습니다. 참 두려움의 대상에 대한 예수님의 가르침을 무시하는데 있습니다. "내가 진실로 너희에게 이르로니 그를 두려워하라." 즉 "죽인 후에 또한 지옥에 던져 넣는 권세 있는 그를 두려워하라"(눅 12:5) 하신 예수님의 가르침을 무시하는데 있습니다.

> 내가 내 친구 너희에게 말하노니 몸을 죽이고 그후에는 능히 더 못하는
> 자들을 두려워하지 말라 마땅히 두려워할 자를 내가 너희에게 보이리니
> 곧 죽인 후에 또한 지옥에 던져 넣는 권세있는 그를 두려워하라
> 내가 참으로 너희에게 이르노니 그를 두려워하라(눅 12:4-5).

　Calvin은 이 문제 즉 하늘의 심판대(Heavenly Tribunal)의 문제를 기독교 종교의 기초(fundamentum)라고 합니다. 그의 칭의론(稱議論) 세 장의 중간에 한 장(강요III, 12.)을 이 문제에 집중하고 있습니다. 사도 바울도 로마서 1:18-3:20의 3장에 거쳐서 "하늘로부터 나타나는 하나님의 진노와 심판"에 집중하고 있습니다. 성경이 가르치는 "참으로 두려워할 자"에 대한 "두려움"은 그분의 "진노와 심판"과 "영원한 형벌과 고통"에 관련됩니다. 그리고 또한, 오히려 "하늘유업"에 그 동일한 두려움이 직결되고 있음을 보여줍니다. "불법을 행하는 자들은 거두어 내어 풀무불에 던져 넣으리니 거기서 울며 이를 갊이 있으리라. 그리고 의인(義人)들은 자기 아버지 나라에서 해와 같이 빛나리라"(마 13:43). 이 극히 자명한 기초적이요 과학적인 진리에 대하여 전세계 교회는 명확한 확신을 가져야 하겠습니다. 이

것 없이 인간의 "도덕성"을 논하는 것은 하나의 "농담"에 불과합니다. 사도 바울이 "두려움"이 없는 자들을 향하여서 "악한 동무"들 이라고 한 것이 공연히 한말이 아닙니다. 그리고 사도들이 한 가지로 이 문제에 들어갈 때에는 "속지말라"고 진심으로 충고하고 있습니다(고전 15:33; 고전 6:9; 엡 5:6). 그리하여 Calvin이 회개를 논할 때, 진정한 회개는 하나님에 대한 두려움에서 산출된다(timore Dei profectam)고 하였습니다. 그리고 이 두려움은 "하나님의 심판을 생각함으로서 우러나는 것이어야 한다"(it must be aroused by thinking upon divine judgment, Inst.,Ⅲ, 3:7)고 결론짓고 있습니다.

이와 같은 두려움이 Kant이래로 각종 "개념"들을 만들어 내는 그 "개념" 속에서 나오지 않는 것은 명확합니다. 그들의 학문은 벌써 그들의 학문속에 갇힌 "개념"에 불과하고, "형이상학적 실재성"(res ipsa)을 가지지 못합니다. 아무도 그런 우상들 앞에 두려워할 사람은 없을 것입니다. 그러므로 온 세계교회는 이제 정신을 차려서 "참 두려워할 자"를 두려워해야 하겠습니다.

이에 따라 나오는 결론은 명확합니다. "죄인"이 변하여 "의인"이 되지 않으면 큰일 나겠다 하는 결론입니다. 의로운 심판을 한 손에 장악하고 계시는 하늘의 심판자께서 그의 무한하신 자비의 근원에서 영원한 제물을 내려 보내 주시는 이유가 단 이 한 가지에 있음을 어찌 부인할 수 있겠습니까. "모든 사람이 죄를 범하였으매 하나님의 영광에 이르지 못하더니 그리스도 예수 안에 있는 구속으로 말미암아 하나님의 은혜로 값없이 의롭다하심을 얻은 자 되었느니라"(롬 3:23-24). 이 일이 오로지 믿음으로 되고(justificatio sola fide) 그리고 "믿음은 들음에서 오는"(fide ex auditum) 사실이 명확하다면, 온 세계교회가 최대의 심각성을 가지고 이 한 가지 일(one thing needful) 즉 회개와 죄 사함의 복음을 듣게 하는 일에 매달려야 할 것은 명확합니다.

4. 고군분투하는 ACTS

오늘날 세계신학계가 기독교 종교의 본래적 가르침에서 떠나서 각종 지적 우상 숭배에 빠져 있습니다. 교회와 교사가 일치하여 가르친 성경적 신앙 즉 "구원" 과 "영생" 에 중심적 괌심을 두는 신학을 찾아보기 힘든 처지에 있습니다.

18세기까지 서양교회가 중심을 삼아온 이 "진리"를 버리고 19세기 이후로 각양 세속적 가치를 찾아 유리 방황하는 것을 우리는 봅니다. 확고히 붙들어야 할 "하나님"으로부터 떠나 버린것이 근본적인 잘못이요, 하늘로 부터의 "교리" 보다 "인간지성" 중심의 "방법론"적 오류가 근본 원인이 되어 온세계가 "신앙"에서 떠나 버렸습니다. 그러나 "진리"와 "거짓"은 혼돈 할수 없습니다. 기독교 종교의 본래적 "진리"에서 떠난만큼 "형벌"이 따릅니다. "진리"에 확고히 선만큼 "축복"이 따릅니다.

"엘리야가 호랩산 굴속에서 내가 만군의 하나님 여호와를 위하여 열심히 특심하오니 이는 이스라엘 자손이 주의 언약을 버리고 주의 단을 헐고 칼로 선지자를 죽였음이오며 오직 나만 남았거늘 저희가 내 생명을 찾아 취하려 하나이다"라고 하는 말에 "세미한 소리"의 대답은 "내가 이스라엘 가운데 7천인을 남기리니 다 무릎을 바알에게 꿇지 아니하고 다 그입을 바알에게 맞추지 아니한 자라"(왕상 19:10, 18) 하신 말씀을 따라 세계 신학계에 흩어진 7천인을 서로 찾아 힘을 합하여 21세기 인류 구원의 사명을 감당해야 하겠습니다.

제 3 부
신학의 과학성

I. 죄 사함과 회개의 복음으로 21세기 인류를 살립시다.

II. 신학의 과학성

III. 성경에 대한 과학적 접근법

Ⅰ. 죄 사함과 회개의 복음으로 21세기 인류를 살립시다.

전 문
1. 죄 사함과 회개의 복음으로 21세기 인류를 살립시다.

전 문[1]

이 본문에서 부활하신 예수께서 제자들에게 가르치신 내용은 참으로 기독교 종교의 핵심진리일 뿐만 아니라 신학적으로 지극히 중대한 내용을 가르치고 있습니다. 거기서 예수께서는 주로 구약학을 강의하고 계시나 사실 신약학(新約學), 교회사(敎會史), 선교학(宣敎學), 목회학(牧會學), 교육학(敎育學) 등 신학의 모든 분야에 있어서 등한시해서는 아니 될 내용을 강의하고 계십니다. 그러나 서양의 신학은 이와 같은 핵심진리에서 떠난 결과, 오늘의 큰 비극을 초래하였다고 할 수 있습니다.

여기서 예수께서는 주로 구약학을 강의하고 계십니다.

가라사대 미련하고 선지자들의 말한 모든 것을 마음에 더디 믿는 자들이여 그리스도가 이런 고난을 받고 자기의 영광에 들어가야 할 것이 아니냐

---
[1] 2002년 12월 14일 (토)

하시고 이에 모세와 및 모든 선지자의 글로 시작하여 모든 성경에 쓴 바 자기에 관한 것을 자세히 설명하시니라(눅 24:25-27).

또 이르시되 내가 너희와 함께 있을 때에 너희에게 말한 바 곧 모세의 율법과 선지자의 글과 시편에 나를 가리켜 기록된 모든 것이 이루어져야 하리라 한 말이 이것이라 하시고 이에 저희 마음을 열어 성경을 깨닫게 하시고(눅 24:44-45).

그리고 여기 나타난 예수님의 구약학(舊約學)은, "그리스도가 고난을 받고 제3일에 죽은 자 가운데서 살아날 것"이 그 주요 내용인데, 그 뜻은 "그의 이름으로 죄 사함을 얻게 하는 회개"입니다.

예수님은 겸하여서 신약학(新約學)이 이루어져 나갈 내용도 가르치고 계십니다. 예수님의 십자가와 부활이 그 구원의 능력을 나타내어서 죄인이 회개하고 죄 사함을 얻는 운동이 예루살렘으로부터 시작하여 모든 족속에게 전파될 것을 가르치십니다. 교회사(敎會史)의 내용이 바로 이와 같은 내용이 될 것은 자명한 일입니다.

구약성경(舊約聖經)의 내용이 어떻게 예수 그리스도의 고난과 부활을 통한 죄 사함과 회개의 은혜로 그 핵심을 이룬다고 할 수 있겠습니까? 구약성경은 아벨의 제사로 시작하여 족장들과 이스라엘의 제사제도(祭祀制度)가 중심에 서 있습니다. 그리고 흠 없는 송아지와 어린양을 희생 제물로 드리는 것이 결국 독생자 예수 그리스도께서 "향기로운 제물과 생축으로 자신을 하나님께 드리는" 상징이 아니겠습니까? 그 결과는 아벨, 노아, 아브라함 등 족장들과 또 모세에 붙어서 바다와 구름 가운데서 세례를 받은 이스라엘 백성이 은혜로서 의롭다 하심을 받기 위함입니다.

이스라엘 종교의 중심을 이룬 법궤(法櫃)가 또한 같은 내용을 가르치고 있습니다. 법궤 안에는 십계명을 새긴 두 석판이 들어 있습니다. 그것은 하나님의 계명을 지키는 일이 이스라엘 종교의 중심을 이룬다는 것을 말합니다. 그러나 율법으로는 인간이 죄인임을 들어내는 것뿐이고, 결국 법궤 위에 만들어져 있는 속죄소를 통해서 보혈의 은혜로 죄 사함을 받는 진리를 가르치고 있습니다. 기타 수 없이 많은 예언자들의 가르침, 즉 은혜로서 죄 사함을 주시고, 하나님께서 저들의 하나님이 되시고, 저들이 하나님의 백성이 되는 가르침이 구약성경의 중심을 이루고 있습니다.

예수께서는 제자들과 함께 계실 때에 밤낮으로 이 내용을 강론하셨고, 지금 십자가 고난을 당하시고 부활하시어 제자들 앞에 나타나시어 그 내용이 이루어진 것을 지적하고 있습니다. 예수님이 가르치는 내용은, 한 마디로 예수님의 고난으로 우리가 죄 사함을 얻게 되고, 또한 부활하심으로 인하여 우리가 중생하여 새사람이 되는 죄인구원의 진리입니다.

부활하신 예수께서는 지금 제자들에게 구약성경이 이 진리를 가르치고 있고, 이 일이 지금 제자들의 눈앞에서 이루어진 것을 보고 있다는 사실을 깨닫게 하시려는 것입니다. 그리고 이제부터 제자들이 증인으로서 이 진리를 증거하게 될때에 이 구원이 예루살렘으로부터 시작해서 모든 족속이 예수의 이름으로 회개하여 죄 사함을 얻게 될 것이라고 가르치십니다. 그리하여 이 본문으로 결국 신약학(新約學)과 교회사(敎會史)의 핵심 내용을 또한 가르치고 있는 것이 사실입니다. 신약성경은 복음사(福音史)와 사도사(使徒史) 두 부분으로 되는데, 복음사(福音史)에서는 예수께서 제자들과 함께 계실 때에 관한 기록으로 본문에 나타난 대로 예수께서 구약성경을 강론하시면서 그것이 지금 예수님을 통하여 이루어지시는 것을 보이시는 역사(歷史)입니다. 사도사(使徒史)는 이제 제자들이 성령강림으로 새로운 깨달음과 능력을 가지고 모든 족속에게 "죄 사함을 얻는 회개"를 전파하는 역사(歷史)입니다. 교회사(敎會史)가 지금 죄 가운데 빠져있는 세계 모든 족속을 회개케 하여 하나님께 돌아와 예수님의 이름으로 죄 사함을 얻게 하는 역사(歷史)가 그 핵심을 이루어야 할 것은 자명한 일입니다.

이제 실천신학(實踐神學)의 각 부분 목회학, 선교학, 교육학 등이 이 "죄 사함을 얻게 하는 회개"의 핵심진리를 떠나서 무엇이 되겠습니까? 목회(牧會)가 무엇입니까? 죄인을 향하여 죄 사함의 복음을 설교하여 회개하여 구원을 얻게 하는 일 외에 또 무엇이 있겠습니까? 교회의 표(nota ecclesiae)는 "말씀"과 "성례"입니다. 그리고 말씀과 성례의 목적은 성도를 그리스도에게 인도하여 그들이 그리스도를 믿어 죄 사함을 얻게 하자는 것입니다. 이것이 목회의 핵심내용일진대 이것이 빠져 있는 목회학이 목회학이라 하겠습니까? 선교(宣敎)가 무엇 하는 것입니까? 땅 끝까지 이르러 내 증인이 되라 하시는 것이 예수님의 십자가와 부활을 힘입어 죄 사함 받고 회개하여 새사람 되게 하라는 것이 아닙니까?

기독교교육학(基督敎敎育學)이 무엇하는 학문입니까? 지적인간(homo sapiens), 무엇을 만들고 활동하는 인간, 즉 공작인(工作人, homo faber)을 만들어 내는 일이 일반적으로 인간 교육의 목적이 될 수 있습니다. 그러나 기독교 교육은 단 한 가지 일에 집중됩니다. 죄인(homo peccator)을 의인(homo justus)으로 만드는 일입니다. 즉, 하나님 앞에 죄 사함 받고 의롭다 함을 얻게 하는 일입니다.

예수께서 이와 같이 신학의 각 부분을 일관하는 핵심진리를 가르쳐 주셨습니다만 서양신학은 이에서 이탈하여 오늘의 큰 비극을 이루게 된 것을 이 책에서 주로 지적하려고 합니다.

1. 죄 사함과 회개의 복음으로 21세기 인류를 살립시다.[1]

또 이르시되 내가 너희와 함께 있을 때에 너희에게 말한 바 곧 모세의 율법과 선지자의 글과 시편에 나를 가리켜 기록된 모든 것이 이루어져야 하리라 한 말이 이것이라 하시고 이에 저희 마음을 열어 성경을 깨닫게 하시고 또 이르시되 이 같이 그리스도가 고난을 받고 제 삼일에 죽은 자 가운데서 살아날 것과 또 그의 이름으로 죄 사함을 얻게 하는 회개가 예루살렘으로부터 하여 모든 족속에게 전파될 것이 기록되었으니 너희는 이 모든 일의 증인이라 볼찌어다 내가 내 아버지의 약속하신 것을 너희에게 보내리니 너희는 위로부터 능력을 입힐 때까지 이 성에 유하라 하시니라(눅 24:44-49).

오직 성령이 너희에게 임하시면 너희가 권능을 받고 예루살렘과 온 유대와 사마리아와 땅 끝까지 이르러 내 증인되리라 하시니라(행 1:8).

이 본문에서 부활하신 예수께서 제자들에게 마지막으로 세 가지 일을 가르치고 계십니다.

첫째는, 지난 3년 동안 예수께서 제자들에게 가르치신 말씀은 구약성경이 전체로서 예수 그리스도를 가르치는 말씀이고 그것이 이루어져야 한다는 것을 가르치셨고 그것이 지금 이뤄진 것을 깨닫게 하시고,

둘째는, 그 일이 곧 그리스도께서 고난을 받고 3일 만에 죽은 자 가운데서 살아나신 일이고, 또 그 이름으로 죄 사함을 얻게 하는 회개의 복음이 예루살렘으로 시작하여 모든 족속에게 전파될 것과,

---

1) 한국복음주의 신학회 제29차 발표회(2001년 4월 28일)

셋째는, 너희는 이 모든 일의 증인인데 주께서 주의 아버지의 약속하신 성령을 몇 일이 못 되어 보낼 것이니 그들이 위로부터 권능을 입어 세계 선교의 일을 감당하게 될 것이라는 것입니다.

이것은 사실 세계사(世界史)의 될 일 전체를 요약하여 말씀하시는 것으로서, 오늘 한국복음주의 신학회가 세계사적 사명을 이루려는 내용이 이 말씀 속에 다 들어있습니다. 한 마디로 말해서 한국복음주의 신학회는 성경 전체가 가르치고 있는 예수 그리스도의 이름으로 "회개와 죄 사함을 얻게 하는" 복음의 증인이 되어, 21세기 인류를 살리는 일을 해야 한다는 것입니다. 물론 여기서 "오순절 성령강림"의 체험을 전제로 하고 있습니다. 그것은 예수의 이름으로 "죄 사함" 받는 큰 확신과 "중생"의 체험을 얻는 것을 말합니다. "죄 사함을 얻고 중생"하는 복음만이 죄인 구원의 유일한 진리이고, 이 진리만이 온 인류를 살리는 유일의 진리입니다.

서양의 족속들이 그 진리에 승복하여서, 한때 100% 기독교화를 이룸으로 기독교사가 세계사가 될 수 있도록 하신 것은 참으로 하나님의 크신 은혜라 아니할 수 없습니다. 이것은 이제 기독교시대(基督敎時代, Christian Era)로 들어오게 된 우리 이방인들이요, 이교도들이었던 비서양족속(非西洋族屬)에게 너무나 감사한 일입니다. 그러나 불행하게도 이 기독교 서양은 복음이 가져다 준 물질적 혜택에 도취하여 신앙을 버리고 저 중심진리에서 떠나 버린 결과 19세기의 범죄의 세계사, 20세기의 비극의 세계사를 만들었습니다. 우리는 이 비극의 세계사 연출의 주요 책임을 "서양신학"에게 묻고 있는 것입니다.

나는 여기에서 "한국복음주의 신학회"를 향하여 다시 호소하는 것은, 오늘의 본문이 분명하게 보여주는 예수님의 구약학, 예수님의 신약학으로 돌아오자는 것입니다. 누가는 복음사(福音史) 기술을 마치고, 사도사(使徒史)를 내다보고 있습니다. 여기서 예수께서는 삼 년간 밤낮으로 제자들에게 강론하시던 구약신학의 핵심을 지금 다시 제자들에게 상기시키어서 이제 당신에게 있어서 성취된 것을 깨닫게 하시고, 이제 곧 약속된 성령을 위로부터 그들에게 부어주실 때, 큰 권능을 입고 예수의 이름으로 죄 사함 받은 큰 확신과 회개하고 새사람이 되는 운동이, 즉 "증거" 운동이 온 세계로 뻗어나갈 것을 말씀하시고 계십니다. 그러므로 **한국복음주의 구약학계나 신약학계**는 더 이상 서양신학의 오류에 끌려 다니지 말고, 그들의 잘못을 시정하도록 간곡히 권면하는 일을 해야 한다는 것입니다.

사도사(使徒史)와 교회사(敎會史)는 그 내용에 있어서 동일합니다. 성령의 권능을 힘입어 구원을 주시는 예수님의 증인이 되어 그의 이름으로 죄 사함을 얻게 하는 회개의 복음을 전하는 일에 있어서 아무 차이가 없습니다. 그러나 성경 속에 기록된 사도사(使徒史)는 구약성경과 함께 교회의 신앙의 규범이 된다는데 그 차이가 있으며, 또한 성령과 하나님의 능력을 나타내시어 하나님께서 근원적인 증거를 확실하게 나타나시었다는데 그 차이가 있습니다. 교회사(敎會史)도 구약사와 신약사 마냥 그 핵심을 예수의 이름으로 "죄 사함을 얻고 큰 확신 가운데 새 사람이 되는" 구원사에 두어야 합니다. 족장들의 교회, 모세의 교회, 사사들의 교회, 구약 예언자들의 교회, 예수님의 교회, 사도들의 교회에 이어 교회사의 교회도 다 동일한 죄 사함과 회개의 "말씀사역"을 통해서 오직 믿음으로 구원 얻은 성도들의 교회입니다.

그러므로 **한국복음주의 교회사학회**에서는 더 이상 서양의 교회사학(敎會史學)의 오류에 끌려 다니지 말고, 그들의 잘못을 시정할 것을 간청해야 할 줄 압니다. 오히려 세계의 교회사학회가 다 "생각을 같이 하여" 하나님의 은혜의 구원사 중심의 교회사에 대한 이해를 새롭게 함으로 신앙에서 떠난 오늘의 세계를 구원하는 일에 "동역할 것"을 간청해야 할 줄 압니다.

나는 여기서 선교학(宣敎學), 목회학(牧會學), 교육학(敎育學), 윤리학(倫理學), 기타 "인간을 대상"으로 하는 신학의 무슨 분과든지 다 동일한 원리로 학문해야 한다는 엄위한 사실을 말하지 않을 수 없습니다. 죄인(home peccator)을 의인(home justus)으로 변화시키는 일입니다. 어두움에서 빛에로(엡 5:8), "악한 자의 아들들"이 "천국의 아들들"로(마 13:30; 요일 3:10) 변화하는 일입니다. 이 일을 떠나서 살인하고, 간음하고, 도적질하고, 거짓말하고, 욕심 부리는 죄인을 그대로 두고 다른 많은 부분적 진리의 "말과 지혜의 아름다운" 사고의 각양 체계를 논했다 해도 가장 중요문제를 놓치게 됩니다. 그리고 이 일이 바로 "죄 사함과 회개"의 복음을 떠나서 아무 일도 되지 않을 것이 명확합니다. 그러므로 **한국복음주의 선교학회, 목회학회, 교육학회, 윤리학회**에서는 더 이상 서양신학의 오류를 따르지 말고, 오히려 그들의 잘못을 시정하고 참된 구원의 진리를 선양하여 21세기 인류 구원의 "동역자"(同役者, συνεργός)가 되도록 간청해야 하겠습니다.

나는 여기서 "인간을 대상"으로 하지 않는 학문의 각 분야에 대한 신학적 이론들을 논하지 않겠습니다. Calvin은 일찍이 정치(government), 경제(household management), 법학(law) 등의 사회과학분야, 철학 (philosophy), 인문(liberal arts) 등의 인문학 각 분야 의학(medicine), 물리학(physics), 수학(mathematical science) 등의 자연과학 각 분야가 인간을 동물과 구별짓기 위하여 하나님께서 "진리의 영"을 통하여 인류에게 주신 값진 선물(special grace)임을 지적하고, 이와 같은 학문의 각 분야를 무시하면 응분의 벌을 받게 될 것이라고 경고한 바 있습니다.

> 만일 주께서 물리, 수사, 수학, 기타 학문의 도움을 경건치 않은 자들의 업적과 사역을 통해서 주기를 원하신다면, 우리는 이와 같은 도움을 받자. 왜냐하면 우리가 만일 이와 같은 학문으로 거저 주시는 하나님의 선물을 등한시한다면 우리의 게으름으로 인한 공의로운 벌을 받게 될 것이다(Inst., II, ii, 16).
> If the Load has willed that we be helped in physics, dialectic, mathematics, and other like disciplines, by the work and ministry of the ungodly, let us use this assistance. For if we neglect God's gift freely offered in these arts, we ought to suffer just punishment for our sloths(Inst., II, ii, 16).

그런데 서양신학계에서는 정치신학, 해방신학 등 각종 사이비 사회 과학 이론을 창안하여 인류문화의 진로를 혼미케 하여 왔습니다. 1971년의 WCC Bangkok의 "Salvation Today Conference"나 1985년의 Geneva의 "Church and Society" 대회가 전연 역사의 흐름을 착각한 세계대회들이 아니었습니까? 그리하여 모택동의 중공을 인류의 희망으로 찬양했던 것이 얼마나 역사를 잘못 본 것이었습니까? 그러므로 이 분야 즉 세상 것(earthly things Inst., ii, 17)을 다루는 일은 과학의 각 분야에 맡기고, "신학"이 "사이비 사회과학"을 만들지 않도록 해야 할 줄 압니다. 동시에 과학의 각 분야가 "사이비 철학"에 빠져서, 반신앙(反信仰)적 입장을 제멋대로 취함도 허락해서는 안 되는 줄 압니다. 한편 오늘날 하나님의 오래 참으심과 무한하신 긍휼로 기독교시대(基督敎時代, Christian Era)의 혜택으로 놀라운 물질적 축복의 시대에 살고 있다고 하겠습니다. 그러므로 오늘의 시점에서는 우리 한국복음주의 신학회에서는 Calvin이 일찍 경계하였던 경고, 하나님께서 주시는 "선물"(gifts)들을 신앙의 방해물로 삼지 말도록 해야 하겠습니다(not to turn helps into hindrances). 그리고 신학의 본래 분야 즉 "인간 이성"(human reason)으로는 두더지 보다도 더 맹목적인(blinder than moles) 어두운 이 분야에 집중해야 하겠습니다(Inst., II, ii, 19).

즉 1) "하나님을 아는 일"(knowing God)입니다.

  2) "우리에게 구원을 주시는 하나님의 아버지로서의 사랑을 아는 일"(knowing his fatherly favor in our behalf, in which our salvation consists) 입니다.

그리하여 Cavlin은 그의 『강요』를 이 한 점 "믿음으로 말미암는 구원"(salvation by faith)에 집중했던 것입니다.

이것이 사도들이 일치하여 주로 가르쳤고(롬 3:28) 어거스틴, 모든 개혁자들, 모든 영적 각성 운동자들, 그리고 우리 한국교회의 신앙의 거장들 박형룡 박사(장로교), 변홍규 감독(감리교), 김응조 목사(성결교)들께서 가르쳐 온 신앙 전통입니다. 이 "믿음으로 말미암아 의롭다 하심을 얻는 이신득의"(以信得意)의 진리는 궁극적으로 예수님의 가르치심과 행하심에 소급되고, 이것이 구약성경이 주로 가르쳤고 예시한 진리입니다.

한국복음주의 신학회가 지금 목적하고 있는 것은 21세기 인류에게 유일의 살 길을 보여주고, 기독교 서양과 함께 새로운 기독교 세계사를 만들 것을 제안하자는 것입니다. 이 일을 위해 우선 우리 신학회 내에서 "생각을 같이" 모으고(τὸ αὐτὸ φρονῆτε) 더 나가서 세계복음주의 신학자들의 협력을

구하고저 하는 것입니다. 그리고 지금 문제 삼고 있는 역사적 배경은,

  1) 하나님께서 놀랍게도 서양사로서 세계사를 만드심으로서 세계사를 기독교사로서 볼 수 있게 되었다는 것입니다. 어떻게 온 세계와 심지어는 가장 친근한 제자들에게까지 불신을 당하시면서, "홀로" 성취하신 진리가 로마 제국을 굴복시켰고 서양의 모든 민족들을 개종시켜 천년이상의 기독교 서양사를 이룩할 수가 있었습니까? 하나님의 이와 같은 세계사 경륜에 대해서 온 세계는 물론, 서양 사람들은 누구나 특히 서양신학자들은 주목하고 깊이 반성해야 할 일이 아니겠습니까?

  2) 그런데 어떻게 해서 이와 같은 기독교 서양(基督敎西洋)이 19세기에 세계사의 주체로 등장할 때, 아프리카와 아세아에 있어서의 용서받을 수 없는 죄악의 역사를 연출하였으며, 그 결과 20세기에 있어서는 인간괴물들에 의한 참혹한 역사를 연출하게 되었는지 묻지 않을 수 없습니다. 이것이 100% 기독교인인 서양이 연출한 세계사의 독무대였음을 생각할 때, 우리는 그 원인을 기독교 서양의 "신앙"에 대해 묻지 않을 수 없습니다. 기독교 서양이 "신앙"에서 이탈하여 전혀 반신앙(反信仰)으로 나가게 된 책임에 그 원인을 묻지 않을 수 없습니다. 우리는 그 책임을 "신앙의 교사"인 "서양신학"에 묻고 있는 것입니다. 더 구체적으로 18세기에 있어서 이성의 한계 안에서 "신앙"을 취급함으로서, "신앙"에서 떠나서 "이성" 중심으로 나가게 됨으로, 기독교 서양이 그 내부에 있어서 전체적으로 "신앙"에서 떠나게 된 것에 대하여, 19세기의 죄악사(罪惡史)와 20세기의 비극의 역사의 책임을 묻고 있는 것입니다.

  우리가 서양신학에 대해서 묻는 것은 "신앙"이 "이성"의 한계 안에 들어감으로서 신앙이 신앙 구실을 할 수 있겠는가? 하는 것입니다. 쉽게 말해

서 Wesley가 Kant의 영혼 속에서 Wesley 구실을 할 수 있었겠는가의 문제입니다. 그러므로 이제라도 서양신학의 이 엄연한 잘못을 인정하는 가운데, Wesley로 하여금 Wesley 구실을 하게 해야 한다는 것입니다. 이제라도 서양교회에 대한 "신앙의 교사"들이 "산 신앙"(living faith)을 세우는 일만이 서양교회가 사는 길이요 세계사화(世界史化) 된 서양사를 기독교 서양의 역사로 다시 세움으로서 오늘 세계사에 대해 희망을 안겨 주도록 하자는 것입니다.

이 일을 위해 한국복음주의 신학회는 서양신학을 향한 위에 열거한 일에 대한 신학운동을 전개하는 한편, 21세기 인류 구원을 위한 기도 운동을 겸하여 일으켜야 하겠습니다. 21세기를 위해 우리의 기도의 내용은.

첫째, 멸망에 처한 우리 인생 속에 크신 자비로서 독생자 예수 그리스도를 믿음으로 말미암는 구원을 허락하시고, 암흑의 세계사를 놀라운 기독교역사(基督敎歷史)로 만들어 주신 하나님께 감사함과 동시에, 우리 각 사람이 이에 합당하게 믿고 살지 못한 일에 대한 회개(悔改)와 죄 많은 우리에게 은혜를 더하시는 하나님 앞에서 다시금 새로워짐을 얻게 하여 주시기를 기도해야 하겠습니다.

둘째, 서양사를 기독교역사로 만들어 주신 하나님께 감사하고 19세기, 20세기에 기독교 서양의 잘못된 선택에도 불구하고 오늘 21세기에 세계 속에서 아직도 큰 기독교 세력을 허락하여 주신데 대해 더욱 감사해야 하겠습니다.

그리고 이제는 불신앙의 역사의 비극에 대해서 모든 일이 역사적으로 분명하게 증거 되었음으로.

1) 아직도 세계사의 주류(主流)를 이루고 있는 서양 특히 기독교 서양이 세계사에 대한 책임을 각성하는 운동을 일으키게 되도록 기도해야 하겠습다. 특히 기독교 서양의 주체가 될 교회들이 잘못된 과거에 대한 회개와 앞으로 책임에 대한 각성운동을 일으키게 되도록 기도해야 하겠습니다.

2) 이 모든 일의 중심이 되어야 할 "신앙의 교사"들 즉 서양신학계를 위해 과거에 "참된 산 신앙"을 세우기보다, 무너뜨려 온 각종 신학적 오류를 시정하여, "산 신앙"의 새 세기의 교사로 나타나게 되기를 기도해야 하겠습니다.

이 일을 위해 전 회원은 다 한 목소리로 믿음으로 기도하기 바랍니다.

II. 신학의 과학성

– 화있을진저 너희 서기관들이여 –

전 문
1. 신학의 과학성

전 문[1]

"신학의 과학성"(Wissenschaftlichkeit der Theologie)이란 말은 K. Barth가 처음 사용했습니다. 19세기 자유주의 신학의 기독교 종교를 "이성"(理性)으로 재해석하는 신학은 "과학적"이 되지 못하고, "말씀" 사건이 일어나는 신학이라야 "과학적 신학"이라 할 수 있다는 것입니다. 그러나 Barth 신학이 전제로 하는 여러 가지 불신앙 때문에 기독교 종교를 과학적으로 설명하고 있다고 보기 어렵습니다.

예수께서는 "신학의 과학성"의 표준을 명확하게 세워주셨습니다. "천국문을 여는" 신학인가? "천국문을 닫고 자기도 들어가지 않고 들어가고저 하는 자도 들어가지 못하게 하는" 신학인가? 서양신학이 거개(擧皆)가 이런 부류의 신학임을 개탄합니다.

---

[1] 2002년 11월

"죄인"이 회개하고 죄 사함 받아 하나님께 값없이 은혜로서 "의인"으로 영접받게 하는 신학 외에 과학적 신학이 없다고 할 수 있습니다.

1. 신학의 과학성[1]

화 있을진저 외식하는 서기관과 바리새인들이여
너희는 천국문을 사람들 앞에서 닫고
너희도 들어가지 않고 들어가려하는자도
들어가지 못하게 하는도다(마 23:13).

예수님은 서기관과 바리새인들을 향하여 "화(禍) 있을진저"하시고 저주하시었습니다. 서기관과 바리새인들은 오늘의 신학자들에 해당합니다. 그들은 천국에 들어가는 지식의 열쇠를 독점하여 가지고, 자기도 들어가지 않고 또 들어가고자 하는 자를 막았느니라고 꾸지람하고 있습니다. 서기관과 바리새인들은 오늘의 신학자들에 해당합니다.

저는 1960년에 미국에서 박사학위를 받아 가지고 돌아 온 직후부터 "내가 예수님께서 심히 꾸지람하시던 서기관과 다를 것이 없구나"하면서 언제나 자책하여 왔습니다. 그러나 그 당시에는 "서양신학"이 무엇이 잘못되고 있고, 내가 소위 "신학자"가 됨으로서 무엇이 잘못되어 있는지 알지를 못했습니다. 그러나 분명한 것은 예수님이 꾸지람하시던 그 꾸지람이 바로 내게 해당되는구나 하는 것을 잘 직감할 수 있었습니다.

서기관에 있어서 문제가 되는 것은 예수님께서 말씀하시는 대로 첫째로, 율법해석권을 가지고 백성의 교사의 위치에 섬으로 "지식의 열쇠"를

---

[1] 한국복음주의 신학회 제31차 발표회 폐회설교, 아세아연합신학대학교, 서대문캠퍼스, 1998.4.

저들이 독점하고 있다는 사실입니다. 오늘의 신학자들이 "기독교 이해"의 열쇠를 독점하고 있는 것과 마찬가지입니다. 목사들이 신학자들의 신학을 배워서 목사가 되어야 하니 신학자들은 사실 기독교계에 있어서 최고의 위치에 서 있습니다.

문제는 이 서기관들이 즉, 오늘의 신학자들이 자기도 천국에 들어갈 생각을 하지 않고, 따라서 전 신도들을 천국에 들어가지 못하게 막고 있다는데 있습니다. 오늘의 신학자들이 모두 자기 나름대로 기독교를 하나씩 만들어 냅니다. 서양신학의 방법론 그 자체가 옛날의 서기관들의 율법연구방법론과 마찬가지로, 성경을 자기 신학의 뜻으로 해석하여 인류 역사와 인간의 생활을 그 뜻에 매려고 함과 아무 다를 것이 없습니다. 그러나 "기독교 종교"는 죄인들이 천국에 들어가기 위한 "열쇠"입니다. 예수께서 세우신 표준 즉 "천국에 들어가게 하는가", "자기도 들어가지 않고 남도 들어가지 못하게 하는 가"를 서기관의 신학이든 현대신학이든 그 평가의 기준으로 삼아야 합니다.

신학의 과학성은 기독교 종교를 정확하게 해석하고, 그 종교가 목적하는 것을 실현하는데 도움을 주는가 하는 여부에서 찾아야 합니다. 말하자면 예수님께서 서기관의 신학을 비판하신 그 비판의 표준이 신학의 과학성의 표준이 되는 것입니다. "천국에 들어가게 하는가", "천국에 들어가는데 방해거리가 되는가"가 신학의 진부(眞否)를 판단하는 표준이 되는 것입니다. 투베르쿨린 반응이 일어나게 하기 위해서는 리트머스지를 물에 넣어 보아야 합니다. 붉은 색이 되면 그 물은 산성이고 청색이 되면 그 물은 알카리성임이 판명됩니다. 이것이 과학입니다. 물에 리트머스지를 넣지 않고 제 멋대로 종이 한 조각을 넣어 보고 붉은 색도 청색도 나지 않는다고 말하는 것은 과학적이 되지 못합니다.

기독교 종교는 "천국의 열쇠"의 종교입니다. 마태복음 16:19에 예수께서 베드로에게 "천국의 열쇠"를 주셨습니다. 이것은 죄인을 "사탄과 죄와 죽음"에서 풀어서 천국백성 삼는 열쇠입니다. "너희가 뉘 죄든지 사하면 사하여질 것이요 뉘 죄든지 그대로 두면 그대로 있으리라"(요 20:23; 막 16:16; 눅 24:47; 마 28:19). 기독교 종교는 복음신앙으로 죄 사함 받고 구원 얻는 종교입니다. 그러므로 어떤 신학이든지 그 신학이 "과학적 정확성"을 가지는가의 표준은 예수께서 말씀하시는 대로 "천국에 들어가게 하는가", "지옥의 자식을 만드는가"(마 23:15)에서 잡아야 합니다. 이런 의미에서 예수님 당시의 서기관의 신학이나 현대 서양신학은 칼 발트의 용어를 빌린다면 과학적 신학(wessenschaftliche Theologie)가 되지 못합니다.

저는 한국복음주의 신학회(KETS) 제26차 발표회의 개회설교에서 "기독교의 중심진리를 온 세계에 선양(宣揚)할 것"을 제안하였고 제29차 발표회에서 이 중심진리를 신학의 각 분야에서 한번 공관(共觀)하여 주실 것을 제안한 바 있습니다. 금번 제31차 발표회 이 폐회설교의 기회에 다시 한번 이 지극히 중대한 제안을 하는 바입니다. 오늘날 기독교는 종교개혁 당시나 John Wesley 당시 모양 기독교의 그 본 모습을 찾아보기 힘들게 되었습니다. John Wesley는 일찍이 "선행 없는 기독교 종교"가 잘못되어 있음을 발견하습니다. 그리고 그는 Moravian 형제들을 만남으로 그 근본원리를 찾게 되었으며 자기가 "이름만의 기독교인"이지 참된 "기독교인"이 되지 못함을 절감하였습니다.

"나는 미국에 다른 사람을 개종시키기 위해 갔었지만 나 자신은 하나님께 개종하지 못하였다…지구 끝에 가서 내가 배운 것은…내 중심 전체가 송두리째 썩어서 가증스럽고, 선한 열매를 맺을 수 없는 '악한 나무'이며… 하나님의 생명에서 떠나서 나는 '진노의 자식이며 지옥의 후사'란 사실이다"(Wesley's Works, Vol. 1, 76).

오늘날 누구나 웨슬리와 같은 상태에 있지 않다고 말할 사람이 있겠습니까? 웨슬리가 "하나님께 참되게 개종하지 못했었다"면 우리는 더욱 그렇다고 할 수 밖에 없습니다. 웨슬리가 자기의 중심이 "송두리째 썩어서 가증스럽다"(altogether corrupt and abominable)고 한다면 우리는 더욱 그렇지 않겠습니까? 웨슬리가 자기는 "진노의 자식"(a child of wrath)이고 "지옥의 후사"(an heir of hell) 이라고 한다면 우리는 더욱 그러하지 않겠습니까?

나는 신학의 과학성의 기준(基準)을 기독교의 중심진리 "이신득의"(以信得意)의 교리에서 찾아야 한다는 것을 거듭 강조하여 왔습니다. 이 가르침은 종교 개혁의 중심적 가르침이었고, 구약과 신약과 교회사의 중심적 가르침이었습니다. 이제 우리는 웨슬리에게서 이것이 "산 신앙"(a living faith)으로서 살아 역사하고 있는 것을 봅니다. 그에게서

첫째, 하나님에 대한 참된 두려움과
둘째, 자기의 전적 부패에 대한 깊고 심각한 죄책감과
셋째, 예수께서 내 모든 죄를 완전히 사하심으로 지금 이 "산 신앙"(a living faith in Christ) 가운데서 은혜로서 죄와 사망에 대해서 승리를 얻었다는 확신을 배우게 됩니다. 그리하여 "선(善)한 일에 힘쓰는 친백성(親百姓)"으로 변하는 이 기적을 일으키는 일. 이것이 교회가 가르쳐오는 칭의(justification)의 신앙입니다.

오늘날 우리는 참된 의미에서 과학적 신학을 세울 때가 왔다고 봅니다. 우리 주님 예수께서는 이미 서기관을 꾸지람하시는 말씀가운데서 신학의 과학성의 표준을 세워 주셨습니다. 그리고 우리는 Calvin-Wesley의 과학적 신학의 표준을 우리 눈앞에 보고 있습니다. 오늘날 KETS는 기독교

종교의 이 중심진리를 중심으로 모든 분야의 신학을 재검토해야 할 때가 왔다고 봅니다. 그리고 더 나가서 세계신학을 향하여 참 종교를 고백하는 신학을 세우도록 신학선교를 힘써 감당해야 할 때가 왔다고 봅니다. 우리가 전해야 할 이 복음으로 먼저 우리가 하나님 두려움을 배우고, 깊은 회개의 고백을 서로 나눔으로써 복음의 한없는 은혜를 힘입어 의롭다하심을 받아 우리의 사귐 속에 평강과 기쁨과 사랑이 넘치기를 바랍니다. 즉 "죄인"이 "천국인"으로 되어야 하겠습니다.

III. 성경에 대한 과학적 접근법

1. 모든 것이 "과학적"이어야 합니다.
2. 신구약 성경이 가르치는 모든 것을 믿는 신학
3. 신구약 성경에 대한 참 해석자
4. 신구약 성경과 신조들
5. 신구약 성경과 Calvin과 Wesley

1. 모든 것이 "과학적"이어야 합니다.

"과학적"(Die Wissenschaftlichkeit)이란 "대상"과 "학문"이 일치한다는 것을 말합니다. 즉 대상과 이론이 일치해야 합니다.

각종신학 ↔ 기독교 종교

의 상응관계입니다.

여기서 문제되는 것은 "각종신학"이 가르치는 "기독교 종교"가 어떤 "기독교 종교"인가 하는 것입니다. Feuerbach[1]의 "기독교 종교"인가? 그것은

---

1) Feuerbach, Lundwig Andreas(1804-1872), Das Wesen des Christentiums(1841)

"눈물의 골짜기에 핀 한 송이 꽃"입니다. Harnack[1]의 "기독교 종교"인가? 그것은 사도신경의 기독교 종교가 아니고, 나사렛 예수의 가르친 복음으로서, "하나님의 온 인류의 아버지 되심"(Universal Fatherhood of God)과, "온 인류의 형제 자매됨"(Universal Brotherhood of Mankind)입니다. 그리하여 Harnack은 사도신경은 예수의 복음의 토대 위에 세운 바울의 헬라 건축물이라는 것입니다. Kant, Schleiermacher, Ritschl, Hegel, Kierkegaard, Berdjaev, Teilhard de Chardin, Barthian (Niebuhr, Moltmann, Pannenberg), Harvey Cox 등 기타 수없이 많은 "기독교 종교"가 있습니다. 나는 우리 교수진들이 말하는 "신학"들의 배후에 전제되는 "기독교 종교"들을 비판하는 일을 "신학연구원장"으로써 하여 오다가 현재 중단상태에 있습니다.

지금 우리는,

    Calvin-Wesley의 신학 ↔ 신구약 성경의 기독교 종교

를 논하려고 합니다.

2. 신구약 성경이 가르치는 모든 것을 믿는 신학

1) Calvin이나 Wesley는 창세기부터 계시록까지 성경이 가르치는 것은 다 문자적 진리임을 믿고 있습니다. 우선 Kant 이전 즉 Wesley까지는 성경의 모든 말씀을 그대로 "진리"로 알고, 그것을 배워 신앙적 유익을 얻

---

[1] Harnack, Adolf Von(1851-1930), Das Wesen des Christentums(1900)

고, 또 교회에서 그와 같이 가르치기도 하였습니다. 한국교회에서는 오늘 태반의 목사들이 성경에 대한 그와 같은 "단순한 신앙"의 접근 방법으로 큰 유익들을 얻고 있습니다.

2) Wesley는 1791년에 세상을 떠났습니다. 그러므로 18세기까지는 Calvin-Wesley적 성경관이 그대로 교회와 교인에 일반화 되어있었습니다. 그런데 Kant는 그의 주요 저서 『순수이성비판, 1781년』, 『실천이성비판, 1788년』, 『판단력비판, 1790년』, 『단순한 이성의 한계 안에서의 종교』(1791년) 등을 출판 하였습니다. 이와 같이 Wesley가 그의 "신앙 대 각성운동"(the Great Awakening)을 마치던 해에 Kant의 "계몽사조"(The Enlightenment Movement)가 종교분야에 침투하기 시작된 것은 주목할 만할 일입니다. 다시 말해서 18세기까지는 "성경"의 말씀을 그대로 다 믿는 기독교 종교의 본래적 전통이 계속되어 왔는데, 19세기를 앞둔 18세기 말에 Kant의 주요 저서가 다 마무리된 것을 볼 수 있습니다. 말하자면 19세기, 20세기를 거쳐 오늘날까지 "이성"의 한계 안에서 "성경"을 비판하고, 자기 나름대로의 "종교"를 세우는 넓은 의미에서 "자유주의 신학"이 세계 신학계를 지배했습니다.

3) 신구약 성경은 성경 자체가 말하는 연대에 따르면 아브라함때부터 예수님때까지 약 1,800[1])년의 세월동안 수많은 저자들에 의해서 기록된 단 한 권의 책이란 것입니다. 이 배후에는 "레위지파"가 있습니다. "레위지파"는 "회막" 또는 "성전"에서 "율법"을 쓰고 "제사"를 드리는 지파입니다. 그러므로 레위지파가 회막이나 성전을 중심으로 성경의 기록을 주관, 보

---

1) 아브라함에서 출애굽까지 430년(갈 3:17; 출 12:40-41; 창 15:13; 행 7:6) 남는 연대는 다 정확히 성경에 기록되어 있습니다.

존, 유지하는 주체가 되었던 것입니다.

 Calvin은 예언자들이 예언을 널리 알리기 위해 성전 문가에 붙이면(합 2:2), 얼마 후에 사제들이 그것을 성전 안에 보관하였을 것이라고 합니다. 다윗왕의 궁중조직(삼하 8:15-18)에 "사관"과 "서기관"이 들어 있는 것은, 역사 기록을 궁중 안에서 취급하였음을 보여줍니다. 그리고 이 궁중 안에 보관된 역사 기록은 후에 이스라엘과 유다의 역대 왕들의 역사 자료를 제공합니다. 아모스 선지자 때부터 Assyria, Babylonia, Persia, Egypt 역사가 연대를 더 정확하게 확인시켜줍니다. "선지학교"의 전통은 사무엘 때(삼상 19:20; 10:5)에로 소급되며, 엘리야-엘리사(842 B.C.[1])때에는 선지학교가 벧엘에도 있었고, 여리고에도 있었던 것(왕하 2:3, 5)을 볼 수 있고, "선지학교"에도 "기록"의 역사가 있었을 것으로 보입니다. 예레미야에게 있어서의 "바룩"이 이사야에게는 없었겠습니까? 사도들의 전통에서도 여호와의 말씀 예언을 기록하는 "바룩"들이 따로 있었던 것을 볼 수 있습니다. 내가 여기서 말하고자 하는 것은 신구약 성경은 약 1,800년의 역사 속에서 수많은 저자들에 의해서 산출된 한 권의 책이라는 것입니다. 이와 같이 1,800년 동안에 "구전"을 포함하여 수많은 저자들에 의해서 기록된 한 권의 『성경』에 대한 과학적 접근 방법이 무엇이며, 그것이 가르치는 "'기독교 종교'가 무엇이냐?"의 문제를 논하려는 것입니다.

 4) 제가 미국 유학 당시(1955-1960)에는 Welhausen의 J, E, P, D는 한물가고, 여러 가지 방법을 동원한 역사적 탐구가 한창이고, "양식비판"(Formgeschichte)이 구약계에서 성행하여 "Sitz im Leben"을 많이 논했고, 그러나 "신약학" 분야에서는 "사도들"이 생존하는 동안에 모두 기록되었

---

[1] 이 년도는 Westiminster Study Bible에서 인용. 그 편집자들이 성경에 대한 역사적 탐구를 자유로이 하면서도, 성경 자체의 역사 지리적 신빙성을 세우는 방향으로 이용하고 있음

으니 "Sitz im Leben"을 논하기 힘들다고 보고 있었습니다. 그 때에는 근자에 성횡하는 "신문학비평"(narrative criticism)은 물론 "편집비평"(reduction criticism)도 아직 생겨나기 전이었습니다. Albright 학파에서는 성경에 대한 "역사적-신학적 해석"(historical theological interpretation)의 방법을 취하고 있었고, 나도 5년을 미국에 있는 동안 그 틀에 매여서 벗어나지 못하였고, 귀국하여 몇 년 후에야 그것이 어떻게 잘못되어 있는지 분명히 알게 되었습니다. 즉 『성경』에 대해서 어떤 "신학"을 가지고 접근하게 될 때, 그 "신학"의 추상성 때문에 『성경』의 종교적 구체성과 맞지 않습니다. 요컨대 『성경』에 대해서 각종 "비평학"이 다 깨어져 나가는데, 나는 성경을 어떤 각본을 가지고 꾸민 이야기(fiction)로 보는 "신문학비평"은 그 전체가 잘못 되어있고, "편집비평"도 모세가 바벨론 강가에서 신명기를 설교했다는 등의 서툰 결론들을 내고 있는데, 서양신학계에서 깨어져 나가리라고 봅니다. 왜냐하면 1,800년 동안 구전으로부터 시작하여 계속적으로 "기록"되어 온 "역사적 신빙성"이 있는 "한 권의 책"을 몇 가지 빈약한 data로 접근하는 "편집비평"은 너무나 비과학적이기 때문입니다. 모세 5경의 신빙성에 대해서도 제가 유학 당시에 구약학계를 지배하던 Albright 학파에서는 모세의 출애굽을 기원전 1300년경으로 추정합니다. 그리고 "언약법전"(Covenant Code, 출 20-23장)은 모세에게서 발원했을 것이라고 가르칩니다. 성경의 역사적 지평에 대한 연구가 성경의 권위를 깨트리는 방향으로가 아니고, 세우는 방향으로 이용되기를 바랍니다. 말하자면 교회의 목사들이 성경의 모든 말씀을 그대로 믿고 설교할 수 있도록 해야합니다. 그러기 위해서는 성경에 대한 "비판적"자세를 배제해야 할 줄 압니다.

5) 위에서 고찰한 결론은 우선 Calvin-Wesley의 신학의 "기독교 종교"가 전제로 하고 있고, 또한 18세기까지 기독교 세계에 일반화되어 있는 "성

경"에 대한 접근법은, "성경의 모든 언급이 진리"이고 거기서 은혜를 얻고자 하는 접근법이었습니다. 이것이 Kant 이래로 19세기, 20세기를 압도해 온 서양 자유주의 신학의 "비판적 접근법"과 비교할 때, 전자가 "과학적"이고, 후자는 "비과학적"이란 것입니다. 성경이 말하는 "참된 기독교 종교"의 반응이 "전자"에서만 일어나고, 후자에서는 전연 왜곡(歪曲)된 반응이 나타난다는 것입니다.

3. 신구약 성경에 대한 참 해석자

1) 신구약 성경 66권은 전부가 "하나님의 선민" 유대인의 작품입니다. 유대인의 자랑은 "하나님께 택함을 받은 일"이었습니다. 그리하여 유대인은 "선민"의식으로 투철하였습니다. 다른 모든 민족은 자기의 문화 가치를 자랑하였습니다. 헬라인은 자기들만이 "지혜" 있는 민족(Hellenes)이요, 모든 다른 민족은 다 "야만인"(Barbaroi)들로 보았고, 중국인도 자기만이 중화(中華) 즉 세계의 중심에 빛나는 민족이요, 동서남북 모두 "야만인"들로 보았습니다. 그러나 "히브리"인은 자기들은 "천민"(히브리)이요 오직 "선민"됨을 자랑으로 여겼습니다. 그러므로 성경을 산출한 "그 민족"이 즉 "선민"이 성경에 대한 "참 해석자"요 "참 체험자"라 할 수 있습니다. 사실 "성경"은 그들의 "생활"이었습니다. 그들에게는 성경은 자기들을 택하신 하나님의 "택하심"의 역사요, "언약"의 역사요, "언약"에 따른 "복과 저주"의 역사이었습니다. 결론적으로 성경을 산출한 "그 민족"이 성경에 대한 "참 체험자"요, "참 해석자"라 할 수 있습니다.

2) 그런데 구약성경의 역사가 끝날 무렵에 하나님께서 "자기 독생자" 예

수 그리스도를 보내셔서, "그리스도" 안에서 누구나 "하나님의 선민"이 되는 길을 열어 주셨습니다. 구약성경에 대한 이와 같은 "해석자"가 예수 그리스도이셨고, 그의 가르침을 따르는 최초의 사람들이 사도들이었습니다. 예수님이 하나님께서 보내신 독생자이시오, 그로 말미암아 만민이 선민이 된다는 예수님과 사도들의 가르침을 기록한 책이 "신약성경"입니다.

3) 이 신구약 성경이 다 "유대인" 속에서 "산출"되었습니다.

그러므로 사도들이 각 민족 속에 세운 교회는 "구약성경"과 예수님과 사도들에 의해서 산출된 "신약성경"을 경전(Canon)으로 받고 있습니다. "경전"이란 그 종교의 가르침의 표준이 된다는 말합니다. "기독교 종교" 해석에 있어서, Canon에 가감(加減)하지 말라는 것입니다. 이것이 종교개혁의 3대원리 가운데 하나인 오직 성경으로(sola scriptura)이었습니다. 사실 "성경"은 근본적으로 "하나님" 경험의 책입니다. "하나님 경험"에 있어서 성경을 산출한 구약 1800년 역사 속의 "선민"과 "신약"을 산출한 "예수님과 사도들"을 초월할 자가 어디 있습니까? "신구약 성경"을 경전으로 받아들이는 자세가 "기독교 종교" 해석의 "과학적 자세"임이 분명합니다. 따라서 Kant 이래로 자기 "이성"으로 성경을 비판하는 자세가 "비과학적"이며, 신앙과 교회를 파괴하는 용납할 수 없는 전통입니다.

4. 신구약 성경과 신조들

사도들이 세운 교회는 "사도신경을" 위시로 17세기에 이르기까지 많은 "신경", "신조", "신앙고백서"들을 산출하였습니다. 그리고 우리는 그것들이 성경을 해석하는 "기준"을 교회에 제시한 것으로 보고, 그 "기준"

에 따라 "기독교 종교"를 이해하고 가르칩니다. 개신교(Protestant Church)는 Luther와 Zwingli의 분열로 기독교 이해에 무슨 큰 차이를 나타내는 것 같이 보이나, Marsburg Colloquy(1529)에서 두 사람은 15개 조항 중 14개 1/2조항에 일치하였고, 나머지 반조항(半條項) 즉 "성찬에 있어서의 그리스도의 임재방식"(the Mode of Presence) 의 차이를 보였습니다. 이것은 사실 오늘의 세계에서 문제 삼을 꺼리도 안 됩니다. 그러나 당시에도 Melanchthon이 루터교 신앙고백서 Augusburg Confession(1530)의 수정판(몇 자 수정)을 냄으로 당시에 Calvin을 포함한 모든 개혁자들의 일치를 도출하였습니다. Calvin파와 Wesley파의 분열, 즉 Predestinarian파와 Arminian의 분열이 오늘의 세계에서도 크게 벌어지고 있으나[1], ACTS는 이 양자의 일치를 주장하고 있습니다. 그러므로 17세기까지 교회사 속에 산출된 각종 신조들은 "성경"을 이해하는 "기준"을 제시하며, 그 모든 신조들 사이에 근본적 일치를 보이고 있습니다.

문제는 Kant 이후 19세기, 20세기에 전 세계를 휩쓴 "자유주의 신학"의 영향으로 인한 "기독교이해"의 혼란입니다. 1846년 복음주의연맹(Evangelical Alliance)은 역시 바른 "기독교이해"의 기준을 제시하고 있습니다.

   (1) 성경의 권위. (2) 삼위 일체 하나님. (3) 인간의 전적 부패. (4) 하나님의 아들의 성육신과 만인을 위한 구속. (5) 믿음으로 말미암는 칭의. (6)성령의 성화의 역사. (7) 영혼 불멸과 몸의 부활과 예수그리스도의 최후심판. (8) 하나님께서 세우신 기독교 사역

---

1) Wesley는 "영국교회 39개조 신앙고백서"를 그대로 받아 드리고 있습니다. 이것은 Wesley가 위에 말한 "신앙고백서"들은 그대로 받아 드리고 있다는 것을 말합니다.

등입니다. 그러나 세계 기독교 안에서의 자유주의 신학의 팽창으로 인한 전통적 기독교의 가르침에 대한 불신앙의 풍조가 커짐에 따라, 미국 북장로교의 1910년 총회에서는 목사 안수 서약(the ordination vow)으로써, 아래와 같은 기독교의 "근본신앙조항"(the Fundamentals)에 대한 서약을 받기로 하였습니다.

(1) 성경무오 (2) 동정녀 탄생 (3) 제한구속 (4) 몸의 부활 (5) 이적의 역사성

이것은 이 신앙조항들이 신조 체계 속에서 중요해서가 아니고, 불신앙의 시대적 풍조를 막아 보려는 시도였습니다. 그러나 1937년 총회에서 폐지되고, 제가 미국에 신학 공부하려고 유학 간 1955년 당시에는 근본주의(Fundamentalists) 신학교는 전 신학계의 불과 2%정도 밖에 안 되며, 전 신학계가 자유화된 형편이었습니다. 그러나 1980년대 까지는 판세가 완전히 뒤바뀌어서, 과거의 미미하던 "복음주의" 신학교들이 최대 신학교들로서 등장한 것은, 역시 "기독교 종교"에 대한 바른 이해가 중요함을 입증합니다.

5. 신구약 성경과 Calvin과 Wesley

위에서 우리는 신구약 성경의 "참된 해석"을 "선민" 속에서 찾아야 하고, 둘째로 "신경, 신조, 신앙고백서" 등에서 찾아야 한다는 것을 분명히 하였습니다. 그러나 "신경, 신조, 신앙고백서" 등은 "신앙의 규칙"(regula fidei)들로써 "사도들의 신앙"을 계승하는 일은 사도들의 "후계자"들에서 찾아야 합니다. 그리하여 "속사도교부"(Apostolic Fathers)들의 중요성이 등장합니다. 이 분들은 "사도"들로부터 직접 "신앙"을 전수받은 교부들입니

다. Clement of Rome, Ignatius, Polycap 등등입니다. 그리고 하나님께서는 "사도"들의 신앙을 바르게 가르친 교회의 교부들(Church Fathers), 교사들(Doctors)을 허다히 보내주셨습니다. 그 중 우리는 Augustine, Luther, Calvin, Wesley를 꼽으려 합니다. 특히 ACTS에서는 Calvin과 Wesley의 "신앙"을 이어받으려 합니다. 오늘날 세계교회는 이 두 교사들을 놓고 양분 상태에 있습니다. 그러나 ACTS에서는 이 두 교사들 사이에 일치를 주장하고 있습니다. 이 두 교사가 다 예수님의 가르치신(눅 24:46-48) 십자가와 부활로 말미암는 "회개와 죄 사함"의 복음신앙에 있어서 완전한 일치를 보고 있습니다.

[결론]

Kant의 뒤를 따르는 "이성" 중심의 "성경해석"으로는 "참된 기독교 종교"가 잘 나타나지 않습니다. 우리는 "참된 기독교" 종교의 반응이 "선민의 역사" 속에서 가장 잘 나타난다는 것을 보았습니다. 특히 "예수님"의 구약해석에 있어서 "순수하고"(pura), "진정하게"(germana) 나타난다는 것을 보았습니다. 예수님의 가르침의 바른 전통을 "사도들"이 세웠고, 그들의 뒤를 따르는 "교부들"과 "교사들"을 우리는 "기독교 종교"의 바른 해석자들로 봅니다.

그 중 특히 Calvin과 Wesley의 "기독교 종교"를 ACTS에서는 일치하여 선양합니다.

2010년 3월 11일
한 철 하

제4부
순수하고 참된 기독교 종교를 세우는 신학

Ⅰ. 칼빈의 『강요』와 『주석』을 일관하는 기독교 종교
Ⅱ. 하늘의 심판대 : 기독교 종교의 기초
Ⅲ. 신앙의 목표
Ⅳ. 신앙이란 무엇입니까?

I. 칼빈의 『강요』와 『주석』을 일관하는 기독교 종교[1]

머리말

A. 칼빈의 『기독교 강요』에 나타난 칼빈의 관심: 순수하고 진정한 종교
  1. 제1권: 창조자 하나님(God the Creator)에 대한 지식에서 얻는 유익
  2. 제2권-제4권: 그리스도 안에서의 구속자 하나님(God the Redeemer in Christ)에 대한 지식에서 얻는 유익
     제2권
     제3권
     ① 그리스도의 은혜를 받는 방법
     ② 그리스도의 은혜를 받음으로 얻는 유익
     ③ 그리스도의 은혜를 받음으로 따르는 결과
     제4권
  3. 하나님에 대한 이중지식
  4. 『강요』전체의 도표
  5. 『강요』의 진리의 보편 타당성

B. 『강요』와 『성경』의 관계
  1. 독자에게 보내는 편지에 나타난 『강요』와 『성경』의 관계
  2. 예수님이 가르치신 『성경』의 내용이 『강요』의 내용과 일치

---

[1] 2009년 5월 13일 고신대학교 개혁주의학술원 "칼빈출생 500주년기념" 한국칼빈학술대회 발표논문

    3. 베드로가 가르친『성경』의 내용이『강요』의 내용과 일치

    4. 사도 바울이 가르친『성경』의 내용이『강요』의 내용과 일치

    5.『강요』초판에서 가르치는『성경』의 총괄과 목표

C. 칼빈이 이해한 성경

    1. 구약 : 율법과 선지자

    2. 율법과 복음

    3. 신약 : 복음사와 사도사

D.『성경주석』에 나타난 칼빈의『종교』의 핵심 교리 몇 가지

    1. 모세의 4경의 조화(Harmony)

    2. 메시야 예언 성구 : 스가랴 12:8

    3. 기독교 세계(a Christian World) 예언 : 이사야 2:2-4; 미가 4:1-5

        (1) 기독교 세계(a Christian World) 예언

        (2) 복음의 참 열매 : 형제 우애(미 4:3)

    4. 너희 원수를 사랑하라

    5. 양자의 영 : 로마서 8:15-17

맺는말

머리말

칼빈 신학의 근본 목적은 "순수하고 참된 종교"(pura germanaque religio)를 세우는데 있습니다. 『강요』 초두에 칼빈은 다음과 같이 말합니다.

> 참으로 종교나 경건이 없는 곳에서는, 정확히 말해서, 하나님을 알았다고 말할 수 없을 것이다.
> Indeed, we shall not say that, properly speaking, God is known where there is no religion or piety(I.2.1).

즉 칼빈은 "창조자 하나님에 대한 지식"을 논하고, "구속자 하나님에 대한 지식"을 논함에 있어서, 그 "지식"을 "종교"가 없는 곳에서 성립되었다고 할 수 없다는 것입니다. 한 마디로 말해서 신학교에서 구약신학, 신약신학 등을 아무리 논해도, 신학교 안에 "참된 기독교 종교"가 확립되지 않는다면, 그런 "신학"들이 성립되었다고 할 수 없다는 것입니다. 그리하여 칼빈은 『강요』를 쓰는데 있어서나, 성경을 『주석』하는데 있어서나, 전적으로 "종교"의 세계에 들어가서 "신앙"의 활동을 전개하는 방법을 사용합니다.

이것이 무슨 말인지 구체적인 예를 들어서 고찰하여 보겠습니다. 『강요』 III.3.1에서 칼빈은 "신앙"을 논한데 이어, "복음"은 "회개와 죄 사함"으로 이루어지는데, 이제 "회개"를 먼저 논해야 하겠는지, "죄 사함"으로 가야 하겠는지를 논하는 장면입니다. 여기서 우리가 주목하려는 것은 칼빈은 『신학』하는데 있어서, "용어"에 매이지 않고, "종교"의 "res ipsa"(사물자체)를 논한다는 것을 보고자 하는 것입니다. 칼빈이 "신앙론"에 이어서, "회개론"을 먼저 할 것인가, "죄 사함론"을 먼저 해야 할 것인가를 논하는 장면입니다. 여기서 "복음"이 "회개와 죄 사함"으로 이루어지기 때문에, 이 두 topic이 당연히 "신앙론" 다음에 따라야 한다는 것입니다. 그러나 칼빈은 이 두 용어, 즉 "회개"와 "죄 사함"이라는 말은 한번 언급하였을 뿐, "회개" 대신에 "삶의 새로워짐"(newness of life)이나, "거룩한 생활"(holiness of life) 등의 말을 사용하고 있습니다. 또한 "죄 사함" 대신에, "화해"(reconciliation), "칭의"(justification), "죄의 용서"(simple pardon), "의의 전가"(imputation of righteousness) 등이 사용되고 있습니다. 다시 말해서 칼빈에게는 "말"이 중요한 것이 아닙니다. "기독교 종교"의 내용이 중요합니다. "회개"하였다고 해서 하나님 앞에서 "삶의 새로움"(newness of life)을 얻지 못하면, 그것이 무슨 "회개"이며, 또 "삶의 새로움"(newness of life)이 "거룩한 삶"(holiness of life)으로 이어지지 않으면 무슨 소용이 있습니까?

"죄 사함"도 마찬가지입니다. 보혈로 "죄 사함" 받는 목적은 하나님께로부터 "화해"(reconciliation)를 얻기 위함이며, 이것은 "믿음으로 의롭다함"(justification by faith)을 얻음으로 되는 일이고, 하나님께서 우리에게 "단순히 용서하여"(simple pardon) 주시는 일이요, 이것은 "그리스도의 의를 우리에게 값없이 전가시켜 주시어서", "죄인이 의인으로" 나타나게 되도록 하는 일입니다. 칼빈은 "회개"나 "죄 사함"의 "말"에 매이지 않고, 하나님 앞에서 그리스도의 은혜의 각 부분을 논하고 있습니다. "회개"와 "새로운 삶"(newness of life)이나, "거룩한 삶"(holiness of life)은 같은 말이 아닙니다. "죄 사함", "화해"(reconciliation), "이신득의", "단순한 용서", "의의 전가" 등이 같은 말이 아닙니다. 말하자면, 칼빈은 "신학"함에 있어서 "말"에 매이지 않고, "종교" 안에 "사물자체"(res ipsa)들을 논합니다.

예를 한 곳 더 들겠습니다. 칼빈의 신명기 31:1의 『주석』을 보겠습니다.

"모세가 가서 온 이스라엘에게 이 말씀을 베푸니라"(신 31:1). 이 본문에 대하여 칼빈은 아래와 같이 『주석』합니다.

> 그리고 모세가 가서 이 말씀을 전하였다. 여기 "가서"란 말의 뜻은, "하나님께로부터 명령들을 받아서, 백성에게 그 명령을 전하려고 왔다"는 것이다. 여기서 우리가 알 수 있는 것은, 백성이 모세에게 마음의 자세를 바로 가지도록 경고를 받았다는 것이다. 또한 백성은 이 말씀들을 하나님 자신의 입에서 들어야 하였다. 그리고 그 말씀들은 결코 즐거운 말씀이 아니고, 잔인한 위협과, 준엄한 책망의 말씀들이었다는 것이다.

본문은 "모세가 가서 온 이스라엘에게 이 말씀을 베푸니라"입니다. 여기서 칼빈은 본문에 매이지 않고, 본문에는 나타나 있지 않는 네 가지를, 본문 주석으로 제시합니다. 첫째로, 모세가 하나님께로부터 명령을 받아 백성에게 전하는 일을 말합니다. 둘째로, 모세는 적절한 기회에(in good times) 백성에게 마음의 자세를 바로 가지도록(sensibly disposed) 경고하였을(warn) 것이라는 것입니다. 셋째로, 백성들은 하나님 자신의 입에서, 이 말씀들을 들을 필요가 있다(it was necessary that the people should hear from his own mouth these addresses)는 것입니다. 넷째로, 이 말씀들은 결코 즐겁게 하여 주는 말씀들이 아니고, 잔인한 위협과 준엄한 책망의 말씀들이었다는 것입니다(which were by no means gratifying, as being full both of cruel threats and severe reproaches). 저 본문 속에는 이 네 가지 내용들이 포함되어 있지 않습니다. 그러나 이 네 가지 일들이 일어나지 않는다면, "모세가 백성에게 가서 말씀을 베푸니라"고 한 말이 아무 소용이 없게 됩니다. 그러므로 칼빈은 "성경본문"에 매이지 않고, "종교의 세계" 속에서, 저 모든 사실들을 보충할 필요가 있었던 것입니다.

여기서 우리는 중대한 사실을 배웁니다. 오늘날 세계 신학계는 칸트 이래로 19세기, 20세기에 발전하여 온 "서양신학"이 "진정한 기독교 종교를 세우는 신학인가?"를 검토해야 한다는 것입니다. 칸트는 "단순한 이성의 한계 안에서"(in der Grenzen der blossen Vernunft) "종교"를 논하였습니다. 가장 핵심적 역할을 하는 "신앙"을 "종교"에서 빼앗아 버렸습니다. 그리하여 "자기의 이성의 한계 안에 들어오는 진리개념"들을 중심으로 "기독교 종교를 재구성"하는 이성종교(Vernunftsreligion)체계들을 만들어 내었던 것입니다(ACTS Theological Journal, vol. 1, pp. 125-126 참조). 이와 같이하여 칸트 직전까지, 웨슬리(Wesley)[1]가 힘써 전하였던 칼빈의 "참된 기독교 종교"(vera germanaque religio)는 사라지고 오늘날 우리가 보는 서양교회의 참상(慘狀)이 벌어졌던 것입니다.

여기서 간곡히 한국의 신학도들에게 권하는 것은, "우리는 서양신학의 참상을 되풀이 하지말자"는 이 한 마디입니다. 그리고 우리 "신학교들" 안에, 칼빈과 웨슬리가 전하여 준, "참 기독교 종교"를 세우도록 하여 주십사 하는 것입니다.

나는 이 논문에서 "신학의 과학적 방법"에 대해서 논하지 않겠습니다. 이미 오래 전에 합동신학교에서 한 차례 강연하였고(1998년), 새 천년을 맞으면서 한국복음주의 신학회에서 또 한 번 발표하였습니다(1999년). "과학적 신학"(Wissenschaftliche Theologie)이란 말은 바르트(Barth)가 시작한 말입니다. 19세기 신학은 의식신학(意識神學, Bewusstseinstheologie)이기 때문에 "과학적"이 되지못하고, 자기의 "말씀의 신학"만이 "과학적"이란 것입

---

[1] 웨슬리는 1791년에 사망. 그리고 칸트의 주요 저서 "순수이성비판"은 1781년, "실천이성비판"은 1788년, "판단력비판"은 1790년, "단순한 이성의 한계 안에서의 종교"의 첫 부분을 1792년에 출판.

니다. 여기서 "과학적"(wissenschaftliche)이라는말은, 신학이 그 대상을 바로 세웠다는 뜻에서입니다. 그러나 바르트뿐만 아니라, 서양신학이 과학적이 되지 못하는 이유는 신학의 대상 문제뿐만 아니고, 신학의 방법에도 문제가 있습니다. 위에 지적한대로 기독교를 어떤 특수개념으로 환원하는 환원주의(還元主義, reductionism)에 문제가 있는 것입니다. Barth도 기독교 종교를 "말씀"이란 하나의 중심개념(Key-idea)으로 환원함으로써, 기독교 종교의 변질을 초래하기 때문에, 동일한 오류를 범하고 있습니다. 그러므로 바르트는 자기신학을 과학적 신학이라고 자랑하나 그의 신학의 방법이 "기독교 종교"를 왜곡시킴으로 "과학적"이라고 할 수 없습니다. 바르트신학이 "과학적"이지 못하는 실례가 수없이 많으나, 한 가지 예만 든다면 "성경"의 모든 말씀의 진리성을 인정치 않는 점입니다. 여기에 신학의 "대상"문제가 예리하게 나타납니다. 말하자면 기독교 종교의 입문부터 바르트 신학과는 결별할 수밖에 없습니다.

"칼빈『강요』와『주석』을 일관하는 기독교 종교"를 고찰함에 있어서 아래와 같이 진행코자 합니다.
 ①『강요』즉 "Institutio Christianae Religionis"(기독교 종교에 대한 가르침)이 무슨 목적으로 저술되었고, 그 내용이 무엇인지를 고찰하고,
 ② 칼빈은『강요』를『성경』을 이해하고 유익을 얻는데, 도움을 주기 위해서 서술하였다고 함으로,『강요』와『성경』의 관계를 분명히 하고,
 ③ 구약에 있어서 "율법"과 "예언", "신약"에 있어서 "복음사(福音史)와 사도사(使徒史)"를 일관하는 주제는, 하나님의 "자비의 언약"(covenant of mercy)이며, 모든 언약을 예수 그리스도를 통해서 성취하여 주신다는 것임을 분명히 함.
 ④ "성경주석"에 나타난 칼빈의 "종교"의 핵심 교리 몇 가지.

A. 칼빈의 『기독교 강요』에 나타난 칼빈의 관심: 순수하고 진정한 종교

실로 이것이 순수하고 참된 종교이다. 물론 그것은 신앙이다.[1] 하나님에 대한 진지한 두려움과 결합된 신앙이다. 이 두려움은 자발적인 경외가 자기 속에 결합되어 있다. 그리하여 그와 같은 두려움은 율법에 명시된 합당한 경배를 드리게 한다.

En quid sit pura germanaque religio, nempe fides cum serio Dei timore coniuncta: ut timor et voluntariam reverentiam in se contineat, et secum trahat legitimum cultum qualis in Lege praescribitur(I.2.2).

Here indeed is pure and real religion: faith so joined with an earnest fear of God that this fear also embraces willing reverence, and carries with it such legitimate worship as is prescribed in the Law.

머리말에서 말한 것과 같이 칼빈의 전 관심은 "순수하고 참된 종교"를 수립하는데 있습니다. 그의 『강요』의 제목이 "기독교 종교에 대한 가르침"입니다. 그는 『강요』에 "기독교 종교의 총괄과 그 각 부분을 질서있게 배열하였다"고 말합니다.

내가 믿기로는 나는 종교의 총괄과 그 각 부분을 다 포괄하였고, 그리고 그 각 부분들을 제 질서대로 배열하였다고 본다.

그러므로 『강요』에는 기독교 종교의 "총괄"(summa)과 "그 각 부분"(pars)

---

[1] 여기서 칼빈이 "경외"와 결합된 "신앙"이라고 할 때, 하나님에 대한 "사랑" 또는 "의지하는 신앙"을 말한다. "나는 경건을 하나님의 선하심에 대한 지식에서 우러나오는 하나님에 대한 사랑과 결합된 경외라고 한다"("I call 'piety' that reverence joined with love of God which the knowledge of his benefits includes", I. 2.1).

이 다 포함되어 있고, 또한 그 각 부분이 각각의 위치에 잘 배열되어 있습니다. 그러므로 이제 『강요』에 총괄 배열된 "기독교 종교"를 간략하게 고찰하겠습니다.

칼빈의 『강요』가 가르치는 기독교 종교는 크게 두 부분으로 나눌 수 있습니다.
제1권 : 창조자 하나님에 대한 지식
제2권-제4권 : 구속자 하나님께서 그리스도 안에서 성취하신 "그리스도의 구속의 은혜"(제2권)를, 교회의 말씀과 성례의 사역(제4권)을 통하여 믿음으로 말미암는 구원과 영원한 복락을 누리게 하신다는 지식(제3권).
이 두 부분을 간략하게 설명하겠습니다.

1. 제1권: 창조자 하나님(God the Creator)에 대한 지식에서 얻는 유익

창조자 하나님께서 창세기 1장의 "창조의 역사"(the history of creation)대로, "하늘"과 "땅"을 창조하시고, 하늘에서는 천사들로 하나님을 찬송하고 시종 들게 하시고, 땅에서는 인간들로 땅위에 모든 것을 다스리게 하셨습니다. 그리고 이 대우주를 전체에 있어서나 그 각 부분에 있어서, "그의 능력과 지혜와 선하심"으로 운영하심으로 누구든지 눈을 뜨면, "하나님의 영원한 능력과 신성"을 분명히 알게 하시었습니다(롬 1:20, Inst I.14.20-22), 따라서 우리는 아침저녁으로 우리 눈앞에 펼치어있는 꽃들이나, 새들이나, 해와 달과, 별들을 볼 때, "자연"만 볼 것이 아니고, 그것들을 "만드신 자"(Maker)의 능력과 지혜를 보아야 하고, 특히 그의 "선하심"에 감사하며,

더 높이 그의 영광을 찬송하기에 이르러야 합니다.

칼빈의 Olivetan 신약성경 서문에 나타난, 피조계의 묘사는 참으로 하나님의 "능력"과 "지혜"와 "선하심"을 잘 나타냅니다.

> 모든 피조물들은 저 궁창에 있는 것들로부터, 지구 한 가운데 있는 것들까지, 모든 사람에게 하나님의 영광의 증거자들이요, 전령들로 역사하여, 먼저 하나님을 찾게 하고, 그를 발견한 후에는, 그에 대하여 생각하게 하고, 그의 존엄하심에 합당한 경배를 올리게 한다. 영원하신 주께서는 한없이 선하시며, 능력이 크시며, 지혜가 많으시다. 노래하는 작은 새들은 하나님을 노래하며, 짐승들은 하나님을 찾아 소리지른다. 모든 원소들이 하나님을 두려워하며, 산들은 하나님을 산울림한다. 흐르는 물들은 하나님을 바라보며, 풀과 꽃은 그를 향하여 미소 짓는다. 참으로 긴 탐구가 필요 없으니, 모든 사람이 자신 속에서 그를 찾을 수 있다. 왜냐하면 우리 모두가, 우리 안에 있는, 그의 능력으로 지탱되고, 보존되기 때문이다("Preface to Olivetan's NT." LCC, vol. 23, 59).

또한 "섭리"(Providence)의 교리(I.5.7-10; 16-17)에서도 우리는 큰 은혜를 받습니다. "섭리의 교리"는, 우리가 매일 매일, 아니 매순간, 우리가 당하는 일이, 하나님께서 주시는 일로, 그에게서 받게 합니다. 내가 당하는 "어려운 일들"(adversity)도 하나님께 받고, 내게 "모든 일들을 잘되게 하심"도 하나님의 선하심에서 받고 감사가 넘치게 됩니다. "어려움"을 당할 때, 특히 우리는 하나님의 인자하심을 잊어서는 안 됩니다. 결국 그의 "인자하심"이, 결국에는 우리를 행복으로 이끌어 갈 것을 잊어서는 아니 됩니다.

> 나는 오직 주의 인자하심을 의뢰하였사오니 내 마음은 주의 구원을 기뻐하리이다. 내가 여호와를 찬송하리니 이는 나를 후대하심이로다(시 13:5-6).

하나님의 인간사회의 통치(administering human society)는 오늘날 신문지상에 보도되는 우리 사회 속에서 봅니다. 또한 인류의 역사 전체 속에서 우리는 하나님의 섭리의 손을 봅니다. 첫째로, 전 세계 인류와 우리 국가 사회에 베푸시는 무수한 종류의 일반 은총(common grace)이 하나님의 선물입니다. 또한 인간 한 사람 한 사람을 향하신, "그의 선인에 대한 선대하심"(piis suam clementiam)과, "악인에 대한 그의 준엄하심"(improbus severitatem)을 나타내시는 그의 섭리를 봅니다. 칼빈은 아래와 같이 잘 요약하여 설명합니다.

> 하나님의 둘째 종류의 역사(役事, the second kind of works), 즉 자연의 통상적인 진행 과정의 밖에서 일어나는 역사에 있어서도, 하나님의 권능에 대한 증거는 자연에서 나타난 바와 동일하다. 왜냐하면 하나님이 인간사회를 다스리심에 있어서, 그의 섭리를 사용하시어, 만인에게 무수한 방법으로, 자비와 은혜를 보이시지만, 명백한 매일매일의 표시를 통해 의인에게는 관대하시고, 악하고 죄를 범하는 자들에게는 준엄하심을 나타내시기 때문이다(I.5.7).

그러나 악인들이 즉석에서 다 벌 받고, 선인들이 즉석에서 다 상 받는 것은 아닙니다. 칼빈은 이 문제에 대해서 어거스틴의 다음의 말을 인용합니다.

> 만일 지금 모든 죄가 공개적으로 징벌을 받게 된다면, 최후심판을 위해 남겨놓은 죄가 하나도 없을 것이다. 또한 지금 하나님께서 아무런 죄도 공개적으로 벌하시지 않는다면, 사람들이 하나님의 섭리가 없다고 믿을 것이다(I.5.10).

칼빈은 섭리의 교리의 유익을 아래와 같이 요약합니다.

> 섭리의 지식에서 반드시 얻는 유익은 번영할 때 감사함을, 역경속에서는 인내를, 미래에 대한 우려에서 놀라운 자유를 얻는다는 것이다(I.17.7).

2. 제2권-제4권: 그리스도 안에서의 구속자 하나님(God the Redeemer in Christ)에 대한 지식에서 얻는 유익

제2권: 그리스도 안에서 구속자 하나님에 대한 지식

『강요』 제2권의 중심은 기독론(基督論)입니다. 그것은 그리스도의 성육신(成肉身)과 그의 죽으심과 부활과 승천의 생애를 통한 구속 사업으로 이루어집니다. 그것은 먼저 율법 아래서 조상들에게 계시되었고, 복음 안에서 우리들에게도 계시되었습니다. 그리스도께서는 성육신하심으로, "본성상"(by nature) 하나님의 아들들이 아닌 우리 인간을 은혜로서(by grace) 하나님의 아들들이 되게 하셨습니다.

> 하나님의 아들이 사람의 아들이 되시어, 본래 그 자신의 것을 우리에게 나누어 주시고, 또한 본성상 자신의 것 즉 하나님의 아들의 신분을 은혜로 말미암아 우리의 것으로 만들어 주시었다.
> The Son of God become the Son of man, to impart what was his to us, and to make what was his by nature ours by grace(II.12.2).

그리하여 천국 호적에 우리 이름을 올릴 길을 열어주셨습니다.
그러나 죄 덩어리가 어떻게 의인의 나라에 들어갈 수 있겠습니까? 그런데 중보자께서는 세 가지 중보의 직분, 예언자, 왕 제사장의 세 가지 직분을(II.15) 십자가와 부활과 승천의 생애로(II.16) 완수하셨습니다. 이제 죄로 저주 받아, 영멸에 처한 우리는 의와 해방과 생명과 구원을 오직 그에게서 찾을 길이 열렸습니다. 그리하여 사도 베드로는 선언하였습니다. "다른 이로서는 구원을 얻을 수 없나니 천하 인간에 구원을 얻을만한 다른 이름을 우리에게 주신일이 없음이라"(행 4:12).

> 우리들 자신으로서는 정죄를 받고, 죽었고, 멸한바 되었으므로, 베드로의 "천하 인간에 구원을 얻을만한 다른 이름을 우리에게 주신 일이 없음이니라"라는 유명한 말씀이 가르쳐 주는 바와 같이, 의와 자유와 생명과 구원을, 그에게서만 구해야 한다(II.16.1).

제3권: 우리가 그리스도의 은혜를 받는 방법: 그리스도의 은혜를 받음으로 우리에게 오는 유익과 결과

예수께서는 약 2천 년 전에, Palestine에서, 인류 구원의 크신 사업을 성취하셨습니다(redemption accomplished). 그것이 오늘날 우리에게 어떻게 적용될 수 있습니까?(redemption applied).

칼빈『강요』제3권의 제목이 그것을 잘 설명하여 줍니다. 그것은 세 가지로 됩니다.

① 그리스도의 은혜를 받는 방법
② 그리스도의 은혜를 받음으로 어떤 유익이 오나?
③ 그로부터 어떤 결과가 나타나나?

칼빈은 이 첫 두 가지, 즉 방법과 유익을, 제3권 첫 페이지에서 거의 다 설명합니다.

① **그리스도의 은혜를 받는 방법**(III.1.1)
  (1) 그리스도께서 우리 밖에 계시는 한, 그가 인류 구원을 위하여 고난 받으시고, 행하신 일들이, 우리에게는 무용하게 되어 버린다. 그리하여 그리스도께서 우리 안에 들어오셔서, 우리 것이 되어야, 아버지께 받은 것을 우리에게 나누어 주실 수가 있다.
  (2) 그러므로
    (i) 우리는 그리스도와 한 몸을 이루어(롬 11:17),
    (ii) 그리스도는 우리의 머리가 되셔야 하고, 우리는 그의 지체이고(엡 4:15), 또한
    (iii) 그는 많은 형제 중에 맏아들로서(롬 8:29), 우리는 그의 형상을 이루어야 한다(갈 3:27).
  (3) 그러나 이 모든 것이 오직 믿음으로 이루어진다.
  (4) 그리고 "믿음은 들음에서 오기" 때문에, 복음의 말씀을 들어야 한다. 이 일은 사실 제4권, 교회의 "말씀사역"에 관련된다.
  (5) 이와 같은 그리스도와의 연합과 교제(union and communion with Christ)가 누구에게나 허락되는 것이 아니기 때문에 우리는 더 높이 올라가, "성령의 은밀한 역사"(the secret energy of the Spirit)까지 이르러야 한다. "그리스도와 그가 주시는 모든 유익"(Christ and all his benefits)을 우리가 누리기 위해서는 위의 다섯 가지 일(the way)이 우리에게 이루어져야 한다.

② **그리스도의 은혜를 받음으로 얻는 유익**(fructus, III.I.I)
  "그리스도의 은혜"(the grace of Christ)를 받음으로, 어떤 유익이 오나?
  (1) 아버지께서 그의 독생자에게 의탁하신 "모든 좋은 것들"(bona)은 그리스도의 개인적 사용을 위한 것이 아니고, 가난하고 곤궁에

빠진 인간들을 부요케 하기 위함이다.

(2) 그리스도께서는 고난 받으시고 행하신 모든 것을 통하여 인류를 구원하시어, 영원한 복락에 참여케 하셨다.

(3) 그리하여 우리는 위의 다섯 가지 방법으로 "그리스도와 그의 모든 유익"(Christ and all his benefits)을 즐길 수 있다(fruamur).

③ 그리스도의 은혜를 받음으로 따르는 결과(effectus, III.3-9)

칼빈은 제3권의 큰 부분(III.3-9)을 그리스도의 은혜를 받음으로 따르는 "결과"를 논하는데 할애합니다. 이것은 "유익"에 대해서는 불과 몇 줄을 쓴 것과 대조적입니다(III.1.1). "결과"(effectus)란 우리가 받는 "구원"을 말합니다. "유익"(fructus)은 "구원"받아 영원히 누릴 "하늘나라의 복락"을 말합니다. 그 중요성에서는 사실 비교가 안 됩니다.

칼빈은 "구원"이 "복음"을 "믿음"으로 되는 일임을 분명히 합니다. 제4권 초두에 제3권을 잘 요약합니다.

> 전 권에서 설명한 바와 같이 복음신앙으로 그리스도께서 우리 것이 되고, 우리는 그가 가져다주시는 구원과 영원한 복락에 참여자가 된다.
> As explained in the previous book, it is by the faith in the gospel that Christ becomes ours and we are made partakers of the salvation and eternal blessedness brought by him(IV.1.1).

이 짧은 한 문장 속에서 칼빈은 제3권을 요약하고 있습니다. (1) 복음신앙으로 "그리스도의 은혜"를 받습니다. (2) 그리스도의 은혜를 받는 방법은 그리스도가 우리의 것이 됨으로써입니다. (3) 그 결과는 "구원"입니다.

(4) 그 유익은 영원한 복락입니다. 이와 같이 "복음신앙"으로 우리가 구원을 얻는데, 복음은 "회개"와 "죄 사함"으로 이루어집니다(the sum of the gospel is held to consists in repentance and forgiveness of sins. Lk 24:47; Acts 5:31). 칼빈은 제3장에서 제10장까지 "회개"에 대해서 먼저 논합니다. 이어서 제11장부터 제18장에서 "죄 사함"에 대해서 논합니다. 그러나 기독교 종교 안에 영적 순서는 "죄 사함"이 앞섭니다. 사실 "복음"은 "죄 사함"의 소식입니다. 그리스도께서 우리의 모든 죄를 대속하여 주셨다는 기쁜 소식이 복음입니다. 부활하신 예수께서 제자들에게, 성령을 부어주시고, 선교과 송하실 때, "너희가 뉘 죄든지 사하면 사하여질 것이요, 뉘 죄든지 그대로 두면 그대로 있으리라"(요 20:21-23)고 하십니다. 그러나 칼빈은 "죄 사함" 받고, "회개"가 따르지 않는 일이 있어서는 아니 된다고 강조합니다.

> 복음 설교를 통해서 "죄 사함"을 주시는 목적은, 죄인이 사단의 폭정(tyranny of Satan)과, 죄의 멍에(the yoke of sin)와, 악의 비참한 사슬(the miserable bondage of vices)에서 해방되어, 하나님의 나라(the Kingdom of God)로 들어가기 위함이다. 그러나 이제까지 살아온 잘못된 삶을 버리고, 바른 길로 들어오지 않고, 복음의 은혜를 받는다는 것은, 허락되지 않기 때문에, 우리는 힘을 다해서 회개를 실천해야한다(applying his whole effort to the practice of repentance, III. 3.1).

칼빈은 여기서 "회개"는 "신생"(newness of life)을 동반해야 하고, 또 "거룩한 생활"(holiness of life)을 동반해야 함을 명시합니다. 궁극의 목적은, 하나님께서 저들을 거룩하게 구별하시어(consecrate them to himself), "성화"(sanctification)의 은혜를 베푸시어 천국으로 들어감을 얻게 하는데 있습니다. "죄 사함"도 마찬가지입니다. "죄 사함"을 받는 목적은 하나님께 "화목함"(reconciliation)을 얻기 위함입니다.

그러나 "의롭다함"을 얻기 전에 "화목함"을 얻지 못합니다. "화목함"을 얻은 자는 죄악 세상에 내버려두지 아니 하십니다. "성화"의 은혜로 육신의 허물을 완전히 벗기시어 천국으로 영접하십니다. 이것을 도표로 하면 다음과 같습니다.

칼빈의 『강요』의 구원의 질서(Ordo Salutis)

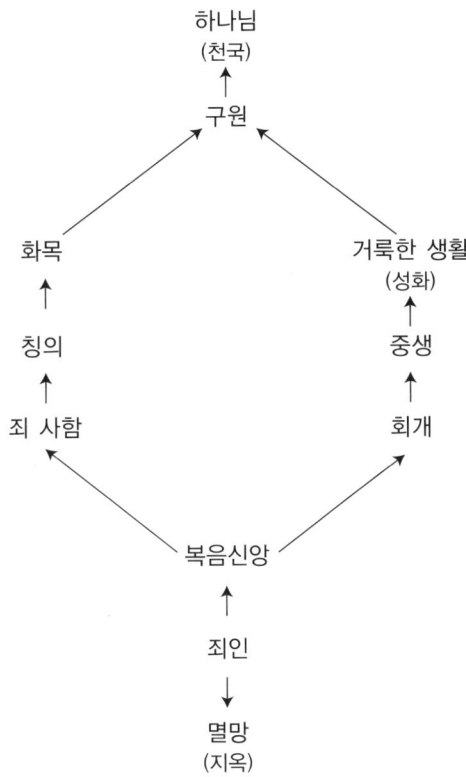

제4권: 그리스도의 구속의 은혜의 외적 수단-교회

위에서 본대로 그리스도의 은혜를 받는 "유익"이든, "결과"든, 모두 "복음신앙"으로 말미암습니다. 그런데 우리의 "무지"(ignorance)와 "나태"(sloth)와 "변덕"(fickleness) 때문에 "믿음"을 우리 마음속에 출생케 하고, 증대케 하여, 그 목표에까지 도달케 하기 위해서는 외적 도움이 필요하다 (we need outward helps to beget and increase faith within us, and advance it to its goal)고 합니다. "믿음"이란 "사도신경"을 고백하는 것인데, "낳는다"(beget)든가, "증대케하다"(increase)든가, "전진케하다"(advance)등은 무슨 뜻인가 생각할지 모릅니다. "사도신경"을 마음속에 아무 느낌도 없이 입으로만 외울 수 있습니다. 칼빈은 하나님을 말로만 고백하고 사실적으로 부인하는 자들을 신자로 보지 않습니다.(Inst. III. 14.1) 사실, 사도 신경은 마귀도 고백하기 때문에, "하나님을 나의 하나님으로 알고, 그만을 의지하고, 모든 필요한 것을 그에게만 구하여 얻는 신앙"을 참 신앙으로 봅니다. (강요 초판 II, 2) 그러므로 참 신앙이 우리 마음속에 생겨나야 하고, 그것이 "증대"해야 합니다. 그렇기 위해서는 교회에서 목사님의 도움이 필요합니다.

칼빈의 "교회론"은 "보이는 교회"(visible church)에 대해서입니다. "보이지 않는 교회"(invisible church)에 대해서는 단 두 절(IV.1:2,7) 뿐입니다. 그러면 "불가견 교회"(all God's elects, in whose number are also included the dead) 는 중요치 않아서 "가견 교회"(the whole multitude of men who profess to worship one God and Christ)에 대해서만 취급합니까? 제목 자체가 벌써 "외적 수단, 또는 보조자"(De Externis Mediis vel Adminiculis)입니다. 그러나 내용적으로 볼 때 "보이지 않는 일"들에 대해서입니다. 칼빈은 아래와 같은 주제들을 논해야 하겠다고 합니다.

"우리의 강론 계획에 따라 논할 주제들은 교회(Church)와, 교회 정치(Government), 직분(order), 권능(power), 성례(sacraments), 국가(civil order) 등

이다"(IV.1.1). 여기서 제일 중요한 보이지 아니하는 영적 사실(res ipsa)은 저 모든 것을 통해서 일하시는 "그리스도의 왕국"(Christ's Kingdom)입니다. 그리스도께서는 교회의 머리(the Head of the Church)로서 각종 "치리회"를 통하여 "직분"들을 세우시고, 특히 "목사와 교사"(pastor et doctor)들을 통하여 "말씀과 성례"를 베풀게 하십니다. "말씀과 성례"는 성도를 그리스도에게로 이끌어 "그리스도의 은총"에 참여케 하는데 그 목적이 있습니다. 그리고 칼빈에 있어서 "국가"의 목적은 첫째로, "교회를 보호하는 일"로 보고, 또한 "국민의 복지를 증진하는 일"로 봅니다.

이와 같이 볼 때 칼빈의 『강요』 둘째 부분(구속자 하나님의 하시는 일, 제2권-제4권)은 "그리스도의 구속의 은혜"가 중심에 섭니다. 제2권에서 "구속을 완수하시고"(redemption accomplished), 제4권의 "외적 수단"(external means)을 통하여, 제3권의 "구속을 적용하심에 있어"(redemption applied), 죄인을 부르시어, "죄 사함과 회개"를 허락하시고, "성화"를 이루시어, 천국으로 영접하십니다.

3. 하나님에 대한 이중지식(duplex cognitio Dei)

우리는 먼저 "창조자 하나님에 대한 지식"을 논하였고(제1권), 그리고 "구속자 하나님에 대한 지식"을 논하였습니다(제2권-제4권). 이제 하나님에 대한 이 두 가지 지식, 즉 "하나님에 대한 이중지식"(duplex cognition Dei, two-fold knowledge of God)에 대한 칼빈의 설명[1]을 보기로 하겠습니다(참조, I.6.1; I.10.1).

---

1) I, 6:1; 10:1 참조

인류의 파멸상태에서, 중보자이신 그리스도께서 하나님을 우리에게 화목시키지 않는 한, 하나님을 아버지로 알거나, 구원의 창시자로 알거나, 또한 어떤 면에 있어서도 하나님께서 우리에게 호의를 가지시는 것을 경험하는 사람은 아무도 없을 것이다. 여기서 창조자이신 하나님께서 그의 권능으로 우리를 붙들어 주시며, 그의 섭리로 우리를 다스리시며, 그의 선하심으로 우리를 양육하시며, 모든 종류의 축복으로 우리를 돌보신다는 것은, 창조자 하나님에 대한 지식에 속한다. 그런데 그리스도 안에서 우리에게 주시는 화목의 은혜를 우리가 받아들이는 것은 구속자 하나님의 지식에 속한다. 하나님은 먼저 우주의 창조와 성경의 일반적인 교훈에서 자신을 창조자로 나타내신다. 다음으로 그리스도의 얼굴을 통해(고후 4:6) 자신을 구속자로 보여주셨다. 여기에서 하나님에 대한 이중지식이 나온다(I.2.1).

이 짧은 글 속에 사실상 칼빈은 기독교 종교의 전체를 총괄하고 있습니다. 하나님께서는 창조자 하나님으로서 우주를 조성하시어 그 안에서 우리를 살게 하시고, 그의 능력으로 우리를 붙드시고, 그의 섭리로 우리를 다스리시고, 그의 선하심으로 우리를 양육하시고, 모든 종류의 축복으로 우리를 돌보십니다. 그러나 아담 이래로 온 인류는 한 사람도 예외 없이 다 아담의 타락에 참여하여, 죄와 사망 가운데서 살고 있습니다. 그러므로 하나님의 진노의 심판으로 멸망의 실재성과 보편성(the reality and universality of perdition)을 피할 길이 없게 되었습니다. 이것을 칼빈은 한 마디로 "인류의 파멸 속에서"(In this ruin of mankind)라고 총괄하고 있습니다.

그러나 하나님께서는 구속자 하나님으로서, 그의 그리스도의 중보로 말미암아 우리를 자기와 화목하게 하시사, 우리의 하늘 아버지가 되어 주시고, 우리를 구속하여 주시고, 우리를 향하신 그의 선하신 뜻(erga nos benevolentia)을 나타내시었습니다. 그리하여 우리는 같은 하나님께서 우리의 창조자도 되시고, 또 우리의 구속자도 됨을 알 수 있습니다.

유일하신 참 하나님에 대한 이와 같은 이중지식이 성경에서는 언제나 아름답게 조화되어 있습니다. 예를 들면,

① 야곱아 너를 창조하신 여호와께서 이제 말씀하시느니라 이스라엘아 너를 조성하신자가 이제 말씀하시느니라 너는 두려워말라 내가 너를 구속하였고 내가 너를 지명하여 불렀나니 너는 내 것이라
② 네가 물 가운데로 지날 때에 내가 함께 할 것이라 강을 건널 때에 물이 너를 침몰치 못할 것이며 네가 불 가운데로 행할 때에 타지도 아니할 것이요 불꽃이 너를 사르지도 못하리니
③ 대저 나는 여호와 네 하나님이요 이스라엘의 거룩한 자요 네 구원자임이라(사 43:1-3).

우리의 구속자 하나님께서 창조자가 아니시라면 무슨 능력이 있습니까? 우리의 창조자 하나님께서 우리의 구속자 하나님이 아니시라면 우리 마음속에 하나님의 사랑이 부은바 되지 못합니다. 그러므로 우리는 우리 눈앞에 나무 한 그루를 볼 때 창조자 하나님의 "능력과 지혜와 선하심"을 보아야 하며, 더 나아가서 바로 그 하나님께서 우리의 구속자 하나님이 되심을 상기해야 합니다. 그때에 더욱 감사함으로 넘치게 되고 그의 은혜에 영광을 찬송하지 않을 수 없게 됩니다(엡 1:6). 기독교 종교는 참으로 좋은 종교입니다.

4. 『강요』전체의 도표

칼빈은 "강요"에서 기독교 종교의 총괄(summa)과 부분들(pars)을 그 순서대로 배열하였다고 하였습니다(religionis summam omnibus partibus sic mihi complexus esse videor, et eoquoque ordine diggessisse).

이제 강요 전체를 도표화 하겠습니다.

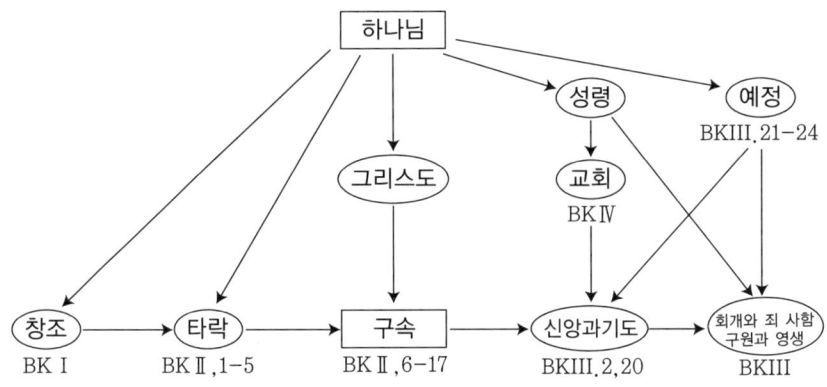

5. 『강요』의 진리의 보편타당성: 사람의 외모를 취하지 아니하시는 하나님

"하나님은 사람의 외모를 취하지 아니하시고 각 나라중 하나님을 경외하며 의를 행하는 사람은 하나님이 받으시는 줄 깨달았도다"(행 10:34-35). "강요"의 진리는 남녀노소, 인종, 직종에 상관없이 모든 사람에게 적용되는 진리입니다. 하나님께서는 그 외모와는 무관하게 오직 "의로운가, 불의한가" 이 한 가지만 보십니다. 가령 "대통령"이나 "환경미화원"이나 그 직종과는 무관하게 그 직분을 "의롭게" 수행하는가 "불의하게" 수행하느냐만 보십시오. 그리하여 결국에는"의인들은 자기 아버지 나라에서 해와 같이 빛나게 될 것이고"(마 13:43), "불법을 행하는 자들을 거두어 내어 풀무불에 던져 넣으리니 거기서 울며 이를 갈을 것"입니다(마 13:42). 하나님께서 오늘에도 한 사람 한 사람의 중심을 보십니다. 먼저 "진실한가", "거짓으로" 가득차 있는가를 보십니다. 물론 "의로운가", "불의"한 가를 보십니다. 무엇보다도 "착한가", "악한가"를 보십니다. 하나님께서는 우리 한 사람 한 사람이 아들의 형상을 입고 영광으로 들어가게 되기를 원하십니다.

B. 『기독교 강요』와 『성경』의 관계

1. 독자에게 보내는 편지에 나타난 『강요』와 『성경』의 관계

칼빈은 『강요』를 저술하는 목적을 『성경』을 읽는데 도움을 주기 위함이라 합니다. 말하자면 『강요』가 목적이 아니고, 『성경』에 목적을 둡니다. "성경은 완전한 가르침(a perfect doctrine)을 베풂으로 거기에 조금이라도 첨가해서는 아니되며, 하나님의 지혜의 무한한 보화를 전시한다"(p. 6). "그러나 성경 속에서 무엇을 찾아야 하고, 또 성령께서 부르시는 목표를 향하여 곧바로 전진하기 위해서는 어떤 안내가 필요하다"고 합니다. 즉, 『강요』는 ① 성경 속에서 무엇을 찾아야 할지를 알려주고, ② 성령께서 우리를 부르시는 목표, 즉 거듭나서 하늘나라로 들어가는 목표를 향하여 곧바로 전진하도록, "안내와 방향"(some guidance and direction)을 주는 역할을 한다는 것입니다(p. 6).

칼빈은 『강요』에서 "기독교 종교에 관련된 모든 조항들(all the articles)을 상세히 취급하였다"(p. 7)고 합니다. 사실 "창조"와 "구속"에 관련되는 모든 교리를 상세히 취급하였음을 봅니다. "종교의 총괄(summa)과 그 모든 부분(pars)들을 다 포괄하였고, 또 각각 그 제 위치에 배열하였다"(p. 4)고 합니다. 우리는 위에서 『강요』의 내용을 총괄하였습니다. 첫째로, "창조자 하나님에 대한 지식에서 얻는 유익"을 논하였습니다. 그러나 칼빈은 "그리스도 안에서의 구속자 하나님에 대한 지식에서 얻는 유익"을 기독교 종교의 주요 부분으로 삼고 있습니다. 제2권에서 제4권까지의 내용이 거의 "구속자 하나님"에 대한 것입니다. 그 내용을 한 마디로 요약하면, 하나님께서 그리스도를 통하여 성취하신 "구원의 은혜"를(제2권), "교회의 말씀과 성례의 사역"을(제4권) 통하여, "죄인"이 "죄 사함과 회개의 복음"을 듣고, "성령의 역사와 신앙"으로, "구원을 얻어 영원한 복락으로 들어감을 얻는다"(제3권)라고 요약할 수 있습니다.

칼빈은 하나님의 자녀들이 성경을 바르게 또한 잘 이해하기 위해서는, 『강요』의 내용을 잘 아는 일이 도움이 된다는 것입니다. 즉 위에 말한 『강요』의 내용을 잘 알 때, 『성경』을 바르게 또한 잘 이해하는데 도움이 된다는 것입니다. 이것은 무엇을 의미합니까? 『강요』의 내용과 『성경』의 내용이 같은 것이라는 것입니다. 그리하여 『강요』에서 그 동일한 내용을 잘 이해하고 『성경』에 임하면, 『성경』 속에서 그 내용을 바르게, 또한 잘 이해할 수 있다는 것입니다. 칼빈은 "필요한 도구"라는 말을 씁니다. "만일 경건한 독자가 이 작품의 지식으로 장비를 갖추고"(armed with a knowledge of the present work) "성경에 접근하여 간다면"(approached the Scripture), 말하자면 『강요』의 지식이 "필요한 도구"(a necessary tool)가 되어 "성경"해석에 도움을 준다는 것입니다. 중요한 것은 『강요』와 『성경』이 동일한 "내용"을 가지는 가의 문제입니다. 사실 칼빈이 가르치는 『강요』의 "내용"이

『성경』에서 배운 그것이고, 다른 것이 아닙니다. 이제 『성경』속에서 『성경』의 "내용"이 무엇인지 그 가르치는 바를 보기로 하겠습니다.

2. 예수님이 가르치신 『성경』의 내용이 『강요』의 내용과 일치

부활하신 예수께서는 엠마오로 가는 두 제자에게 "모든 성경에 자기에 관하여 기록된 것을 자세히 설명"하시었습니다(눅 24:13, 27). 그리고 11사도와 다른 제자들이 모인 가운데서(눅 24:33) "율법과 선지자의 글", 즉 『성경』은 "그리스도가 고난을 받고, 제3일에 죽은 자 가운데서 살아날 것과 또 그의 이름으로 죄 사함을 얻게 하는 회개가…모든 족속에게 전파될 것이 기록된 것"(눅 24:44, 46-47)이라고 친히 가르치셨습니다. 그러므로 『성경』의 내용이 "죄 사함과 회개의 복음"이라는 것을 예수께서 친히 가르치신 것입니다. 칼빈은 누가복음 24:46-47에 대한 주석에서(Har. III. 377), ① 그리스도는 "율법의 마침"이며, "혼"이라는 것, 즉 구약성경의 중심이시라는 것, ② 그리스도의 "죽으심"과 "부활"이 중심에 서며, 이에서 그 열매인 "회개"와 "죄 사함"이 따른다는 것, ③ "회개"란 옛 사람이 그리스도와 함께 십자가에 못 박혀 그리스도와 함께 죽고, 그의 부활의 은혜로 우리는 새로 태어남을 얻는다는 것, ④ "죄 사함"은 그의 죽으심의 희생으로 우리의 죄는 속함을 받고, 우리의 허물은 그의 피로 씻기웠고, 또한 ⑤ 그의 부활로 의롭다함을 받았다는 것을 의미합니다.

여기서 예수께서는 결국 우리의 구원의 원인과 근거를 그의 "죽으심"과 "부활"에서 찾을 것을 가르치고 계십니다. 왜냐하면 하나님께 화목함을 얻는 일이 그리스도의 "죽으심"을 통한 "죄 사함"에서 오며, "회개"하여 그리스도의 "부활"에 참여한 신생으로부터 새로운 영적 삶을 살게 되는 것이, 모두 그리스도에게서 오기 때문입니다.

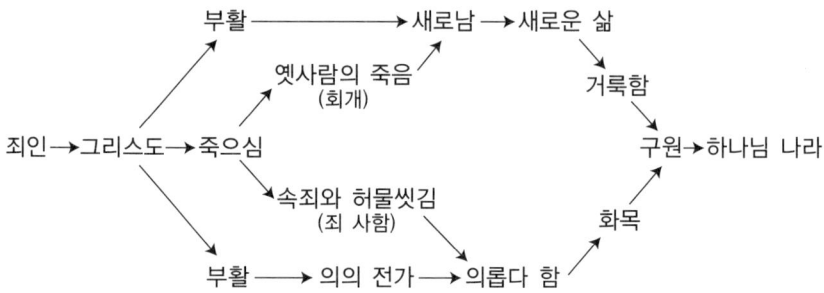

이 도표는 위의 칼빈의 『강요』 전체의 도표(p. 226)와 동일한 구원의 "내용"을 가집니다. 부활하신 예수님이 가르치신 『성경』의 가르치는 "구원의 내용"은 『강요』에서 가르치는 "구원의 내용"과 일치함을 봅니다. 그 핵심은 예수 그리스도의 죽으심과 부활로 말미암는 "죄 사함을 얻게 하는 회개"의 "복음"을 "믿음"으로 "구원"얻는 일입니다.

여기서 우리는 칼빈의 "성경해석 방법론"(Hermeneutics)의 예를 봅니다. 칼빈은 누가복음 24:46의 "그리스도가 고난을 받고 제3일에 살아날 것과 또 그의 이름으로 죄 사함을 얻게 하는 회개가 모든 족속에게 전파될 것이 기록된 것"이라는 말씀을 해석하는데, 그리스도의 "죽으심"과 "부활"을 중심에 두고, 그로부터 그 열매인 "회개"와 "죄 사함"이 따른다는 것입니다.

그러나 칼빈은 "회개"에 대하여서는 그 말에 매이지 않고 로마서 6:3-4의 말씀을 따라서 "그리스도의 죽으심과 합하여 세례를 받아 그와 함께 장사되는 일"과 "그리스도의 부활에 합하여 새 생명 가운데 행하게 하려 함"임을 분명히 합니다. 또한 "죄 사함"에 대해서도 그의 희생 제물로 죄 속함을 받고 그의 부활로 의롭다함을 받는 영적 내용을 분명히 합니다(롬

4:25). 계속되는 모든 설명이 모두 칼빈의 성경해석 방법을 따르고 있습니다. 즉 "말"에 매이지 않고 그 "말"이 의미하는 영적 사실들(res ipsa) 자체를 자유롭게 분명히 설명하여 줍니다.

결국 『강요』나 『성경』이 목표로 하는 것이 "구원"입니다. 『강요』 제3권에서 "구원"의 각 부분을 총괄하여 줍니다. 『성경』도 디모데후서 3:16에서 "성경은 능히 너로 하여금 그리스도 예수 안에 있는 믿음으로 말미암아 구원에 이르는 지혜가 있게 하느니라"고 말한 대로 성경은 죄인이 "구원" 얻게 하는 책입니다. 그리고 구원의 내용이 하나님께 "죄 사함" 받아 "의롭다함"을 받고, 하나님과 "화목함"을 얻는 일이며, 그것이 십자가의 보혈로 이루어지게 될 때, "죄 사함" 받은 죄인이 "회개"하여 변화를 받아 "새 사람"이 되어야 하고, "거룩함"을 이루어 천국으로 들어감을 얻을 것이 분명합니다. 『강요』나 『성경』이 결국 일치하여 이와 같은 "구원"을 가르침이 분명합니다. 그리고 칼빈은 『강요』에서 성경을 해석할 때 "말"에 매이지 않고 그 "말"이 지시하는 "사물 자체"(res ipsa), 즉 "참된 종교"의 내용을 자유롭게 개진합니다. 이와 같은 칼빈의 "성경해석 방법"(hermeneutics)을 따라서 우리도 신학을 할 때에 "순수하고 참된 종교"를 세우도록 힘써야 하겠습니다.

이와 같은 칼빈의 "성경해석 방법"은 또한 "성경"을 오늘의 처지에 적용하여 "유익"을 얻는 데 도움이 됩니다. "성경해석"이 "성경 자체"의 해석에 그치지 않고 오늘의 현실 속에서 "유익"을 얻어야 합니다. 칼빈이 성경의 "말" 자체에 매이지 않고 자유롭게 "순수하고 참된 종교"를 세우는 데 힘쓰는 것은 성경 말씀을 우리의 현실에 적용하는 데 도움을 줍니다. 칼빈이 구약성경을 해석하면서 동시에 당시 카톨릭 교회의 스콜라주의사상을 비판하는 것은 성경 말씀의 현실 적용대한 좋은 본보기라고 할 수 있습니다. 말하자면 "성경해석"을 통해서 "종교개혁운동"을 계속 전개하고 있다고 하겠습니다. 오늘 우리의 경우는 "신학선교"의 과업이 바로 이와 같은 일이라고 하겠습니다. 그것은 곧 "21세기 인류 구원"의 사명과도 직결된다고 봅니다.

3. 베드로가 가르친 『성경』의 내용이 『강요』의 내용과 일치

예수님의 뒤를 따라 사도들도 구약성경이 처음부터 "그리스도"를 주로 가르쳤고, 특히 그리스도의 "죽으심과 부활"로 말미암는 "죄 사함과 회개"를 가르쳤다는 것을 도처에서 말하고 있습니다. 사도행전 3:18(베드로의 오순절 설교); 사도행전 8:35(빌립의 전도); 사도행전 10:43(베드로의 고넬료의 집에서); 사도행전 17:3(바울의 데살로니가 회당에서); 사도행전 28:23(바울이 로마 감옥에서); 로마서 3:21. 이제 사도행전 10:43과 사도행전 28:23에 대한 칼빈의 주석을 참고하겠습니다.

> 나사렛 예수에 대하여 모든 선지자도 증거하되 저를 믿는 사람들이 다 그 이름을 힘입어 죄 사함을 받는다 하였느니라(행 10:43).

여기서 칼빈은 베드로가 고넬료의 집에서 선포한 말씀(행 10:34-43)을 세 가지로 요약합니다.
(1) 그리스도께서 행하시는 고유한 직분은(the proper office of Christ) 인간의 죄를 제거하심으로 우리를 하나님께 화목하게 하는 일임(to reconcile men to God).
(2) 우리는 믿음으로 죄 사함을 받음(remission of sins by faith).
(3) 이 교리는 세계의 시초부터 하나님의 모든 선지자들이 증거하여 온 것임.

첫째, 일에 대해서는 온 인류가 죄의 용서함을 받기 전에는 정죄함(condemned)을 받아 하나님의 진노 아래 있고, 영원한 심판을 받게 되어 있습니다. 그리고 우리 자신 안에는 아무 의(義)도 없음으로 우리는 하나님의 자비에로 피하여 갈 길 밖에 없다는 것을 가르치고 있습니다. 여기서 신자가 죄 사함(remission of sins)을 받는다는 것은 그리스도께서 죽으심으로 하나님을 우리에게 화목하게 하셨음으로 그리스도의 이름으로 죄 사함을 받는다는 것입니다. 일반적으로 말하는 대로 그리스도의 중보로 죄 사함을 받는다는 것을 의미합니다.

둘째로, 우리가 믿음으로 죄 사함을 받는다 할 때, "그리스도를 믿음"을 말하는데, 여기서 믿음은 복음으로 그리스도를 우리 앞에 제시하는 대로, 우리 마음의 진실함을 다하여 그를 품음을 말합니다. 그리하여 우리의 믿음은 그의 약속의 말씀들만 의지하게 됩니다. 그런데 여기서 베드로는 우리 구주 그리스도로 말미암아 받는 두 가지 주된 일들, 즉 "죄 사함"과 "회개" 중에 "죄 사함"만 말하고 "회개"는 빠뜨린 것 같이 보입니다. 복음의 총괄에서 빠뜨려서는 안 될 회개와 새로운 삶을 언급하지 않습니다. 그러나 이 문제는 쉽게 답할 수 있습니다. 성령의 중생함도 믿음에서 나는 결과 중 하나로서 믿음에 포함됩니다. 우리가 그리스도를 믿는 까닭은 그리스도의 "의의 전가"(the free imputation of righteousness)로 말미암아 아버지의 선하신 뜻(favor) 안으로 회복될 뿐만 아니라 또한 그리스도께서는 그의 영으로 우리를 "성화"(sanctify)하시기 때문입니다. 즉 그리스도로부터 우리는 "의"만 받고 "성화"를 안 받을 수 없습니다. 이것은 또한 하나님이 우리를 양자 삼으사(adopt) 그의 자녀로 삼으시기 위함입니다. 그러므로 베드로가 본성상 하나님으로부터 소외된 인간이 어떻게 하나님의 호의 안으로 회복되는 가를 말함으로, 위의 모든 일이 그 안에 들어가게 됩니다.

칼빈은 여기서 베드로의 설교 안에는 복음의 두 가지 주요 요건 "죄 사함"과 "회개"가 다 들어 있으며 동시에 "성화"나 "중생"이나 "양자 삼으심"의 은혜도 다 포함되어 있음을 말합니다.

셋째로, 이 일은 "모든 선지자가 증거한 바라는" 것에 대하여, 칼빈은 그리스도께서 중보자로서 우리에게 죄 사함을 얻게 하심으로 하나님의 화해하심을 얻게 하심에 대한 예언자들의 모든 예언들을 다 예거할 필요가 없다고 합니다. 하나님께서 아브라함과 맺으신 언약을 마침내 그리스도를 중보로 삼으심으로써 이루신 것으로 보는 것이 통례임을 상기하는 것으로 족하다는 것입니다. 뿐만 아니라 그리스도께서 제공하시는 은혜는 율법과 선지자들이 과거에 조상들에게 바라보도록 제시한 것임을 알아야 한다는 것입니다.

결론적으로 『강요』에서 가르치는 기독교 종교의 중요 내용, 즉 예수 그리스도로 말미암는 "죄 사함과 회개"의 복음이 율법과 예언자, 즉 『성경』이 가르치는 것임을 베드로도 분명히 말합니다.

비평학자는 사도행전의 베드로가 복음을 "죄 사함"과 "회개"라고 이해하였다는 것은 베드로 자신의 것이 아니고 사도행전의 저자인 누가의 복음 이해를 말함에 불과하다고 생각할 수 있습니다. 그러나 베드로전서가 같은 것을 가르치고 있음을 간과해서는 안 됩니다. (1) 베드로는 "순종함"과 "피뿌림"을 얻게 하기 위해 편지를 쓰고 있습니다(1:2). 이것은 "회개"와 "죄 사함"을 얻게 함과 마찬가지입니다. 그리고 이 일이 "성령의 거룩하게 하심"으로 이루어집니다. (2) 예수 그리스도께서 "죽은 자" 가운데서 부활하심으로 말미암아 우리를 거듭나게 하사 "썩지 않는 기업"을 얻게 하는 복음입니다(1:3-4). (3) 우리가 망령된 행실에서 구속된 것은 그리스도의 보배로운 피로 된 것이고, 우리가 진리를 순종함으로 거짓이 없이 형제를 사랑하기에 이르렀습니다. 즉 "죄 사함"과 "회개"를 얻게 된 것입니다. 이렇게 베드로 전서에 나타난 구속의 가르침이 칼빈이 말하는 고넬료의 집에서 가르친 내용과 일치합니다.

4. 사도 바울이 가르친 『성경』의 내용이 『강요』의 내용과 일치

> 저희가 일자를 정하고 그의 우거하는 집에 많으오니 바울이 아침부터 저녁까지 강론하매 하나님의 나라를 증거하고 모세의 율법과 선지자들의 말을 가지고 예수의 일로 권하더라(행 28:23).

칼빈은 여기서 사도 바울이 일자를 정하고 유대인들에게 아침부터 저녁까지 가르친 내용을 아래와 같이 정리합니다.

(1) "하나님의 나라"는 게으름이나, 향락이나, 이 세상 것들의 풍요함을 의미하는 것이 아니고, "영적"이라는 것이다. 삶의 새로워짐(newness of life)으로 시작하여, 복된 영생과 하늘의 영광(blessed immortality and the heavenly glory)을 의미한다.

(2) 바울은 이와 같은 약속된 복락의 저자(the author)이신 그리스도를 영접할 것을 유대인들에게 권하였다.

(3) 이 약속된 메시야는 그의 죽으심의 제사로 온 세상의 죄를 만족하시어 하나님을 인간과 화목케 하셨다.

(4) 이를 위하여 그의 피로 영원한 의를 사셨다.

(5) 또한 그의 영으로 중생케 하여 인간들을 하나님의 형상으로 회복케 하셨다.

(6) 마지막으로 저희를 자기의 충성된 종들로 삼으사 영생의 유업을 자기와 함께 받도록 하셨다.

(7) 이 모든 일이 십자가에 못 박히신 예수 그리스도의 품격(person) 안에서 성취되었다.

(8) 바울은 그리스도에 대해서 가르친 모든 것을 "율법과 선지자들"에게서 취하였다. 이것이 참 종교(true religion)가 모든 거짓 종교와 다른 점이고, 하나님의 교회(the church of God)와 모든 속된 종교들과 다른 점이다. 하나님의 말씀(the word of God)은 신앙의 유일의 규칙(the only rule)이요, 교회는 그 안에서 하나님께서 친히 말씀하시는 명령들을 듣는다.

여기서 칼빈은 바울이 집으로 찾아 온 유대인에게 아침부터 저녁까지 강론한 내용을 요약하여 말하고 있습니다. 물론 본문에는 바울이 하나님 나라를 증거하고 모세의 율법과 선지자의 말을 가지고 예수의 일로 권하였다는 말뿐입니다. 그렇지만 바울은 복음의 핵심적 두 가지 내용을 말하지 않을 수 없었을 것입니다. (1) 약속된 메시야는 온 세상 죄를 속하시여 하나님을 인간과 화목하게 하셨다. (2) 따라서, 우리 인간 편에서는 중생하여 하나님의 형상을 입어 영생의 유업에 들어감을 얻는다. 그러므로 여기서도 예수의 죽으심과 부활을 힘입어 "죄 사함"과 "회개함"을 얻는 복음의 내용을 말하고 있습니다. 이것이 바로 칼빈의 『강요』에서 가르치는 "종교"의 내용입니다. 그러므로 『강요』와 『성경』이 가르치는 바는 완전히 일치하고, 그것은 "순수하고 진정한 종교"(pura germanaque religio)입니다.

다만 『강요』와 『성경』이 다른 것은 『강요』는 동일한 기독교 종교를 수직(垂直)적으로 교리화하여 가르친다는 것입니다. 그러나 『성경』은 수평(水平)적으로 모세로부터 사도들의 행적과 가르침의 기록에 이르는 장장

천4백년의 역사기록입니다. 물론 그 내용은 창세로부터 주의 재림을 거쳐 새 하늘과 새 땅에 이르는 주 하나님의 우리 주 예수 그리스도로 말미암는 승리의 역사입니다. 『성경』은 이 전체 내용을 말하기 때문에 우리가 그것을 다 통달하기 힘듭니다. 그러나 『강요』는 그 내용을 간결하게 정리하여 우리에게 "죄 사함과 회개"의 복음을 믿고 구원 얻는 길을 명시하니 참으로 감사합니다. 우리는 『성경』의 긴 역사의 매 시점에서, 『강요』의 지도를 받아, 하나님께서 친히 말씀하심을 듣고, 구원을 이루고, 또 세상 끝날까지 "구원"을 전해야 하겠습니다.

5. 『강요』 초판에서 가르치는 『성경』의 총괄과 목표

칼빈은 그의 『강요』 초판(1536)에서 『성경』의 총괄(summa)과 목표(scopus)가 무엇인지 명시합니다. 그것은 위에서 말한 성경 전체를 일관하는 종교진리입니다 그리스도를 구주로 영접하여 "죄 사함과 회개의 복음 신앙으로 천국으로 들어감을 얻는" 종교진리임이 벌써 초판에 명시되어 있습니다.

> 우리는 예수께서 우리의 그리스도시요, 구주이심을 의심하지 않는다. 그리스도를 통하여 우리는 죄 사함과 성화를 얻고, 구원도 또한 받아서 마침내는 하나님의 나라로 인도함을 받게 될 것이다. 이 나라는 끝날에 나타나게 될 것이다. 이것이 참으로 주께서 그의 거룩한 말씀으로 우리에게 제공하시고, 약속하시는 모든 것의 주제(caput)요, 거의 총괄(summa)이다. 이것이 그의 성경 안에서 우리에게 제시하시는 목표(meta)요, 그가 우리 앞에 세우시는 표적(scopus)이다(『강요』 1536, I. 56-57).

그리스도를 통하여 우리는 "죄 사함"과 "거룩함"을 얻고, "구원"받아 "천국"으로 인도함을 받는데, 이것이 『성경』의 주제(caput)요, 거의 총괄(summa)이라는 것입니다. 그리고 이것이 주께서 "성경"으로 우리에게 제시하시는 "목표"(meta)요, 우리 앞에 세우신 "표적"(scopus)라는 것입니다. 여기서 우리는 다시 부활하신 주께서 제자들에게 "율법과 선지자들" 즉 구약성경은 나를 가리켜 기록되었고, 그것은 다시 그리스도의 십자가와 부활로 "죄 사함을 얻게 하는 회개"라고 요약하고 있는 것과 마찬가지임을 봅니다. 우리가 위에서 거듭 확인한 것은 『강요』나 『성경』이 같은 종교를 가르치고 있다는 것입니다. 그리고 신앙은 언제나, 『강요』에서 나와서, 종교에로 들어와서, 그 안에서 은혜를 누림을 봅니다. 『성경』도 마찬가지 입니다. 『성경』의 문자에서 나와서, 종교에서 은혜를 누립니다. "종교"의 주인은 "실재하시고", "살아계시는" 하나님이십니다. 우리의 창조자 되시고, 동시에 구속자이십니다. 그러나 하나님께서는 그의 그리스도만을 기뻐하십니다. "보라 나의 택한 종, 곧 내 마음이 기뻐하는바 나의 사랑하는 자로다"(마 12:17). 그러므로 우리는 그리스도에게 가서 우리 믿음으로 그를 품어야 합니다. 그의 십자가로 우리 죄 사함을 받고, 하나님께 화목함을 얻고, 그의 죽으심과 합하여 우리 육신을 십자가에 못 박고, 그의 살으심과 합하여 우리도 거듭나서 회개의 열매를 맺어야 하겠습니다. 즉 하나님을 향한 경건의 의무(the duty of piety toward God), 인간을 향한 우애의 의무(the duty of charity toward men)를 행하고, 생활 전체에 있어서의 거룩함과 순결함(in the whole of life, holiness and purity)을 나타내야 하겠습니다(Inst., III, 3:16). 그리하여 마침내는 그의 나라로 영접함을 받아야 합니다.

[결론]

『강요』와 『성경』의 관계는, (1)『강요』에서 "종교"를 배워, (2)『성경』으로 가서, 『성경』의 모든 말씀에서, 그리고 성경 역사(歷史)의 모든 시점에서, (3)『성경』에서 나와서, 하나님께로 가서, 그 말씀에 해당하는 은혜를 하나님께 누리고, 그 시점에서의 인물에서 교훈과 경성함을 받아, (4) 그리스도의 인도함을 따라, 영광에로의 발걸음을 재촉함을 받는 바로 그것입니다.

C. 칼빈이 이해한 성경

1. 구약 : 율법과 선지자
2. 율법과 복음
3. 신약 : 복음사(福音史)와 사도사(使徒史)

1. 구약: 율법과 선지자

이사야서 주석 서문에서 칼빈은 구약에 있어서 율법과 선지자의 관계를 명확하게 설명하여 줍니다.
 (1) 선지자들은 그들의 가르침(their doctrines)을 율법에서 끌어 온 것이 마치 냇물이 샘에서 흘러나온 것과 같다.
 (2) 선지자들은 율법을 그들 앞에 놓고, 그들의 법으로 삼았음으로, 그

들은 마땅히 율법의 해석자(interpreters)라고 해야 하며, 또 그와 같이 선언하였다. 그리하여 그들이 예언한 말씀은 율법에 관한 것뿐이다.

(3) 율법은 세 부분으로 되는데,

   (i) 삶에 대한 가르침(the doctrine of life), 즉 십계명

   (ii) 위협과 약속들(threatenings and promises)

   (iii) 은총의 언약(the covenants of grace): 이 언약은 그리스도 위에 세워지며 모든 약속들이 다 그리스도 안에 포함된다. 의식들(ceremonies)은 백성을 하나님께 대한 예배와 경건에 밀착케 하는 종교행위들로서 마땅히 제1계명에 속한다.

(4) 그러므로 선지자들은

   (i) 주로 율법을 설명하였고, 두 서판에 간결하게 설명된 것을 더 충분하게 설명하고 주께서 우리에게 무엇을 요구하시는지를 확정지었다.

   (ii) 모세가 위협과 약속들을 일반적으로(In general terms) 선언한 것을, 선지자들은 그들의 시대에 응용하여 더 자세히(minutely) 설명하였다.

   (iii) 예언자들은 모세가 그리스도와 그의 은혜에 대하여 모호하게 말한 것들을 더 분명하게 말하였고, 은혜의 언약에 대한 증거들을 더 풍부하게 제시하였다.

칼빈은 율법과 선지자의 관계를 한 걸음 더 자세히 설명합니다.

(1) 선지자들의 도덕적 의무에 대한 교훈

선지자들로 하여금 도덕적 의무들을 가르치게 할 때, 무슨 새로운 것을

첨부하는 것이 아니고, 율법을 오해한 것들을 바로잡게 하려는 것이었다. 예를 들면, 백성들이 제물을 드릴 때, 외적인 종교의식을 행함으로 의무를 다한 것으로 생각할 때, 선지자들은 이것을 책망하고 마음에 진실함이 없이 행하는 모든 의식이 아무 소용이 없음을 말하였다. 하나님은 믿음으로 경배하여야 하고, 그의 이름을 사실로 불러야 한다. 이 점도 율법에서 분명하게 선포한 것이었으나, 백성들로 하여금 이것을 빈번히 기억나게 해야 하였고, 의식의 외식으로 위선에 빠진 것을 폭로할 필요가 있었던 것이다. 율법의 제2서판에 관련하여, 부정의와 횡포와 거짓에서 떠날 것을 권하고, 백성들이 항상 율법에 순종하도록 하였다.

(2) 위협과 약속들에 대하여

모세가 일반적 용어로(In general terms) 말한 것을 선지자들은 구체적으로(something peculiar) 말하였다. 선지자들이 받은 묵시들도 위협과 약속들을 장래 일어날 사건들로 제시하여, 하나님의 뜻을 더 충분하게 선포하였다.

(i) 위협에 대하여

모세는 위협하여, "하나님이 너희를 대적에게 쫓기게 하고, 안에서는 서로 싸우게 하리라. 너희 생명이 마치 실 한 가닥에 달림 같게 하리니 바람에 불린 잎사귀 소리에도 놀라 도망하게 하리라"(레 26:36)고 하였다. 그러나 선지자들은 "하나님이 앗수르를 무장하여 너희를 대적케 하고, 애굽을 휘파람으로 불러오고, 갈대아 사람을 일으키리니, 이스라엘은 포로로 잡혀 갈 것이며, 나라는 망할 것이요, 예루살렘은 황폐하고 성전은 불에 타리라"고 하였다.

(ii) 약속의 말씀들에 대해서도

모세는 "너희가 계명을 지키면 주께서 너희를 축복하리라"하고 축복을 일반적으로 말하나, 선지자들은 "이것이 주께서 너희에게 베푸실 축복이라" 더 구체적으로 말한다. 모세는 "너희는 세계 끝까지 흩어지고 쫓겨갈 것이나 나는 너희를 돌아오게 하리라"(신 30:4)고 약속한다.

그러나 선지자들은 "내가 너희를 바벨론으로 쫓아 보낼 것이나 70년 후에 너희를 다시 돌아오게 하리라"고 말한다.

(3) 은혜의 언약에 대해서

하나님께서 옛적에 족장들과 맺은 언약을 선지자들은 더 분명하게 말하여 백성들로 하여금 그 언약에 강하게 집착하게 하였다. 저들이 경건한 자들을 위로하기를 원할 때에는 언제나 언약을 상기시키고, 그리스도가 올 것을 보였다. 그리스도는 언약의 기초요, 하나님과 백성 사이의 유대이다. 또한 모든 약속들이 다 그리스도 안에 들어가는 것으로 이해하여야 한다.

그러므로 칼빈에게 있어서 "구약"이 "율법"과 "선지자"로 된다면 "선지자"가 "율법"에 아무 것도 첨부하지 않았으므로, "구약"을 "율법"으로 통일할 수 있습니다.

2. 율법과 복음

우리는 위에서 "구약"이 "율법"으로 통일됨을 보았습니다. 그리고 "신약"은 "복음"으로 통일됩니다. 그리하여 "구약"과 "신약"과의 관계를 "율법"과 "복음"과의 관계에서 고찰하여 보겠습니다.

칼빈은 "율법"을 세 가지 부분으로 이루어진다고 하였습니다.
(i) 삶에 대한 가르침. 즉, 십계명
(ii) 위협과 약속들
(iii) 은혜의 언약 즉 그리스도의 오심의 약속

(1) 복음은 첫째로, 율법의 셋째 부분인 "은혜의 언약"의 성취의 소식입니다. 칼빈은 『세 복음서 조화』(Harmony) 초두에(The Arg.) 복음은 조상들에게 대를 이어 약속되어 온 구원이 계시되었다는 증언이다"라고 합니다(The Gospel is a testimony of the revealed salvation, which had been formerly promised to the Fathers). 그러므로 "율법"과 "복음"의 관계는 "약속의 성취의 기쁜 소식"과의 관계입니다. "약속"은 백성들이 대망하여 온 구원의 약속을 말하고, "기쁜 소식"은 하나님께서 기다리도록 명하신 구원의 성취의 소식을 말합니다.

(2) 둘째로, 그리스도는 하나님이 약속하신 모든 축복의 담보물입니다 (the pledge of all blessings that God has been promised). 우리는 그리스도에게 있어서 하나님이 약속하신 모든 축복이 충만하게, 그리고 완전하게 나타났음을 봅니다. "하나님의 약속은 얼마든지 그리스도 안에서 예가 되고, 아멘이 되느니라"(고후 1:20)고 하였습니다.

(3) 복음은 또한, 우리를 은혜로 양자 삼으시어 우리가 하나님의 자녀가 되는 것을 말합니다. 이 일은 하나님께서 영원 전부터 작정하신 기쁘신 뜻에서 발원합니다. 그리고 그리스도께서 본성상 하나님의 아들이시나 친히 우리의 육신을 입으시고, 우리 형제가 되어 주셨습니다. 그리고 우리의 죄를 대신 지심으로 우리에게서 죄를 도말하여 주시고, 죽음의 저주에서 해방시켜 주셨습니다. 동시에 그의 부활로 말미암아 의와 구원과 완전한 행복을 우리에게 이루어주셨습니다.

그러므로 "복음"은 하나님의 아들이 육신으로 나타나시어, 멸망에 처한 세상을 죽음에서 생명으로 구원하셨음을 널리 공포함을 말합니다. "크도다 경건의 비밀이여 그렇지 않다 하는 이 없도다. 그는 육신으로 나타나 신바 되시고, 영으로 의롭다 하심을 입으시고, 천사들에게 보이시고, 만국에서 전파되시고, 세상에서 믿은바 되시고, 영광가운데 올리우셨음이니라"고 하심과 같습니다(딤전 3:16). 완전한 행복이 이 복음 안에 있음으로 "기쁘고 좋은 소식"(a good and joyful message)입니다.

복음의 목적은 하나님의 나라로 들어가기 위함입니다. 우리들 자신의 부패로부터 건져내어, 영으로 우리를 새롭게 하시어, 하늘의 영광으로 인도합니다. 그러므로 마땅히 "천국복음"이라 불리어 집니다. 그리스도께서 우리에게 가져다주시는 복된 삶을 얻는 것임으로 "하나님의 나라"(the kingdom of God)이라고도 부릅니다. 그리스도께서는 "율법과 선지자는 요한의 때 까지요, 그 후부터는 하나님의 나라와 복음이 전파된다"(눅 16:16)고 하셨습니다. 마가도 "하나님의 아들 예수 그리스도 복음의 시작이라"(막 1:1)고 하였습니다. 즉 "구약"은 "율법"으로 대표되고, "신약"은 "복음"으로 대표됩니다. 그리고 "신약"은 "구약"의 "약속"들이 그리스도의 오심으로 성취된 "기쁜 소식"임을 말합니다.

3. 신약: 복음사와 사도사

(1) 복음사와 사도사

신약이 복음사와 사도사로 이루어짐을 보기에 앞서 의(義)의 태양(太陽)

이신 그리스도의 영광의 나타남의 무비한 광명에 대한 칼빈의 가르침을 일별하겠습니다. 칼빈은 말라기의 "의로운 해가 떠올라서 치료하는 광선을 발하리니"의 말씀을 아주 자주 인용합니다. 이것은 그리스도의 오심을 말하며, 그가 오심으로 더 풍성한 광선이 비친 것을 말합니다. 베드로는 "이것은 은혜를 예언하던 선지자들이 연구하고 부지런히 살핀 것"(벧전 1:10)이라고 합니다. "이것이 저희에게 계시로 알게 된 것이나 이것은 저들 자신을 위한 것이 아니요, 너희를 위한 것임"을(벧전 1:12) 말하고 있습니다. 즉 "이것은 복음을 전하는 자들로 이제 너희에게 고한 것이요, 천사들도 살펴보기를 원하는 것이라"고 합니다. 즉, 하나님께서 이 보화를 우리 눈앞에 나타내셔서 우리는 그 은혜를 더 풍성히 누리게 되었다는 것입니다. 그리스도는 "모세는 내게 대하여 기록하였음이니라"(요 5:46)고 선언하시고, 그러나 우리가 누리는 은혜의 풍성함이 유대인들을 능가함을 찬하합니다. "너희의 보는 것을 보는 눈이 복이 있도다. 너희의 듣는 것을 듣는 귀는 복이 있도다. 많은 선지자와 임금이 원하였으나 얻지 못하였느니라"(눅 10:23-24). 하나님께서 거룩한 족장들보다 우리를 더 앞세우신 일은 적은 일이 아닙니다. 이것은 복음의 계시를 더 높임을 말합니다. 이전에 그 그림자만 희미하게 바라보던 것이 이제 찬란하게 나타났음을 말합니다. "그는 하나님의 영광의 광채요, 그 본체의 형상이라"(히 1:3)고 말합니다. 칼빈은 이 영광을 감사치 않는 자를 꾸지람합니다. "대낮에 소경인 자들의 감사치 않음과 부패는 더 악하고 가증하다" 책망합니다(I.9.1).

(2) 복음사

의의 태양이신 그리스도께서 근본 하나님의 아들이시나 인간의 육신을 입고 오시어 우리의 구원을 위하여 중보의 일을 하셨습니다. 그리스도의 탄생과 죽으심과 부활은 우리 구원의 전체를 포함합니다. 그리고 그리스도의 하나의 복음사를 네 복음서로 네 역사를 우리에게 남겨 주었습니다. 사도 요한은 요한복음 끝에 "예수의 행하신 일이 이외에도 많으니 만일 낱낱이 기록된다면 이 세상이라도 이 기록된 책을 두기에 부족할 줄 아노라"(요 21:25)고 기록하고 있습니다. 네 역사는 그리스도께서 어떻게 중보자의 직분을 행하셨는가를 전하고 있습니다. 그의 나심과 죽으심과 부활하심이 복음의 고유한 주제이기 때문에 그것을 우리 눈앞에 제시합니다. 그리하여 그리스도께서 아버지의 보내심을 받으신 것과 그가 복된 생명의 저자이심을 믿게 합니다.

요한복음은 다른 세 복음들과 많이 다릅니다. 처음부터 그리스도의 권능과 그로부터 누릴 유익들을 풍족하게 나타내 보입니다. 반면에 다른 세 복음은 그리스도께서 세상의 구속자로 약속된 바로 그 하나님의 아들이심을 증거하는 일에 집중합니다. 특히 그리스도의 직분(the office of Christ)에 관련된 가르침을 엮어냅니다. 또한 그의 은혜가 어떤 것(the nature of his grace)인지를 알립니다. 또 그가 오신 목적이 무엇인지를 우리에게 알려줍니다. 이 모든 것이 한 가지로 집중됩니다. 즉, 하나님이 시초부터 약속하신 것을 예수 그리스도께서 성취하셨다는 한 가지 점입니다. 율법과 선지자들을 폐하려고 오신 것이 아닙니다. 반대로 율법과 선지자들이 그에게 돌린 것은 무엇이든지 그에게서 찾아야 합니다. 그러므로 우리가 복음서들을 읽을 때, 옛 약속들과 연계할 때에 우리는 만족할만한 유익을 얻습니다.

복음서들 간에 다양성을 우리가 봅니다. 각 복음이 그 의도하는 바와 방법에 따라서 확실하고도 의심의 여지가 없다고 하는 것들을 정직하게 기록하고 있습니다. 그러나 이 기술(記述)의 다양성 속에 놀라운 조화(harmony)를 봅니다. 칼빈은 특히 세 역사를 연속된 하나의 역사로 정리하여 하나의 그림을 보도록 하고 있습니다(Calvin, Harm. of Mt, Mk, Lk, Arg).

(3) 사도사

복음서를 제외한 "신약"은 사도행전과 사도들의 편지들뿐입니다. 이것을 "사도사"라 불러 마땅합니다. 칼빈은 "사도행전"의 "사도사"를 취급하기에 앞서서 "거룩한 역사들"(sacred histories) 전반에 대해서 먼저 논합니다. 그리고 "사도사"는 여러 "역사 기록"이 없고, 다만 누가의 "사도행전" 하나뿐입니다. 그리하여 이 "사도사"에 대해서 논하기에 앞서 여러 "거룩한 역사들"의 공통된 특징을 열거합니다.

- (i) 하나님은 언제나 그의 "교회"(신자들의 모임)에 대해서 특별한 관심을 둔다.
- (ii) 하나님은 ⓐ자기에게 배우기를(tuitions) 힘쓰고, ⓑ 자기의 보호(his custody)에 의지하는 자들이 받는 해에 대한 가장 정의로운 보복자(a most just revenger)이시다.
- (iii) 하나님은 가장 비참하고 저주받은 죄인들에 대해서 선대하시고, 자비로우신 분으로 자신을 나타내신다.
- (iv) 마지막으로 우리에게 신앙을 가르치심으로 우리를 하늘 위로 높이 올리신다.

칼빈은 또한 "거룩한 역사 기록들"(the sacred histories)은 언제나

- (i) "하나님의 섭리"(the providence of God)를 말하며,
- (ii) "하나님에 대한 참된 경배"(the true worship of God)를 거짓 것들에서

구별지으며, 따라서 "악"과 "덕"의 구별에 실수하지 않는다는 것을 지적합니다.

"거룩한 역사들"은 "창세기"나 "모세의 네 책"이나 "여호수아"등의 역사기록들과 "신약"에 있어서 "복음사"나 "사도사" 등의 역사기록들을 말합니다. 칼빈은 여기서 그 공통점을 말하는데, 첫째로, "교회"가 하나님의 특별한 관심으로 되어있으며, 또한, 멸망에 처한 "죄인에 대한 자비"를 나타내시며, 셋째로, 믿음으로 하늘 영광에 들어가게 하시는 일을 말합니다. 한 마디로 "sacred histories"는 하나님께서 역사(役事)하시는 역사(歷史)로 "교회"를 통하여 "죄인"을 구원하사 "하늘나라"로 들어가게 하시는 역사라 하겠습니다.

이제 "사도사"에 대한 칼빈의 설명을 보겠습니다.

① 성령이 사도들에게 보내심을 받았음

(i) 이것은 그리스도께서 신실하시어 그의 약속을 반드시 이루신다는 것을 나타내심.

(ii) 그리스도께서는 자기의 것들을 항상 권념하시고, 자기 교회의 항구적인 통치자로 계심. 성령께서 하늘로부터 내려오심이 이 때문임.

(iii) 여기서 우리가 알 것은 하늘나라와 세상과의 거리가 문제가 아니며 그리스도께서는 시초부터 항상 자기 것들과 함께 계심.

② 그리스도의 왕국의 시초에 대한 생생한 묘사

(i) 하나님의 아들은 세상에서 떠나가시기 전에도 그의 선교로 일종

의 교회를 불러 모으셨다.

(ii) 그러나 가장 좋은 모습의 교회(the best form of the church)는 사도들이 위로부터 권능을 받고 유일의 목자께서 죽으시고 부활하신 것을 설교함으로써 시작되었다. 그리하여 땅 위에 멀리, 또 넓게 흩어진 모든 양무리가 한 목자에게로 모이게 되었다.

(iii) 그러므로 그리스도께서 승천하신 후에 그리스도의 교회는 시작되었고, 자라기 시작한 것을 사도사는 기록하였다. 그러므로 그리스도께서는 하늘에서도 왕이시고, 땅에서도 왕이심이 선포되었다.

③ **그리스도의 놀라운 능력과 동시에 복음 자체의 큰 힘과 효능이 나타났다.**

그리스도께서는 명성이나 능변이 없는 일종의 소박한 사람들로 "복음의 소리"(the only voice of the gospel) 하나로 온 세계를 굴복시키셨다. 그리고 사단이 수많은 방해를 하였으나 그가 가지신 하나님의 능력과 권능을 더욱 분명히 나타내셨다. 그리하여 소수의 소박한 피조물들이 온 세계의 소란을 단순히 그들의 비천한 입의 소리로 압도하였다. 마치 하나님께서 벼락을 하늘에서 던져 내리시는 격이었다.

갈릴리에서 불과 11인이 파송된 것이 오늘날 22억 7천에 달한 것을 생각할 때에 "복음"이 무엇을 의미하는지 알 수 있습니다. 칼빈에 의하면, 창세 때부터 약속된 것이, 예수 그리스도의 오심으로 성취되었고, 사도들에 의하여 온 세계에 전파되어, 오늘에 이른 것입니다.

D. 『성경주석』에 나타난 칼빈의 『종교』의 핵심 몇 가지

위의 세 항목에서 칼빈의 『강요』와 『주석』을 일관하는 줄거리를 개관하였습니다. 이것은 마치 맛있는 과일의 첫 입을 즐긴 것과 같습니다. 칼빈의 "종교"에 있어서 그리스도로 말미암는 하나님의 은혜의 영광의 "풍성함"(τὸ πλουτος, 엡 3:16)을 조금 더 맛봄으로 이 글을 맺겠습니다. 『강요』는 널리 알려져 있음으로, 『주석』에서 몇 군데를 읽기로 하였습니다.

1. 모세의 4경의 조화(Harmony)

칼빈은 "창세기" 주석에 이어 모세의 4경 "출애굽기, 레위기, 민수기, 신명기"의 "조화"(Harmony)를 저술하였습니다. 여기서 "조화"라고 한 것은 저 4경을 십계명 안에 통전하는 일을 말합니다. 말하자면 구약 전체를 모세가 시내산 화염(火焰) 속에서 여호와께 직접 받은 두 서판(the two tablets)에 통괄함을 말합니다. 그리하여 "신약"이 "복음" 아래 통일되듯이 "구약"은 "율법" 아래 통일됩니다. 그리고 "율법"은 근원적으로 저 "두 서판"에 통일됩니다.

이제 "제1계명" 아래 칼빈이 어떻게 모세의 4경의 관련 부분들을 통일하는 본보기를 보겠습니다.

제1계명: 너는 나 외에는 다른 신들을 네게 있게 말지니라(출 20:3; 신 5:7).

제1계명 아래 들어가는 구절들은 아래와 같습니다.

신 6:4, 13, 16; 10:20; 레 19:1-2; 신 6:14-15; 신 18:9-18(p.432). 꿈꾸는 자에 대해 – 신 13:1-22(p. 438), 레 18:21-32(p. 450). 제1계명에 대한 의식으로서의 유월절 – 출 12:1-20(p. 454), 24-49(p.464), 출 13:3-10(p. 468), 신 16:3-4; 출 23:18; 34:25; 민 9:1-14(p, 472). 초태생에 대한 성별 – 출 13:1-20(p. 477). 속전의 예물 – 출 30:11-16(p. 481). 나실인의 법 – 민 6:1-21(p. 484). 첫열매 – 신 26:1-11; 민 18:17-21; 출 22:29; 23:19; 36:26(p. 492). 아이 낳은 여성의 정결규례 – 레 12:1-8(p. 498). 문둥병에 대해 – 신 24:8-9; 민 5:1-3; 레 13:1-59(II, 6); 레 14:1-57(II, 19). 유출병에 대해 – 레 15:1-33(II. 28). 흠이 있는 자들 – 신 23:1-2(II, 33) 부정한 자가 정결케되는 규례 – 민 19:1-22(II, 35). 진을 정결케 하는 법 – 신 23:9-14(II, 44). 섞어서 뿌리거나 겨리하거나 섞어짜지 말것 – 신 22:9-28; 14:1, 2(II, 47). 정한 짐승과 부정한 짐승 – 레 20:25-26; 11:1-47; 신 14:3-20(II, 53). 부정한 것을 만지지 말 것 – 신 14:21; 출 22:31; 레 17:15, 16(II, 68). 결혼에 대하여 – 신 21:10-13(II, 70), 신 13:6-11(II, 80); 신 13:12-17(II, 84); 출 22:18; 레 20:6, 27; 민 15:30, 31; 레 20:1-5; 출 12:15, 19(II, 88); 신 17:14-20(II, 930. 전쟁에 대하여 –신 20:1-4(II, 100). 나팔신호 – 민 10:1-10(II, 102).

(1) 제1계명에 대한 설명

이 계명에서 하나님은 자기만을 경배하고 모든 미신으로부터 구별된 경배를 요구하신다. 이 계명의 부정적 명령을 긍정적으로 바꾸면: 하나님은 자신을 저들 앞에 놓는다. 그리하여 이스라엘은 그 만을 보도록 했다(the Israelites may look to Him alone). 하나님은 다른 신들이 더 높은 자리를 차지하는 일을 허락지 아니하신다. 하나님의 영광이 조금이라도 감소되면 종교는 더러워지고 부패한다(religion is defiled and corrupted as soon as God' s glory is diminished in the very least). 그러므로 이스라엘은 그들을 위하여 어떤 신들도 만들어서는 아니된다. 그것들은 참되고 유일한 하나님(the true and only God)과 배치된다. 참되고 순수한 종교가 율법에 계시(啓示)되었으며, 말하자면 하나님의 얼굴이 거기서 빛나고 있다(true and pure religion was so revealed in the Law, that God's face in a manner shown forth therein).

(2) 유월절: 출애굽기 12:1-20

유월절은 이스라엘의 구속의 거룩한 표이다(a solemn symbol of their redempton). 이로서 백성은 저들의 해방자에 대한 자기들의 의무를 고백한다. 말하자면 그의 통치하에 자신을 바치는 것이다. 그러므로 이 의식을 제1계명에 대한 보충으로 여기에 삽입함을 주저치 않는다. 하나님이 이 의식을 지킬 것을 명하신 목적은 백성을 오직 자기에게만 전적으로 매이게 함으로써 이스라엘이 자기에게서 결코 떠나지 않고, 친절한 손으로 저들을 속량하신 일을 기억하게 하시기 위함이다. 하나님은 이 의식의 방식으로 저들을 사시어 자기 백성으로 삼으신 것이다. 유월절을 지킴으로 이스라엘은 저들의 구속자(their Redeemer)외에 다른 신을 섬기는 것은 불법임을 가르친다. 오히려 저들을 죽음에서 생명으로 옮기신 하나님께 전적으로 헌신함이 옳고 바른 일임을 가르친다(Harm. I, 456).

(3) 짐승의 정함과 부정함의 구별: 레위기 20:25-26; 11:1-47; 신명기 14:3-20.

하나님은 그의 백성이 부정한 짐승을 먹는 것을 금하신다. "나는 너희를 다른 백성과 구별한 네 하나님 여호와로라"고 하셨다. 그러므로 부정한 짐승을 먹는 것을 금하는 이유는 이방인의 모든 부정함에서 떠나도록 하기 위함이다. 하나님은 여러 가지 상징으로 정결(purity)을 명하셨고, 짐승들에게까지 확대하신 것이다. 이 명령의 목적은 이방인과 섞이지 않게 하기 위함이며, 하나님의 유업(God's inheritance)을 잇게 하기 위함이다. 이것은 결국 저들로 하여금 "거룩함"(holiness)을 함양하여 하나님의 모범을 따르게 하기 위함이다(conform themselves to the example of their God). 짐승의 구별을 명하신 일이 제1계명의 보충임이 분명하다. 여기서 하나님을 합당하고 순수하게 경배할 규칙을 세우고 있기 때문이다. 종교가 각종 미신과 섞이지 않도록 하고 있다(Harm. II.58).

2. 메시야 예언 성구: 스가랴 12:8

칼빈은 "구약"의 전통적 메시야 예언 성구들에 매이지 않습니다(창 3:15; 22:18; 사 7:14; 9:6 등). 칼빈은 그의 종교 안에서 단 한 순간도 그리스도와 떠나지 않음으로 "성경"의 무수한 곳에서 그리스도를 보지 않을 수 없습니다. 전혀 메시야 예언 성구로 이용되지 않는 곳에서도 그리스도와 그의 교회를 확인하는 예를 하나 듦으로 족하기로 하겠습니다.

> 그 날에 여호와가 예루살렘 거민을 보호하리니 그 중에 약한 자가 그 날에는 다윗 같겠고, 다윗의 족속은 하나님 같고, 무리 앞에 있는 여호와의 사자 같을 것이라 예루살렘을 치러 오는 열국을 그 날에 내가 멸하기를 힘쓰리라(슥 12:8).

"다윗의 족속은 천사들과 같을 것이라"고 한 것은, 구원이 다윗의 집으로부터 올 것을 바라야 할 것인데, 다윗의 집이 무로 돌아갔다고 생각하지 않게 하기 위해서이다. 스가랴는 왕가가 완전히 쓰러져 버린 것 같이 보이는 처지에서 신자들을 격려하고 있다. "어디에서 우리의 구원이 일어날 것인가? 그리스도 없이는 우리는 완전히 망한다"고 신자들은 생각할 것이다. 그리고 그리스도는 다윗의 집 외에 다른 곳에서 오지 않는다. 그런데 지금 이 왕가는 모든 위엄을 빼앗기고, 아무 힘도 없이 되어 버린 것 같이 보인다. 그러나 예언자는 "다윗의 집"에서 구원을 바라도록 명한다.

그런데 우리는 이 예언이 언제 이루어졌는지 묻지 않을 수 없다. 스가랴는 참으로 위대한 일들을 예언하고 있다. 모든 역사들을 살펴 볼 때 이에 해당하는 것을 찾지 못한다. 그러나 이 복되고 행복한 상태가 유대인에게 약속된 것을 주목해야 한다. 그리스도는 저들에게서 나와야 하고, 예루살렘은 모든 교회의 어머니가 되어야 하고, 율법은 거기서 온 세계로 반포되어야 하고, 하나님은 거기에 왕권을 세우기로 하셨고, 다윗의 아들이 전 세계를 다스리도록 작정하셨다. 우리는 이제 깨달을 수 있다. 지금 비참한 처지에 전락된 백성이 어떻게 하여 "부요하고 번영하는 다윗의 왕국"에서 보다 더 행복하게 되고, 더 큰 영광을 누리게 되는 것인가? 참으로 그리스도는 마침내 오셔야 하고 그에게서 완전한 행복을 찾아야 하였다.

"모든 열국을 내가 멸하기를 힘쓰리라." 이 약속은 유대인의 범위를 넘어야 한다. 스가랴는 그리스도의 왕국에 대해서 예언하고 있다. 유대인의 포로로부터의 귀환과 그리스도 오시기까지의 기간에 유대인의 상태를 생각하면, 이 예언자는 그 때 일어났던 것 보다 훨씬 더 큰 것을 바라도록 예언하는 것이다. 사실 그는 그리스도를 특별히 생각하고 있는 것이다. 그렇다면 여기서 교회의 영원한 보호를 약속하고 있다. 그리고 구원의 확

제4부 Ⅰ. 칼빈의 『강요』와 『주석』을 일관하는 기독교 종교   257

신도 거기에서 나온다. 하나님은 우리를 주의 깊게 지켜보시고, 모든 원수를 효과적으로 멸하신다.

위에서 우리는 칼빈의 주석 어디에서나 보는 메시야예언의 한 예를 인용하였습니다. 그의 관심은 "순수하고 참된 종교"입니다. 그리고 그는 성경 구절의 매 단어를 극히 중요시합니다. 그러나 그는 그 단어 안에 매이지 않고, 그 단어가 말하는 그의 종교 신앙을 자유로이 선포합니다.

3. 기독교 세계(a Christian World) 예언 : 이사야 2:2-4; 미가 4:1-5

> 민족들이 칼을 쳐서 보습을 만들고 창을 쳐서 낫을 만들 것이며 이 나라와 저 나라가 다시는 칼을 들고 서로 치지 아니하며 다시는 전쟁을 연습치 아니하리라(사 2:2-4; 미 4:1-5).

(1) 기독교 세계(a Christian World) 예언

"기독교 세계"(a Christian world)란 용어는 Wesley의 것입니다. 이 구절의 해석에서 칼빈과 웨슬리는 완전히 일치합니다. 양자가 다 이 예언이 현실 세계에서 문자적으로 이루어지기는 어렵다고 생각합니다.

칼빈: 세상에는 "선인"만 있는 것이 아니고, "악인"도 섞여있고 또 "선인"도 완전히 선하게 될 수 없기 때문에 "그리스도의 나라"가 이 땅에 완성된다고 해서는 아니 된다(『이사야주석』, p. 102).

웨슬리: 이런 기독교가 오늘날 어디에 존재하는가? 모든 국민이 그와

같이 성령 충만한 나라가 어느 나라인가? 결국 그와 같은 기독교의 나라가 지상에는 없다는 것을 고백할 수밖에 없다(Wesley's Works, V, 47).

그러나 양자가 다 이 예언을 심각하게 받고 그런 "세계"를 향하여 걷기 시작하자는데 일치합니다.

칼빈: 우리는 진보를 이루는 일을 항상 생각해야 한다. 그리스도의 나라가 여기서 시작되는 일을 생각해야 한다. 우리가 그 시작을 경험하고 그리스도를 통하여 하나님과 화목함을 얻었음으로 우리는 서로 간에 우정을 세우고 아무에게도 해를 끼치지 않도록 함으로써 족할 것이다(Ibid).

웨슬리: 사단이 하나님의 진리를 실패로 돌리고 하나님의 약속을 무로 돌릴 수 있는가? 그렇지 않다면 기독교가 모든 것을 지배하고 땅을 덮을 때가 올 것이다(Ibid., V, 45).

이어서 웨슬리는 각 사람에게 "오른 편 뺨을 치거든 왼편 뺨도 돌려대는가?"를 묻습니다(p. 50). 그리고 주님의 뜻대로 "선하게 보존하여 주시기를" 기도함으로 끝마치고 있습니다.

여기서 중요한 것은 "세계"를 향한 우리의 자세입니다. 어차피 이 세상은 악한 세상이니 "살인하고 도적질하고, 간음하고, 거짓말하고 욕심 부리는 일"이 당연하다 생각하고 "세계"를 포기하는 일과, 그래서는 아니 된다고 생각해서 "서로 사랑하고 욕심 부리지 아니하고, 속이지 않고, 진실한 세상"을 이루어야 하겠다고 생각하는 것과는 천양지차입니다. 이것을 우리 "한국"에 적용한다면 "어차피 한국은 거짓과 사기로 가득한 것이 당연한 것이고, 정직한 한국은 생각할 필요가 없다"는 생각은 잘못된 생각임이 분명합니다. 그리스도 안에서 "선하게 변화를 받은 한국인"과 "한국"이 당연한 것으로 봄이 좋습니다. "한국인은 정직하다", "한국인은 선한 일에 열심하는 하나님의 친 백성이다." 이와 같이 생각하면서 날마다 하나님께 "이 죄인을 용서하시고, 선을 내게 이루어주소서" 간구하면서 사는 일이 당연하지 않겠습니까?

그러므로 "기독교 한국"(p. 137 참조)이란 말이 결코 나쁜 말이 아닙니다. 그리고 우리는 "기독교 한국"을 위해 기도해야 하겠습니다. 웨슬리의 신앙을 따라 하나님의 예언은 반드시 이루어진다는 신앙을 가지고, 칼빈의 말을 따라 "그 시작을 경험하는 일", 그리고 "그 진보를 생각하는 일"이 중요한 것이 사실입니다. 그리하여 "서로 서로 간에 우정을 함양하고 누구에게나 해를 끼치지 않는 일"이 중요한 것이 사실입니다. 이와 같은 마음을 어렸을 때부터 넣어 주도록 해야 하겠습니다. 교육은 미래의 한국을 만드는 일인데, "한국을 좋은 한국으로 만들자"고 교육하는 일은 우리 한국의 좋은 미래를 위해 필요한 줄 압니다.

(2) 복음의 참 열매: 형제 우애(미 4:3)

칼빈은 여기서

> "우리가 서로 사랑하는 일과 서로 선의(benevolence)를 가지고, 선행에 전진하지 않으면 복음의 참 열매(the real fruit of the gospel)를 맺는 일에 자라고 있지 않다는 것을 배워야 한다"

고 합니다.

> "오늘날 우리 사이에 복음이 순수하게 설교되고 있지만 형제우애(brotherly

love)에 있어서 얼마나 진보가 없는 것을 생각할 때 우리의 게으름을 부끄러워 해야 한다."

고 강조합니다. 칼빈이 위에서 "오늘날 우리가…부끄러워해야 한다"고 한 말은 바로 오늘날 우리 자신에게 해당한다고 봅니다.

"하나님께서 그의 아들 안에서 우리와 화목하게 된 것을 날마다 선포하시고, 그리스도께서 우리의 평화가 되시어 하나님이 우리를 선대하시게 되었음을 가르치시는 것은 우리가 형제로서 함께 살도록 하기위하심이라."

고 강조합니다.

"그러므로 우리가 그리스도의 제자(the disciple of Christ)임을 사실로 증명하기를 원한다면 우리는 하나님의 진리의 이 부분(this parts of divine truth)에 권념하여, 우리 각 사람이 자기 이웃에게 선을 행하기에 힘써야한다"

고 강조합니다.

"그런데 우리의 육이 이 일을 거스리고 자기 이익을 구하는 강한 경향이 우리 속에 있음으로, 이 죄악된 이기심을 빼버리고, 그 자리에 형제에 대하여 친절하게 대하는 마음을 교체해야 한다."

고 합니다.

칼빈은 여기서 "칼을 쳐서 보습을 만들고 창을 쳐서 낫을 만든다"는 것은 "이웃을 해하지 않는 것으로 충분치 않고, 이웃에게 선을 행하기에전 념해야 한다"는 뜻임을 강조합니다. 여기서 "칼을 쳐부순다든가 창을 쳐 부순다"는 것은 "이제부터는 이웃을 해하지 않는다"는 뜻이라 합니다. 그러나 그것으로는 충분치 않고, "보습을 만들고, 낫을 만들어", "사랑의 의무를 다하기에 힘써야한다"고 합니다. "칼과 창"은 인간의 본성의 이기적임과 잔인함을 말합니다. 이것은 그리스도의 가르침을 받아 온유하고, 선한 성품으로 변하여야 한다는 것을 의미합니다. 그리하여 "보습과 낫"과 같이 이웃에게 도움을 주고, 선을 도모하게 되어야 한다는 것입니다.

4. 너희 원수를 사랑하라

『주석』 Harm. I, 304

나는 너희에게 이르노니 너희 원수를 사랑하며 너희를 핍박하는 자를 위하여 기도하라 이같이 한즉 하늘에 계신 너희 아버지의 아들이 되리니 이는 하나님이 그 해를 악인과 선인에게 비취게 하시며 비를 의로운 자와 불의한 자에게 내리우심이니라(마 5:44-45).

칼빈은 예수께서 앞서 "네 오른편 뺨을 치거든 왼편 뺨을 돌려대며", "네게 구하는 자에게 주며, 네게 꾸고자 하는 자에게 거절하지 말라" 등의 말씀들을 가르치셨는데 이제 "원수를 사랑하라"고 가르치신다. 칼빈은 이 말씀에 대해서

"자기를 미워하는 자를 사랑하게 되기까지 그 마음의 상태가 되어있는

사람은, 자연히 원수 갚는 일을 하지 않을 뿐만 아니라, 자기가 받는 악한 일들도 인내심을 가지고 참게 되고, 어려움을 당하는 사람들을 돕는 일도, 더 쉽게 하게 될 것이라"(Harm. I, 304).

고 합니다. 이것은 "그리스도께서 여기서 '네 이웃을 네 몸과 같이 사랑하라'(마 22:39)는 계명을 지키는 방법과 모양을 우리에게 간결하게 보여주신 것이다"라고 합니다.

"이 계명을 지키게 되기 위해서는 자기를 사랑하는 마음을 버리고, 즉 자기를 부인하고 하나님이 우리에게 속한다고 선언하신 모든 사람에 대해서 그들이 우리를 미워해도 사랑해야 한다."

고 합니다. "그때에 비로소 자기를 미워하는 사람을 사랑하기까지에 이른다"는 것입니다.

"이와 같이 악을 선으로 갚는 일은 우리의 육의 본성과 완전히 반대되는 일로서 대단히 어렵다. 그러나 우리는 이 사랑의 계명이 명하는 것을 이룰 길을 찾아야 한다. 왜냐하면 우리가 성령이 주시는 하늘의 능력을 의지할 때, 우리의 성품과는 배치되는 일들을 능히 감당하게 된다"고 합니다.

"이같이 한즉 하늘에 계신 너희 아버지의 아들이 되리니" 즉 "자기를 미워하는 자를 사랑하지 않으면, 아무도 하나님의 아들이 되지 못한다고, 그리스도께서 분명히 선언하시는데, 우리는 이 가르침에 매이지 않는다고 할 자가 어디 있겠는가? 이것은 한 마디로 그리스도인으로 여김을 받기를 원하면, 그의 원수를 사랑하라는 것이다"라 합니다. "누구든지 원수를 사랑하지 않는 자는 하나님의 자녀의 수에서 쫓겨나게 된다"는 뜻입니다. "하나님이 그 해를 악인과 선인에게 비춰게 하며, 비를 의로운 자와 불의한 자에게 내리우심이니라." "이것은 하나님의 모범을 본받도록 제시하는 것이다. 하나님의 아버지로서의 선하심과 관대하심을 본받는 것이 그의 뜻이다"라고 합니다. "한 마디로 감사치 않는 자 악한 자에게 우리가 친절하게 대하는 것이 우리를 양자 삼으신 표(a mark of our adoption)라고, 그리스도께서 우리에게 확인하시는 말씀이다"라고 합니다.

여기서 우리가 관용하게 되면 하나님의 자녀가 된다는 뜻으로 이해해서는 아니된다고 합니다. 우리의 양자 삼으심의 "증거자"(the witness, 롬 8:16)요, "담보물"(earnest, 엡 1:14)이요, "인침"(seal, 엡 4:30)이신 성령께서 사랑을 못하게 하는 우리 육의 악한 정욕을 바로 잡으시기 때문에 우리가 하나님의 자녀가 되고 관용하게 된다는 것입니다. 그러므로 그리스도는 여기서 하나님의 온유함과 친절함을 닮는 자들만이, 하나님의 자녀라는 것을 결과로부터 증명하십니다. 원수를 사랑하는 결과를 보면 그는 하나님의 아들임이 증명됩니다. 누가복음에 "지극히 높으신 이의 아들이 되리니"(눅 6:35)라고 한 것은 누구든지 원수를 사랑하면 이 명예를 얻어 하나님의 아들이 된다는 것이 아니고, 우리가 원수를 사랑하는 일을 힘써 행하기 위하여 하나님의 아들이 되는 "상"(a reward)을 하나님께서 주신다는 뜻으로 이해해야 한다고 합니다. 우리를 부르심의 방식(the design of our calling)은 하나님께서 우리를 부르시어, 하나님의 형상을 우리 안에 새롭게 이루시는 결과로, 우리가 경건하고 거룩한 생활을 하게 됩니다. 즉 원수를 사랑하는 자리에까지 이르게 됩니다.

5. 양자의 영(πνεῦμα υἱοθεσίας, the Spirit of adoption): 로마서 8:15-17

너희는 다시 무서워하는 종의 영을 받지 아니하고 양자의 영을 받았으므로 우리가 아바 아버지라고 부르짖느니라. 성령이 친히 우리의 영과 더불어 우리가 하나님의 자녀인 것을 증언하시나니 자녀이면 또한 후사 곧 하나님의 후사요 그리스도와 함께 한 후사니 우리가 그와 함께 영광을 받기 위하여 고난도 함께 받아야 할 것이니라(롬 8:15-17).

하나님의 은혜 가운데 "구속의 은혜"(the Grace of redemption)가 가장 큰 은혜입니다. 죄로 영원히 멸망 받을 우리를 하나님께서 그의 독생자까지 보내시어 속죄 제물로 삼으사 십자가의 보혈로 우리를 구속하여주시었습니다. 마지막 날에는 우리 몸까지도 구속하여 주실 것입니다(롬 8:23). 하나님께서 우리 죄인을 그리스도의 대속으로 구속하시어 죄 사함을 주시고, 의(義)롭다 하시고, 또한 동시에 "거룩함"(聖化)을 주시고, 종단에는 "영화롭게"하십니다(롬 8:30). 하나님께서 이와 같이 우리를 구원하시는 이유는 우리를 미리 택하시어 우리가 아들의 형상을 본받게 하시고, 독생자 예수님께서 많은 형제 중에서 맏아들이 되게 하시기 위한 것입니다(롬 8:29). 그러기 위하여 하나님께서 우리 각 사람을 사실로 양자 삼으시고, 성령으로 양자된 것을 증거하여 주십니다. 로마서 8:15-17은 갈라디아서 4:5-6, 고린도후서 1:21-22, 그리고 고린도후서 5:5과 함께 우리의 구원의 핵심부를 가르치고 있습니다.

(1) 하나님의 양자됨의 증거에 앞서 죄 사함 주시는 하나님의 사랑의 선행

여기서 가장 중요한 것은 하나님께서 우리의 양자됨을 증명하시기에 앞서 우리를 구속하심에서 나타나신 하나님의 사랑이 전제된다는 사실입니다.

> 우리가 아직 죄인 되었을 때에 그리스도께서 우리를 위하여 죽으심으로 하나님께서 우리에게 대한 자기의 사랑을 확증하셨느니라(롬 5:8).

이와 같이 우리에게 베푸신 하나님의 사랑이 우리를 양자 삼으시는 일의 전제 된다는 것입니다 이 점을 칼빈은 언제나 강조합니다. 이 양자 삼으심의 은혜는 "하나님께서 그의 백성의 육신의 연약함이나, 그들 속에 남아있는 죄를 용서 하시는 하나님의 아버지로서의 자비(the paternal mercy of God)와 직결된다"고 합니다(Com. 롬 8:15, 296). "우리 마음의 확신만 가지고는 아무 기도도 올릴 수 없으며 성령께서 우리 마음에 하나님의 아버지로서의 사랑(The paternal love of God)을 증거해 주셔야 우리의 혀가 열린다"고 합니다(Com. 롬 8:16, 299). 이것은 "우리에게 주신 성령으로 말미암아 하나님의 사랑이 우리 마음에 부은바 됨이니"(롬 5:5)라고 하신 우리 마음에 충만한 하나님의 사랑입니다. 하나님께서 그의 크신 사랑으로 만 가지로 우리를 선대하시나 독생자의 희생으로 우리를 구속하시는 사랑이 가장 큽니다. 그리스도의 보혈로 속량한 자를 "양자" 삼으시는 은혜는 구속의 은혜의 목적이기도 합니다. 즉 "구속"의 은혜가 가장 큰 은혜이나 "양자 삼으심"이 "구속"의 목적입니다. 왜냐하면 "아들로 많은 형제 중에 맏아들이 되게 하려 하시기" 때문입니다. 그리고 또한 우리가 날마다 하나님을 아버지라 부르는 근거가 여기 있습니다.

(2) 하나님의 영이 우리 안에서 우리의 양자됨을 증거하심

갈라디아서 4:5-6은 이 내용을 잘 설명하여 줍니다.

> 때가 차매 하나님이 그 아들을 보내사 여자에게서 나게 하시고 율법 아래 나게 하신 것은 율법 아래 있는 자들을 속량 하시고 우리로 양자됨(υἱοθεσίας)을 얻게 하려 하심이라. 너희가 아들인고로 하나님이 그 아들의 영을 우리 마음 가운데 보내사 아바 아버지라 부르게 하셨느니라(갈 4:5-6).

하나님께서 그의 성령으로 지금 "양자 삼으시는 일"은 마지막 날에 우리 육신 까지도 구속 받게 될 것과 같은 "사실적 소유"(actual possession)를 지금 얻게 된다는 것입니다(롬 8:23). "마지막 날에 우리의 구속의 열매를 얻음 같이 지금 우리는 양자됨의 열매를 얻게 된다"(As, at the last day, we receive the fruits of the redemption, so now we receive the fruit of adoption)고 합니다. "구속"이나 "양자됨"이 다 같이 "복음신앙"으로 됩니다. 그러나 "구속"의 완성은 마지막 날 에 되며 "양자됨"은 우리가 믿는 즉시 "사실화"됩니다.

칼빈은 거룩한 조상들은 그리스도가 오시기 전에 이 은혜에 오늘 우리와 같이 참여하지 못하였다고 합니다. 즉 아브라함과 모세와 다윗이 그리스도께서 오시기 이전에 있었음으로 이 "양자됨"의 은혜를 우리와 같이 누리지 못하였다는 것입니다. 그러나 지금 우리는 아들 됨의 은혜를 누리고 있습니다. 그리스도 오신 후에 신자들은 하나님을 아버지로서 섬깁니다. 또한 하나님의 사랑 하시는 "아들들"로서 자유를 누리고 있습니다. 구약백성은 이와 같은 자유를 누리지 못하였습니다. 이점을 칼빈은 로마서 주석에서 분명히 지적합니다.

참으로 우리 신자들은 여기서 하나님께서 구약의 선조들을 대하시던 것보다 더 풍성하게 우리들을 대하여 주시는 것을 알아야 한다. 우리가 누리는 우월함은 "율법"과 "복음"의 외적섭리(the outward dispensation) 때문이다. 아브라함과 모세와 다윗의 신앙은 우리의 신앙보다 월등하였으나, 하나님께서 아직도 그들을 외적으로 몽학선생 아래 두셨으므로 그들은 우리에게 계시하신 자유를 누리기까지에 이르지 못하였다(Com. 롬 8:15, 297).

그러면 구약백성에게 "하나님의 자녀"됨의 계시가 전혀 없었습니까? 그렇지 않습니다.

너희는 너희 하나님 여호와의 자녀니 죽은 자를 위하여 자기 몸을 베지 말며…(신 14:1).

하늘이여 들으라 땅이여 귀를 기울이라 여호와께서 말씀 하시기를 내가 자식을 양육 하였거늘 그들이 나를 거역 하였도다(사 1:2).

전에 저희에게 이르기를 너희는 내 백성이 아니라한 그곳에서 저희에게 이르기를 너희는 사신 하나님의 자녀라 할 것이라(호 1:10).

내 이름을 멸시하는 제사장들아 나 만군의 여호와가 너희에게 이르기를 아들은 그 아비를 좋은 그 주인(主人)을 공경하나니 내가 아비일진대 나를 공경함이 어디 있느냐(말 1:6).

그러나 하나님께서 친히 성령으로 "양자" 삼으시는 일은 그리스도께서 오셔서 "그리스도의 영이 권고하고 지도하심"(the advice and direction of the spirit)으로써 된 것입니다.

그리스도께서는 언제나 하나님을 "너희 아버지"라고 가르치셨습니다 (마 5:16, 45, 48; 6:4, 6, 8 등). 바울은 "하나님이 그 아들의 영을 우리 마음속에 보내사 아바 아버지라 부르짖게 하셨느니라"고 하였습니다(롬 8:15). 그리스도의 영이 우리가 하나님의 아들들임을 증거 하실 때에 우리는 하나님의 아들들임이 확신을 가지게 됩니다. 사실 하나님께서 "독생자"를 보내신 목적이 "구속"을 위함입니다. 그리고 인간의 아들로 보내신 이유가 우리 인간을 하나님의 아들을 삼기 위함입니다. 그리고 아들과 함께 "하나님의 유업"을 얻게 하기 위함입니다. "자녀이면 또한 후사 하나님의 후사"(롬 8:17)라고 하였습니다. 우리가 그리스도와 함께 하늘나라를 유업으로 받기 위해서는 먼저 우리가 그리스도와 함께 하나님의 아들들이 되어야 합니다.

고린도후서 1:21-22에서 사도 바울은 말합니다.

> 우리를 너희와 함께 그리스도 안에서 견고케 하시고 우리에게 기름을 부으신 이는 하나님이시니 저가 또한 인치시고 보증(담보물)으로 성령을 우리 마음에 주셨느니라(고후 1:21-22).

여기서 "인치심"($\sigma\phi\rho\alpha\gamma\iota\zeta\omega$)이나 "기름 부으심"($\chi\rho\iota\sigma\alpha\varsigma$)이나 "담보물"($\dot{\alpha}\rho\rho\alpha\beta\dot{\omega}\nu$)은 다 하나님께서 성령으로 우리를 사실적으로 "자녀"삼으시는 내적역사(內的役事)를 말합니다. 하나님께서 성령으로 사실적으로 "인치시고", "기름 부으시고", 성령을 "담보물"로 우리 안에 넣어주십니다. 이것이 "원인"(cause)이 되어 그 "결과"(effect)로 우리가 "양자"($\upsilon\iota o\theta\varepsilon\sigma\iota\alpha\varsigma$)됨을 사실적으로 소유하게 됩니다(actual possession). 그리하여 우리는 하나님을 아바 아버지라 부르짖게 됩니다.

로마서 8:16에서 "성령이 친히 우리 영으로 더불어 우리가 하나님의 자녀 인 것을 증거하시나니"라고 하신 말씀도 이와 같습니다. 여기서 우리의 영이 하나님의 영의 증거하심을 받을 때 "우리가 하나님의 아들들"임을 확신하게 되는 것을 말합니다. 우리의 마음이 스스로 그와 같은 확신을 가질 수는 없고, 하나님의 영이 먼저 우리가 하나님의 자녀임을 증거하실 때에, 우리가 "하나님을 아버지라" 부르게 되는 것입니다. "아바 아버지라 부르짖느니라"고 하신 것은 우리의 확고부동한 확신을 말하는 것입니다. 여기서 "아버지"를 모든 언어에서 공통적으로 나타나는 "아바"로 말하는 것은 만국 백성이 다 함께 하나님을 아버지라 부르게 될 것을 가리킵니다. 이사야에서 "모든 혀가 내 이름을 부르리라"(사 45:23)고 하신 말씀이 이루어진 것입니다.

(3) 하나님의 자녀이면 하나님의 상속자, 그리스도와 함께한 상속자

> 자녀이면 또한 후사 하나님의 후사요 그리스도와 함께한 후사니 우리가 그와 함께 영광을 받기 위하여 고난도 함께 받아야 될 것이니라(롬 8:17).

우리가 구원받아 천국으로 들어감을 얻는 것은 하나님께서 우리의 아버지가 되심으로써 되는 일입니다. 왜냐하면 하나님께서 우리의 아버지가 되신다면 우리는 하나님의 상속자가 되기 때문입니다. 하나님께 받을 우리의 유업은 "천국"입니다. 사도 바울은 우리가 그리스도와 함께 상속자가 되어 그리스도와 함께 영광을 받게 될 것을 말하고 있습니다. 이 유업은 천국 유업이요 그리스도께서 가지고 계시는 후패하지 않는 영원한 유업입니다. 하나님의 후사로서 얻게 될 유업의 훌륭함을 알 수 있습니다. 이것이 확실할진대 우리는 그것으로 만족하고 세상 유혹을 물리쳐야 하겠습니다. 또 세상에서 받는 고난도 경한 것으로 여겨야 하겠습니다.

"그리스도와 함께 영광을 받기 위하여 고난도 함께 받아야 될 것이라"고 말씀하십니다. "고난을 통하여 영광으로 들어감"이라고 할 수 있습니다. 또한 "우리의 잠시 받는 환란의 경한 것이 지극히 크고 영원한 영광의 중한 것을 우리에게 이루게 함이니"(고후 4:17)라고 말씀하십니다. 이것은 초대교회가 당한 극심한 핍박을 가리키고 있습니다. 여기서 중요한 것은 우리가 그리스도께서 십자가를 통해서 영광에 이르신 그 길을 따른다는 것입니다. 주님과 함께 고난을 받고 주님과 함께 영광으로 들어가는데 의미가 있습니다. 오늘날도 공산권이나 이슬람권에서 같은 고난을 통한 영광에로의 길을 봅니다. 그러나 신자는 어디서나 "자기 십자가"를 지도록 예수께서 명하십니다. 칼빈은 "자기부인"은 "이웃사랑"으로 나타나야 한다고 합니다(Inst. Ⅲ.7.4-7). 그리고 "이웃사랑"은 이웃에 대한 "사랑의 의무"(the duties of love)를 행함으로 족한 것이 아니고 "진지한 사랑의 심정"(a sincere feeling of love)에서 우러난 "사랑의 의무들"을 행하여야 한다고 합니다. 말하자면, 우리자신을 상대방의 입장에 놓고 상대방의 필요한 도움을 주어야 합니다. 이와 같이 볼 때에 우리 앞에 놓인 "영광에의 길"이 박해 시대에만 있었던 것이 아니고 우리의 날마다의 삶 속에서 그 길을 걷도록 요구받습니다. "사망은 우리 안에서 역사하고 생명은 너희 안에서 하느니라"(고후 5:12)고 말한 사도 바울의 삶을 살아가야 하는 것입니다. 그리하여 "하나님의 자녀 된 표"를 우리는 어디서나 나타내야 하겠습니다.

맺는말

칼빈 신학의 근본목적은 "순수하고 참된 종교"를 세우는데 있습니다. 칼빈은 그 『강요』와 성경 『주석』 22권에서 그 모범을 보여주었습니다. 우리는 칼빈의 『강요』와 성경 『주석』을 총괄하여 보았습니다. 그리고 그 전체를 일관(一貫)하는 "기독교 종교"(Christian Religion) 진리는 한 마디로 요약하여 "죄 사함과 회개의 복음을 믿고 구원 얻는데" 있습니다. 이 가장 중대한 진리는 예수께서 부활하신 후 친히 제자들에게 가르치신 내용입니다. "그리스도가 고난을 받고 제3일에 죽은 자 가운데서 살아날 것과 또 그의 이름으로 죄 사함을 받게 하는 회개가 예루살렘으로부터 시작하여 모든 족속에게 전파될 것"이 기록되었다고 하셨습니다. "너희는 이 모든 일의 증인이라"고 하시고, "내가 내 아버지의 약속하신 것을 너희에게 보내리니" "너희는 위로부터 능력을 입히울 때까지 이 성에 유하라" 명하시었습니다. 그리고 승천하신 후, 오순절에 실제로 성령을 보내시고 능력을 입히시사, "복음" 신앙으로 "구원"얻는 역사가 지난 2,000년간 진행되어, 오늘날 22억 7천에 달하는 교인을 가지는 "기독교회"가 이루어지기까지 이르렀습니다.

그런데 이 "죄 사함 받고 구원 얻어 영생으로 들어가기를 기하는" 기독교 종교가, 예수께서 가르치신 종교요, 신구약 성경이 가르치는 "핵심 내용"이요, 사도들로 시작하여 고대와 중세와 종교개혁시대와 18세기 "신앙대각성"(the Great Awakening)운동에 이르기까지 이어져 온 "기독교 종교"의 "핵심진리"입니다 그럼에도 불구하고, 18세기 말과 19세기 초에 Kant가 제창한 "계몽사조"(the Enlightenment)운동이 전 서양세계를 휩쓸은 후, 전 기독교 세계는 세속화의 일로를 걷고 있습니다. 20세기 초에 고군분투한 미국의 극소수의 "근본주의자"(the Fundamentalists)들이 아니었다면, "본래적 기독교 종교"는 역사 속에서 소멸되고 말았을지도 모릅니다. 그러나 20세기 중엽부터 "복음주의"(the Evangelicals) 운동이 그 대세를 만회한 것은 참으로 감사한 일입니다.

그러나 오늘날 전 세계신학계에서 "본래적 기독교 종교", 즉 "예수믿고 죄 사함 받아 중생하여 천국으로 들어감을 얻기를 구하는 종교"는 찾아보기 힘듭니다. 그리고 세계교회의 대세도 "세속적 관심"에 더 기울어져 있다고 판단됩니다. 이에 대해서 우리는 두 가지를 지적함으로써 이 글을 맺고자 합니다.

첫째로, "죄인"이 거듭나지 않으면 그가 무슨 "일"을 하든지 "죄를 범한다"는 사실입니다. "죄인"이 "정치"하면 "죄인"으로서 "정치"를 하게 됩니다. 마찬가지로 "사회"의 모든 "자리"에서 "문화"의 모든 "분야"에서 "죄를 범한다"는 사실입니다. 물론 "정치", "사회", "문화"의 각 분야는 그 자체의 "영역의 존엄성"(sphere sovereignty)이 있는 것이 사실입니다. 그러나 여러 가지 종류의 "죄의 영향"을 면치 못합니다. 즉 정치, 경제, 문화의 각 영역이 "죄"의 영향을 받는다는 것입니다. 그리고 "한국"이 죄로 물들기보다 "기독교 한국"으로 나타나는 것이 좋습니다(p. 137 참조). "한국인은 다 거짓말쟁이다", "한국인은 다 사기꾼이다"라는 것이 "상식"화 되기보다, "한국인은 정직하다", "한국인은 다 착하다"하는 것이 우리 피차간의 상식이 되고, 또 세계에 다 알려지는 것이 좋지 않겠습니까?

둘째로, "천국중심"의 본래적 기독교 종교가 "인간"에게 최대행복을 줍니다. "실재하는" 천국, "실재하시는" 우리 하늘 아버지, "실재하시는" 우리 구주, "실재하는" 그곳의 나의 사랑하는 자들! 감격스러운 만남의 그 날을 고대하는 종교가 "본래적" 기독교 종교입니다. 이 "신앙"만이 우리의 마음을 "정화"(淨化)시키고, "뜨거운 사랑"으로 넘치게 합니다. 그리하여 나의 제일 가까운 사람으로 시작하여 길거리에 다니는 모든 사람을 "내 몸과 같이" 사랑하는 마음으로 넘치게 하여 줍니다. 사람들은 이 "최대행복"의 길을 비웃습니다. 그러나 이 "유일의" 진리의 길을 떠나는 순간, "거짓 알키메데스지점(Archimedian Point)에로 떨어지는 치명상을 입는다는 진리를 Herman Dooyeweerd는 그의 거작 "이론적 사고의 새 판"(A New Critique of Theoretical Thought)에서 분명히 하여 주었습니다.

그러므로 우리 한국의 신학도들은,

첫째로, 우리 Campus 안에 "순수하고 참된 기독교 종교"를 세우기에 힘씁시다.

둘째로, 내 전공 신학분야가 이와 같은 "종교"와 배치되는 "종교"를 "함의"(imply)하지 않았는지 검토하고, 그 내용을 바로잡기에 힘씁시다. 오늘날 "신 문학비판"(Narrative Criticism)을 "복음주의 신학"과 "조화"시킬 수 있다고 착각하는 것을 흔히 봅니다. 시정되어야 할 줄 압니다.

셋째로, 세계 신학계의 각 분야에 대해서도 "참 종교"를 세우도록 많은 대화를 진행합시다. 즉 "신학선교"에 힘씁시다.

Copernicus의 "진리"가 Galileo에게 인정을 받기까지 1세기가 걸렸고, 그 "진리"가 Newton을 통하여 보편화되기까지 또 반세기를 기다려야 하였습니다. 예수님이 가르치신 이 단순한 "종교진리", 신구약 성경이 "핵심적"으로 가르치는 이 "진리"가 세계사의 무대에서 사라진 것 같으나, 인류의 "최대의 보화"가 언제까지나 땅에 묻혀 있게 되지는 않는다고 생각합니다.

2009년 7월 30일 (목)

한 철 하

II. 하늘의 심판대[1]: 기독교 종교의 기초

1. 천국과 지옥에 대한 예수님의 가르침
2. 천국과 지옥에 대한 사도 바울의 신앙
3. 야고보, 베드로, 요한의 모든 편지가 명망치 않고 구원 얻도록 간청하는 편지
4. 칼빈과 웨슬리의 같은 심각성의 가르침

    사도 바울은 로마서에서 믿음으로 구원 얻는 도리를 가르치기에 앞서 석장에 궁하여 "하나님의 진노와 심판"에 대해서 쓰고 있습니다. Calvin도 그의 칭의론 석장의 중간장을 "하늘의 심판대"(Heavenly Tribunal)에 대해서 쓰고 있습니다. 그런데 사실은 이 구원의 심각성에 대한 가르침은 성경 자체에서 강조되고 있음을 볼 수 있습니다. 성경 자체가 처음부터 끝까지 죄인 즉 지옥인을 의인(義人) 즉 천국인으로 변화시키기 위한 것입니다. 즉 천국으로 가야하고 지옥으로 떨어져서는 아니 되겠다는 신앙은 신약성경에 뚜렷이 드러납니다.

---

[1] ACTS 신학연구원 2000년 가을학기 제 8 회 신학연구회 경건회, 2000.11.8(수)

1. 천국과 지옥에 대한 예수님의 가르침

예수님의 가르침은 철두철미 이 한 가지 점에 집중됩니다. 산상수훈 첫 마디가 "천국이 저희 것임이라"로 시작합니다. 이것은 더 말할 필요 없이 "천국에 들어감"을 말합니다. 팔복(八福)의 마지막 복도 "천국이 저희 것임이라"로 끝마칩니다. 그리고 "나를 인하여 핍박받게 되면 너희에게 복이 있나니 기뻐하고 즐거워하라 하늘에서 너희 상급이 큼이니라", 천국으로 들어갈 뿐만 아니라, 거기서 상급이 크게될 것을 생각하여 "기뻐하고 즐거워하라"고 말씀하십니다. 누구든지 계명 중 지극히 작은 것 하나라도 버리고 또 그와 같이 가르치는 자는 "천국에서 지극히 작다 일컬음을 받을 것이요, 누구든지 이를 잘 지키는 자"는 "천국에서 크다 일컬음을 받으리라"(마 5:19).

이어서 "너희 의가 서기관과 바리새인보다 더 낫지 못하면 결단코 천국에 들어가지 못하리라"(마 5:20). 살인하면 "심판받게 된다"고 하였으나 나는 너에게 이르노니 "형제에게 노하는 자마다 심판을 받게 되고…미련한 놈이라 하는 자는 지옥 불에 들어가게 되리라"(마 5:22). 간음 문제에 대해서 가르칠 때에도 "만일 네 오른 눈이 너로 실족케 하거든 빼어 내버리라 네 백체 중 하나가 없어지고 온 몸이 지옥에 던지우지 않는 것이 유익하며 또한 만일 네 오른손이 너로 실족케 하거든 찍어 내버리라, 네 백체 중 하나가 없어지고 온 몸이 지옥에 던지우지 않는 것이 유익하니라"(마 5:29-30)고 말씀하십니다. 이 짧은 한 장 전체가 "지옥불"로 떨어지느냐 "천국에 들어가느냐"가 언제나 전제가 되어있습니다. 예수님의 가르침은 어디에서나 이 한 가지에 집중하는 것을 볼 수 있습니다. "나더러 주여, 주여 하는 자마다 다 천국에 들어갈 것이 아니고 다만 하늘에 계신 내 아버지의 뜻대로 행하는 자라야 들어가리라"(마 7:21). 가라지 비유에 있어서도

"불법을 행하는 자들을 거두어 내어 풀무불에 던져 넣으리니 거기서 울며 이를 갊이 있으리라. 그 때에 의인(義人)들은 자기 아버지 나라에서 해와 같이 빛나리라"(마 13:42-43). "세상 끝에도 이러하리라 천사들이와서 의인 중에서 악인을 갈라내어 풀무불에 던져 넣으리니 거기서 울며 이를 갊이 있으리라"(마 13:49-50). 마태복음 25장의 천국비유의 가르침도 마찬가지입니다. 그 대표적인 것은 마지막 심판의 장면입니다.

> 그 오른편에 있는 자들에게 이르시되 내 아버지께 복 받을 자들이여 나아와 창세로부터 너희를 위하여 예비된 나라를 상속하라(마 25:34).

> 또 왼편에 있는 자들에게 이르시되 저주를 받은 자들아 나를 떠나 마귀와 그 사자들을 위하여 예비된 영영한 불에 들어가라(마 25:41).

가장 뚜렷한 증거의 말씀은 십자가상에서 오른편 강도에게 하시는 말씀입니다.

> 예수께서 이르시되 내가 진실로 네게 이르노니 오늘 네가 나와 함께 낙원에 이르리라 하시니라(눅 23:43).

2. 천국과 지옥에 대한 사도 바울의 신앙

이와 같은 신앙은 또한 사도 바울의 신앙이었습니다. 바울에 있어서도 역시 가장 심각한 문제는 마지막 심판의 문제였습니다. 즉 "진노의 날 곧 하나님의 의로우신 판단이 나타나는 그 날에 임할 진노"입니다(롬 2:5). 그

날에 "하나님께서 각 사람에게 그 행한 대로 보응"하시게 될 것입니다. 참고 선을 행하여 영광과 존귀와 썩지 아니함을 구하는 자들에게는 영생을 주십니다.

> 하나님께서 각 사람에게 그 행한 대로 보응하시되 참고 선을 행하여 영광과 존귀와 썩지 아니함을 구하는 자에게는 영생으로 하시고 오직 당을 지어 진리를 쫓지 아니하고 불의를 좇는 자에게는 노와 분으로 하시리라(롬 2:6-8).

그날에 하나님께서는 예수 그리스도로 말미암아 우리들의 은밀한 것들을 또한 심판하실 것입니다.

> 곧 내 복음에 이른바와 같이 하나님이 예수 그리스도로 말미암아 사람들의 은밀한 것을 심판하시는 그날이라(롬 2:16).

사도 바울은 이 마지막 심판을 전제로 하여 말이나 행하는 모든 일을 하고 있습니다.

> 네가 어찌하여 네 형제를 판단하느뇨 어찌하여 네 형제를 업신여기느뇨 우리가 다 하나님의 심판대 앞에 서리라 기록되었으되…이러므로 우리 각인이 자기 일을 하나님께 직고하리라(롬 14:10-12).

> 그런즉 우리는 거하든지 떠나든지 주를 기쁘시게 하는 자 되기를 힘쓰노라 이는 우리가 다 반드시 그리스도의 심판대 앞에 드러나 각각 선악 간에 그 몸으로 행한 것을 따라 받으려 함이라(고후 5:9-10).

> 내가 자책할 아무 것도 깨닫지 못하나 그러나 이를 인하여 의롭다

함을 얻지 못하노라 다만 나를 판단하실 이는 주시니라 그러므로 때가 이르기 전 곧 주께서 오시기까지 아무것도 판단치 말라 그가 어두움에 감추인 것들을 드러내고 마음의 뜻을 나타내시리니 그때에 각 사람에게 하나님께로부터 칭찬이 있으리라(고전 4:4-5).

불의한 자가 하나님 나라를 유업으로 받지 못한 것을 계속 경고합니다.

불의한 자가 하나님의 나라를 유업으로 받지 못할 줄을 알지 못하느냐 미혹을 받지 말라(고전 6:9).

너희도 이것을 정녕히 알거니와 음행하는 자나 더러운 자나 탐하는 자 곧 우상 숭배자는 다 그리스도와 하나님 나라에서 기업을 얻지 못하리니 누구든지 헛된 말로 너희를 속이지 못하게 하라 이를 인하여 하나님의 진노가 불순종의 아들들에게 임하나나(엡 5:5-6).

다음의 구절은 사도 바울이 무엇이 중하고 무엇이 경한지를 결정적으로 선언하는 고전적 구절입니다.

그러므로 우리가 낙심하지 아니하오니 겉 사람은 후패하나 우리의 속은 날로 새롭도다 우리의 잠시 받는 환난의 경한 것이 지극히 크고 영원한 영광의 중한 것을 우리에게 이루게 함이니 우리의 돌아보는 것은 보이는 것이 아니요 보이지 않는 것이니 보이는 것은 잠간이요 보이지 않는 것은 영원함이니라(고후 4:16-18).

그리하여 사도 바울은 그리스도 십자가의 원수로 행하는 자들의 종국을 직시하면서 눈물을 흘리고 있습니다. 이것이 한두 번의 일이 아님을 그는 말하고 있습니다.

내가 여러 번 너희에게 말하였거니와 이제도 눈물을 흘리며 말하노니 여러 사람들이 그리스도 십자가의 원수로 행하느니라 저희의 마침은 멸망이요 저희의 신은 배요 그 영광은 저희의 부끄러움에 잇고 땅의 일을 생각하는 자라 오직 우리의 시민권은 하늘에 있는지라 거기로서 구원하는 자 곧 주 예수 그리스도를 기다리노니 그가 만물을 자기에게 복종케 하실 수 있는 자의 역사로 우리의 낮은 몸을 자기 영광의 몸의 형체와 같이 변케 하시리라(빌 3:18-21).

3. 야고보, 베드로, 요한의 모든 편지가 명망치 않고 구원 얻도록 간청하는 편지

이와 같은 확고부동한 전제가 어찌 복음서와 바울서신뿐이겠습니까. 야고보, 베드로, 요한의 모든 편지가 성도들이 예수 믿고 멸망치 않고 구원얻게 하기 위한 간청의 편지들이 아닙니까. 야고보서를 바로 깨닫는 열쇠도 역시 구원의 심각성 전제에 있다고 봅니다.

시험을 참는 자는 복이 있도다 이것에 옳다 인정하심을 받은 후에 주께서 자기를 사랑하는 자들에게 약속하신 생명의 면류관을 얻을 것임이니라(약 1:12).

이것이 사도 야고보가 흩어져 살면서 여러 가지 시험을 당하고 있는 12지파에게 편지하는 근본 목적이었습니다.

베드로도 그의 편지 초두에 말합니다.

찬송하리로다 우리 주 예수 그리스도의 아버지 하나님이 그 많으신 긍휼대로 예수 그리스도의 죽은 자 가운데서 부활하심으로 말미암아 우리를 거듭나게 하사 산 소망이 있게 하시며 썩지 않고 더럽지 않고 쇠하지 아니하는 기업을 잇게 하시나니 곧 너희를 위하여 하늘에 간직하신 것이라(벧전 1:3-4).

구원받은 신자들에게 음란과 방탕과 우상숭배를 하여 이방인의 뜻을 행하지 말 것을 경계하면서 산 자와 죽은 자를 심판하실 이가 계신 것을 알리고 있습니다(벧전 4:5).
또한 믿음과 사랑에 힘씀으로 부르심과 택하심을 굳게하면

우리 주 곧 구주 예수 그리스도의 영원한 나라에 들어감을 넉넉히 너희에게 주시리라(벧후 1:11).

반면에 거짓선지자의 멸망케 할 이단들에 대하여 경계하면서

주를 부인하고 임박한 멸망을 스스로 취하는 자들이라(벧후 2:1).

주를 부인하는 자들에게 임할 멸망을 알리며 사도 요한도 우리가 처음부터 들은 약속을 영원한 생명이라고 알리고 있습니다.

우리에게 약속하신 약속이 이것이니 곧 영원한 생명이니라(요일 2:25).

반면에 우리에게 "심판 날"이 있음을 알리며 "두려움내는 형벌이 있음을 알리고 있습니다.

우리로 심판 날에 담대함을 가지게 하려 함이니 주의 어떠하심과 같이

우리도 세상에서 그러하니라 사랑 안에 두려움이 없고 온전한 사랑이 두려움을 내어 쫓나니 두려움에는 형벌이 있음이라(요일 4:17-18).

4. 칼빈과 웨슬리의 같은 심각성의 가르침

이와 같이 뚜렷한 진리 즉 성경과, 어거스틴, 루터, 칼빈, 웨슬리 등의 교사들과, 교회가 가르쳐 온 뚜렷한 과학적 진리를 오늘날 교회에서 몇몇 현명한 목사님들 외에는 거개가 무시하고 농담으로 여기고 있습니다. 그 이유는 간단합니다. 말로는 하나님을 믿는다고 하면서 내심으로는 하나님도 무시하고 자기의 심각한 죄도 모르는데 기인합니다. 사실 심각한 죄의 각성이 쉬운 것이 아님은 웨슬리의 경우를 보아도 알 수 있습니다. 웨슬리는 할아버지 때부터 3대째 청교도 신앙 분위기 속에서 자랐습니다. 일찍부터 경건주의에 심취되었고, 특히 Oxford 대학에서 6년이나 Holy Club의 경건운동 즉 "양(羊)의 표"를 얻기 위한 운동을 하다가, 2년 4개월의 사경(死境)을 여러 차례 넘는 Georgia 지역에서 선교하는 동안에 참으로 하나님을 두려워하는 Moravian의 신앙에 접하면서 마침내 Wesley는 자기가 하나님을 믿지 않고 있었다는 것을 고백하게 됩니다.

나는 다른 사람을 개종시키기 위해 미국으로 갔었다. 그러나 나 자신은 하나님께로 개종하지 못하였다(I/75).
I who went to America to convert others, was never myself converted to God(I/75).

"땅 끝에 가서 내가 배운 것은 나는 완전히 부패하여 가증되고 진노의 자식이요 지옥갈자"란 것이라고 말하고 있습니다.

그렇다면 땅 끝까지 가서 내가 배운 것은 나는 하나님의 영광에 이르지 못한다는 사실이다. 나의 마음 전체가 완전히 부패하고 가증되어 하나님의 생명에서 떠나있어 나는 '진노의 자식'이요 '지옥의 상속자'임을 알게 되었다(I/76).

This then, have I learned in the ends of the earth-That I "am fallen short of the glory of God." That my whole heart is "altogether corrupt and abominable", and, consequently. That "alienated" as I am from the life of God, I am "a child of wrath", and "an heir of hell"(I/76).

이와 같은 하나님 앞에서의 심각한 죄의 자각에 대해서 Calvin은 성찬을 받을 때마다 되풀이 깊이 찔림을 받아야 한다고 말합니다(Calvin, A Short Treatise on the Lord's Supper).

우리가 누구인가 생각해보며 내 속에 무엇이 있는가를 살펴볼 때에 반드시 우리는 양심의 가책과 큰 번민에 빠져 들어가지 않을 수 없다. 우리 가운데 한 사람도 자기 속에 의(義)의 한 터럭이라도 찾을 수 있는 사람은 한 사람도 없을 것이다. 반대로 죄와 악으로 가득 차서 다른 사람이 우리를 고발할 필요가 없이 우리의 양심이 우리를 정죄한다. 따라서 하나님의 진노가 우리를 향하여 불일 듯 하고 아무도 영원한 형벌을 피할 사람은 없다. 우리가 졸든가 둔하게 되어 있지 않다면 이 무서운 생각은 우리를 격동케 하고 고문하는 일종의 영원한 지옥이 될 것이다. 왜냐하면 우리의 정죄의 결과는 하나님의 심판이 따르게 된다는 것을 상기시키지 않을 수 없기 때문이다.

We must necessarily be under great trouble and torment of conscience, when we consider who we are, and examine what is in us. For not one of us can find one particle of righteousness in himself, but on the contrary we are all full of sins and iniquities, so much so that no other party is required to accuse us than our own conscience, no other judge to condemn us. It follows that the wrath of God is kindled against us, and that none can escape eternal death. If we are not asleep and stupefied, this horrible thought must be a kind of perpetual hell to vex and torment us. For the judgment of God cannot came into our remembrance without letting us see that our condemnation follows us a consequence.

여기서 Calvin은 성찬을 합당치 않게 먹고 마시지 않기 위하여(고전 11:28) 우리는 먼저 자기를 살핀 후에 받으라는 말씀의 뜻을 풀이하고 있습니다. 그 일은 "자기가 무엇"이며 "자기 속에 무엇이 있는가?"를 살펴야 한다는 것입니다. 우리가 무엇입니까? 허다히 많은 죄를 지은 죄인이요, 또 죄 밖에 질 수 없은 부패한 자입니다. 말하자면 절망에 빠진 자입니다. 내 속에는 티끌만한 의(義)도 없고 반대로 죄와 악으로 가득 차 있는 자입니다. 이것은 당연히 하나님의 진노에 해당하며 영원한 지옥형벌을 피할 길이 없는 자이며 그리하여 공포와 번민과 슬픔 속에서 구원을 갈망하는 가운데 성찬을 받아야 "합당한" 참여가 된다는 것입니다. 이와 같이 자기를 살핀 후에 성찬을 받을 때에 비로소 감사와 화평과 기쁨과 사랑과 찬송이 있게 될 것입니다.

중요한 것은 죄의 "인식"과 그것이 무엇인지를 바로 아는 일입니다. 영원한 심판과 형벌에 해당한다는 것을 심각하게 아는 일입니다. 그렇기에 Calvin은 이 일이 모든 것의 기초(fundamentum)라고 한 것입니다. Calvin은 이 문제를 그의 『강요』 요소 요소에서 다루고 있습니다(I. 1-3;Ⅱ,1-5;16.1.2;Ⅲ.12.;Ⅳ.25.12).

이제 영국교회 the Homily on Fasting에서 Wesley가 인용하는 인용문을 참고로 삼도록 하겠습니다.

사람들이 저들 마음속에 무거운 죄 짐을 느끼게 될 때, 그 결과는 정죄임을 보게 되며, 저들의 심령의 눈으로 지옥의 공포를 보게 되며, 그들은 떨며 격동되고 마음의 슬픔에 사로잡히게 되고 스스로를 정죄할 수밖에 없으며 그들은 전능하신 하나님 앞에 비통한 마음을 열어 놓고 자비를 구할 수밖에 없게 된다. 이와 같은 일이 심각하게 이루어질 때 그들의 마음은 슬픔과 무거움에 사로잡히게 되고 지옥의 위험과 정죄에서 구출되기를 심각하게 소원하는 가운데 음식을 멀리하고 세상적인 것이나 쾌락에 대하여 혐오하게 된다. 그리하여 울고 애통하고 슬퍼하는 일 외에 원치 않으며 말로나 행동으로 다만 삶에 대한 싫증을 나타낼 뿐이다(Wesley's Works, V/349).

When men feel in themselves the heavy hurden of sin, see damnation to be the reward of it, and behold, with the eye of their mind, the horror of hell, they tremble, they quake, and are inwardly touched with sorrowfulness of heart, and cannot bue accuse themselves, and open their grief unto Almighty God, and call unto him for mercy. This being done seriously, their mind is so occupied, [taken up,] partly with sorrow and heaviness, partly with an earnest desire to be delivered from this danger of hell and damnation, that all desire of meat and drink is laid apart, and loathsomeness [or loathing] of all wordly things and pleasure cometh in place. So that nothing then liketh them more than to weep, to lament, to mourn, and both with words and behaviour of body to show themselves weary of life(Wesley's Works, V, 349).

역사적 교회는 다 공통되게 심각한 회개를 가르치고 있습니다. 그리고 참된 회개는 최후의 심판대를 생각함으로서 가능하다는 것입니다. 여기서 영국교회가 가르치는 바도 자기 죄의 무거운 짐이 하나님의 진노와 영원한 지옥형벌의 사실성 앞에서 식음을 멀리하고 세상 연락(宴樂)이 싫어지고 오로지 하나님께 구원을 간구하는 심령의 상태를 말하고 있습니다.

이것은 죄와 하나님의 심판에 대한 참된 두려움을 말하고 있습니다. 이것 없이는 참으로 기독교 종교는 농담에 불과합니다. 여기에 어찌해서든지 의롭다하심을 받고 선한 사람으로 변화를 받아 천국으로 들어가야 하겠다는 참된 결단과 삶이 필요하게 됩니다.

우리는 누구의 말보다 예수님의 가르치신 말씀에 더욱 귀를 기울여야 하겠습니다.

> 내가 내 친구 너희에게 말하노니 몸을 죽이고 그 후에는 능히 더 못하는 자들을 두려워하지 말라 마땅히 두려워할 자를 내가 너희에게 보이리니 곧 죽인 후에 또한 지옥에 던져 넣는 권세 있는 그를 두려워하라 내가 참으로 너희에게 이르노니 그를 두려워하라(눅 12:4-5).

오늘날 기독교에서 이 두려움, 이 심각성이 사라진데 문제가 있습니다. 참으로 기초를 잃어 버렸습니다. 오늘날 우리는 무엇보다 이것을 되찾아야 하겠습니다.

Ⅲ. 신앙(信仰)의 목표(目標) (빌 2:12-16)[1]

전 문
1. 오늘의 세계교회의 문제: "신앙의 목표"를 잃어버린 데 있습니다.
2. Calvin은 "신앙의 목표"를 명시하고 강조하였습니다.
3. "신앙의 목표"가 기독교 세계 속에서 사라지게 된 원인
4. 전 세계가 처하고 있는 이 큰 비극의 근본 원인
5. 성경 전체가 이 진리를 가르치고 있습니다.
6. 예수님의 가르침도 이 한 가지에 집중됩니다.
7. 예수님의 행하심이 바로 이 한 가지를 위해서였습니다.
8. 사도(使徒)들의 가르침이 역시 이 한 가지에 집중됩니다.
   (1) 사도 바울
   (2) 야고보
   (3) 베드로
   (4) 사도 요한
9. 교회의 교사들이 역시 이 한 가지를 가르치고 있습니다.
   (1) 초판에서
   (2) 최종판 구원론에서
      1) Inst., Ⅲ, 14:21
      2) Inst., Ⅲ, 17:6
      3) Inst., Ⅲ, 18:1
      4) Inst., Ⅲ, 18:4
10. 결론(結論)

---

[1] ACTS 교수회, 2003년 6월 23일(월)

전 문[1]

　기독교 신앙에 중심이 있다는 것을 발견하게 된 것은 1989년 7월에 평북노회신학사조연구위원회에서 발간한『우리의 신앙』서문 "신앙이란 무엇인가?"를 쓰는 가운데 비로소 된 일입니다. 앞서『강요』3권 2장 "신앙론"을 두 학기나 강의하고도 Calvin이 신앙의 "중심점"을 그같이 강조하고 있는 것을 몰랐다는 것은 신앙의 준비 없이는 볼 것을 보지 못한다는 사실을 보여주는 것입니다. "신앙의 중심점"은 다름 아닌 "하나님의 우리를 향하신 선한 뜻"(God's benevolence toward us)이라고 Calvin은 못박고 있습니다. 그리고 하나님께서 이와 같이 우리를 향하여 선한 뜻을 가지신다는 것은 그리스도의 은혜에 근거를 두고 있으며 성령의 우리 마음에 인치심에 의해서 확증된다고 하였습니다(Inst.,III,ii,7).

　기독교신앙의 이 중심점은 Calvin은 다시 그의『강요』초두 "독자에게 보내는 글"에서 분명히 보여주고 있습니다. 거기서 Calvin은『강요』를 잘 공부하면 "성경에서 우리는 무엇을 찾아야 하며 그것을 어디에 적용하여야 하는가?"가 분명하게 된다고 함으로써 우리가 성경을 읽을 때에 "신앙의 중심점"을 찾아야 할 것을 말하고 있습니다. 그가『강요』를 쓰는 목적은 우리가『성경』을 읽을 때 성격 속에서 "복음" 즉 그리스도로 말미암는 죄 사함과 회개의 복음을 찾아야 하며 그것을 복음 설교를 통해서 "영혼을 구하는 것"에 적용해야 할 것을 분명히 하고 있습니다. 그러므로 우리는 구약성경이나 신약성경을 읽을 때에 그 속에서 "구원의 복음"을 찾는 것이 중요하다는 것이 분명하게 됩니다.

　그리하여 1994년 봄 학기에 ACTS 교수회에서는 구약학이나 신약학 뿐

---

[1] 2002년 1월 "제8회 아세아 갈빈학회"에서 발표한 논문을 2003년 7월 4일(금)에 정리한 논문

아니라 신학의 각 분야에서 이 중심 진리 "구원의 복음"을 중심으로 세우기로 하자는 결의를 하였습니다. 이것이 소위 ACTS의 『신학공관』운동입니다. 이 신학운동이 중요성을 가지는 것은 서양신학이 기독교신앙의 이 중심점 즉 구원의 복음을 잊어버렸기 때문입니다. 신앙의 교사들이 구원에 무관심하게 된 결과 자유와 보수를 막론하고 구원의 심각성도, 구원의 유일의 길 "죄 사함" 받고 "회개"하여 "새사람" 되는 일도, 다 망각하여 버리게 되었습니다. 그러므로 "ACTS 신학공관 운동"은 실로 21세기 인류를 살리는 운동이 되었습니다.

Calvin에 있어서 신앙의 목표(scopus fidei)는 죄 사함 받고 거룩함을 이루어 구원 얻어 천국에 들어감을 얻는 것을 목표로 하라는 것입니다. 그리고 이 신앙의 목표가 Calvin의 『강요』 3권 2장 신앙론(信仰論)에서 강조되고 있음을 발견하고, 그것을 2002년 1월에 모인 "제8회 아세아칼빈학회"에서 "Calvin에 있어서의 신앙의 목표"라는 제목으로 발표하였습니다. 그러나 2003년 봄 하기 강의 중에 Calvin 초판에서 이미 그와 같이 강조하고 있는 것을 보고 이제 이 주제 "신앙의 목표"를 총괄적으로 고찰하여, 이 글로써 『논문집』을 마무리하기로 하였습니다.

1. 오늘의 세계교회의 문제: "신앙의 목표"를 잃어버린데 있습니다.

오늘의 세계교회의 문제는 "신앙의 목표"(the goal of faith, scopus fidei)를 잃어버린데 있습니다. 신앙의 바른 목표를 잃어버렸으니 기독교신앙이 허공을 치는 모양으로 되어 버렸습니다. 기독교 종교가 아무 힘없는 것이 되어 버렸습니다.

2. Calvin은 "신앙의 목표"를 명시하고 강조하였습니다.

그러나 성경이나 교회의 교사들이나 다 일치해서 "신앙의 목표"를 명확하게 가르치고 있습니다. 그것은 Calvin이 벌써 그의 『강요』 초판(初版)에서 명시한대로 "죄 사함 받고 거룩하게 됨을 입어서 구원 얻어 하나님의 나라로 인도함을 받는 일"입니다.

> 예수께서 우리의 그리스도, 즉 구주이심을 우리는 의심치 않는다. 그러나 우리가 그를 통하여 죄 사함과 거룩하게 됨을 얻음으로 구원도 또한 주시어 마침내 하나님의 나라로 인도함을 받게 될 것이다. 하나님의 나라는 마지막 날에 나타나게 될 것이다(Calvin, Inst. [1st ed. 1536], ii, 2).
> we do not doubt Jesus is our Christ, that is, Savior. But as we obtain through him forgiveness of sins and sanctification, so also salvation has been given, in order that we may at last be led into God's kingdom which will be revealed on the last day(Calvin, Inst. [1st ed. 1536], ii, 2).

한 마디로, "예수 믿고 죄 사함받아 새 사람 되어 구원을 얻어 천국에 들어가는 일"입니다. Calvin이 이것을 얼마나 강조하였는지 "이것이 성경의 주제요, 거의 전체요, 주께서 우리를 위해 세워 주신 목표(meta)요, 표적(scopos)이다"고 말하고 있습니다.

> 이것이 참으로 주께서 그의 거룩한 말씀으로 우리에게 제공하여 주시고 또한 약속하신 저 모든 것들의 주제요, 총괄(總括)이다. 이것이 그의 성령 안에서 우리를 위해 세워 주신 목표요, 이것이 그가 세우신 표적이다(Calvin, Inst. [1st ed. 1536], ii, 2).
> This is indeed the head and almost the sum of all those things which the Lord by his sacred Word offers and promises us. This is the goal set for us in Scripture; this the target he set(Calvin, Inst. [1st ed. 1536], ii, 2).

3. "신앙의 목표"가 기독교 세계 속에서 사라지게 된 원인

"거룩함을 입어서 영광(榮光)의 나라로!"

이 명확한 신앙의 목표가 기독교 세계 속에서 사라지게 된 것은 기독교 서양(基督敎西洋)의 세속화에서 시작됨을 볼 수 있습니다. 중세는 물론이요, 종교개혁시대나 18세기 신앙각성운동에 있어서도, "지옥"에 떨어짐을 면하고 "천국"에 들어감을 얻어야 한다는 신앙은 기독교 종교의 근간(根幹)을 이루어왔습니다. 그러나 18세기 말에 이르러 Immanuel Kant 가 계몽사조(啓蒙思潮, the Enlightenment)를 제창하고 나왔고, 19세기 동안에 이 "이성" 우위의 신학사상은 전 서구교회로 퍼져 나갔고, 20세기 전반까지 이 자유주의 신학은 전 세계를 삼켜 버리고 말았습니다. 사실은 오늘까지도 전 세계 신학계가 그 영향 아래 있고, 우리가 발견하고 주장하는 이 "신앙의 목표"(scopus fidei)를 명확하게 내세우는 신학을 어디에서 찾을 수 있습니까? 사실은 "복음주의 신학" 진영에서도 찾기 힘든 것은, "복음주의 신학"의 중요 목표는 "성경의 권위"를 지키는 일이나, "교리의 정확성"을 기하는 일에 두었고, 바른 "신앙의 목표"를 잃지 않는데 두지 못하였기 때문입니다.

4. 전 세계가 처하고 있는 이 큰 비극의 근본 원인

전 세계 교회가 처하고 있는 이 비극의 근본원인은 사실은 하나님을 두려워하지 않는 "불신앙"에서 찾아야 할 줄 압니다. 죄악과 불의에 대한 하나님의 정당한 진노와 심판을 무시하는데 문제가 있습니다. 이것은 결국 "죄에 대한 경시"(輕視)에 그 근본원인을 찾아야 할 줄 압니다. 죄는 조금

지어도 무방하다는 착각입니다.

로마서 1:18-3:20의 "하나님의 진노와 심판대"에 대해서 무지한데 그 근본 원인이 있습니다. 말하자면 하나님께서 "불의로 진리를 막는 사람들의 경건치 않음과 불의에 대해서 하늘로 좇아 나타나는 하나님의 진로"를 모르는데 기인합니다. 말하자면,

> 혹 네가 하나님의 인자하심이 너를 인도하여 회개케 하심을 알지 못하여 그의 인자하심과 용납하심과 길이 참으심의 풍성함을 멸시 하느뇨 다만 네 고집과 회개치 아니한 마음을 따라 진노의 날 곧 하나님의 의로우신 판단이 나타나는 그 날에 임할 진노를 네게 쌓도다(롬 2:4-5).

이 말씀대로 하나님께서 "죄와 불의와 거짓과 악함"을 그대로 두리라고 착각하고 있는데 기인합니다. 사도 바울이 명확히 본대로

> 죽은 자가 다시 살지 못할 것이면 내일 죽을 터이니 먹고 마시자 하리라 속지 말라 악한 동무들은 선한 행실을 더럽히나니 깨어 의를 행하고 죄를 짓지 말라(고전 15:32-34).

결국은 도덕적 타락에서 저런 세속주의의 착각이 생겨난 것입니다. 그러므로 기독교 종교는 "죄와 멸망"으로부터 구원의 종교입니다. Calvin이 지적한대로 "죄 사함 받고 거룩함을 입어 구원 얻어 하나님의 나라로 인도됨을 입는" 종교입니다.

5. 성경 전체가 이 진리를 가르치고 있습니다.

성경 전체가 바로 이것을 가르치고 있습니다. 성경의 중심이라고 할 수 있는 예수께서 이 세상에 왜 오셨습니까? 그를 믿는 자를 멸망치 않고 영생 얻게 하기 위함이 아닙니까? 사실 "모든 사람이 죄를 범하였으매 하나님의 영광에 이르지 못하더니"(롬 3:22) 즉, "모든 사람"이 멸망에 처하여 있습니다. "하나님의 영광에 이르지 못한다면" 결국은 멸망이 그 남은 길이 아닙니까? 이것을 우리는

The reality and universality of perdition
멸망의 실재성과 보편성

이라고 부르고 있습니다. 모든 사람이 한 사람의 예외 없이 영원한 멸망의 벼랑 끝에 서 있습니다. 우리는 사실 우리가 매일 만나는 모든 사람을 향하여 "예수 믿고 구원 얻으시오!" 최대의 심각성을 가지고 권해야 하겠습니다. 예수께서 "우리의 죄 사함을" 주신 사실을 믿고 그 사실이 자기에게 이루어졌음을 아는 사람은 "멸망"에서 벗어나서 "영생"에로 들어감을 얻습니다. 하나님의 독생자가 이 세상에 오신 목적이 그것이라면 이것이 성경의 가르침의 중심을 이룬다고 볼 수 있지 않습니까?

6. 예수님의 가르침도 이 한 가지에 집중됩니다.

예수님의 가르침은 이 일에 집중됨을 볼 수 있습니다. 산상수훈을 봅시다. 팔복의 말씀이 이 내용 이 중심을 이루고 있음을 봅니다. "마음이 가

난한 자", Wesley는 "죄 사함을 받은 자"를 가장 "마음이 가난하게 된 사람, 겸손하게 된 사람"으로 봅니다. Wesley의 이 해석은 가장 옳은 해석이라고 보여 집니다. "자기 죄 사함을 받은 사실을 고백하는 심령"이 주 앞에 가장 겸손하게 된 심령이 아니겠습니까! 그러므로 죄인이 "죄 사함"받고 천국에 들어가는 것은 기독교 종교의 가장 기초요 시작이라 하겠습니다. 그리하여

> 마음이 가난한 자는 복이 있나니 천국이 저희 것임이요(마 5:3).

이 말씀을 Wesley는 팔복의 시작이요 기초가 되는 말씀이요, 또 팔복은 성경 전체의 시작이요 기초로 보고 있습니다. 그러므로 팔복의 말씀은 "죄 사람 받고 겸손하게 된 심령이 죄를 슬퍼하고", 이웃에게 "온유"하게 되고, "하나님의 의(義)"를 무엇보다 갈급하게 되고, 모든 사람을 "긍휼이 여기고", "마음이 청결"하게 되고, 모든 사람을 위해서 힘써 "섬기는 사람"이 되고, 종당에는 이로 인해 핍박 받아 "거룩하게"되어, 천국이 저희 것이 된다는 것입니다. 예수께서는 "천국에 들어가는 일"을 신앙의 목표로 확실하게 세워 주셨습니다.

예수님의 가르침은 이 한 가지 점에 집중됨을 볼 수 있습니다. "나를 고백함으로 고난을 당하면 기뻐하고 즐거워하라 하늘에서 너희 상이 큼이니라." "율법의 일점일획이라도 경히 여기지 말라. 너희가 하늘에서 크다 일컬음을 받을 것임이니라." "너희 의가 서기관과 바리새인의 의보다 더 낫지 못하면 결단코 천국에 들어가지 못하리라." "형제에게 미친놈이라고 하면 지옥불에 들어가게 되리라. 그러므로 형제를 자기 몸을 사랑하듯이 사랑하여 천국에 들어감을 얻으라." "또 간음치 말라 하였으나 나는 너

희에게 이르노니 네 오른 눈이 너를 넘어지게 하거든 빼어 내버리고 지옥에 던지우지 않게 하라. 네 오른손이 너를 넘어지게 하거든 찍어 내버리고 지옥에 던지우지 않게 하라." "악한 자를 대적치 말라. 오른편 뺨도 돌려 대며, 겉옷까지도 가지게 하고, 네게 구하는 자에게 주며, 원수를 사랑하여 위하여 기도함으로 하늘에 계신 너희 아버지의 아들이 되라."

예수님의 가르침이 단 한 가지 "하늘에 계신 너희 아버지의 온전하심과 같이 너희도 온전하여", "창세로부터 예비 된 나라를 상속하라"(마 25:34). "의인은 자기 아버지의 나라에서 해와 같이 빛나니라"(마 13:43). "죄 사함 받고 회개하여 온전히 거룩함을 얻어(entire sanctification) 하나님의 것으로 성별되어 영광으로 들어가라" 이 한 가지가 아닙니까?

7. 예수님의 행하심이 바로 이 한 가지를 위해서였습니다.

예수님의 행하심 역시 같은 한 가지 일에 집중됨을 볼 수 있습니다. 왜 피를 흘리시고 고난을 당하시었습니까? 보혈로 우리 죄를 속(贖)하시어 하나님 아버지께 죄 사함을 얻게 하기 위함이 아닙니까? 왜 부활하시어 영광 가운데로 오르시었습니까? 우리도 새 생명을 얻어 하나님의 것으로 거룩함을 이루어 같은 영광 가운데로 오르기 위함이 아닙니까?

이 단 한 가지 "믿음의 목표"(scopus fidei), Calvin의 말대로 "죄 사함 받고 거룩함을 이루어 구원 얻어 그의 나라로 인도함을 받는 일"을 예수께서는 말로 가르치셨고, 그의 생애를 바치시어 성취하셨습니다.

8. 사도(使徒)들의 가르침 역시 이 한 가지에 집중됩니다.

사도들의 가르침 역시 이 한 가지 일을 "믿음의 목표"로 우리에게 분명하게 제시하여 줍니다.

(1) 사도 바울

> 하나님의 진노가 불의로 진리를 막는 사람들의 모든 경건치 않음과 불의에 대하여 하늘로 좇아 나타나나니(롬 1:18-3:20).

하나님의 진노가 인간의 모든 경건치 않음과 불의에 대하여 하늘로 좇아 나타나는 이 과학적 사실(科學的 事實)에 대하여 우리가 심각하게 문제 삼아야 할터인데, 세속주의신학자들은 우리의 신앙의 목표를 이 세상 복지에 만 두라고 하는데 사실 큰일 날 일입니다.

> 하나님께서 각 사람에게 그 행한 대로 보응하시되 참고 선을 행하여 영광과 존귀와 썩지 아니함을 구하는 자에게는 영생으로 하시고 오직 당을 지어 진리를 좇지 아니하고 불의를 좇는 자에게는 노와 분으로 하시리라(롬 2:6-8).

그러므로 악 외에는 아무 것도 생각지 못하고, 말하지 못하고, 행하지 못하는(non posse non peccare) 우리 죄인들은 죄 사함 받고, 변화를 받아, 선한 열매를 맺는 천국인(天國人)으로 성화되어, 그 나라에 들어감을 얻어야 하지 않겠습니까? 다른 모든 것에 성공 하고 이 한 가지에 실패 한다면 그 무슨 유익이 있겠습니까? 차라리 나지 않는 것이 제게 좋을 뻔하지 않았겠습니까?

사도 바울의 서신은 우리에게 "신앙의 목표"를 바로 세울 것을 촉구하는 간곡한 충고로 가득합니다.

> 그러므로 우리가 믿음으로 의롭다 하심을 얻었은즉 우리가 주 예수 그리스도로 말미암아 하나님으로 더불어 화평을 누리자 또한 그로 말미암아 우리가 믿음으로 서 있는 이 은혜에 들어감을 얻었으며 하나님의 영광을 바라고 즐거워 하느니라(롬 5:1-2).

이 말씀은 영멸(永滅)에 처한 우리가 예수님의 보혈 공로로 죄 사함을 받고 의롭다함을 얻었음으로 이제 예수 그리스도로 말미암아 "하나님과 더불어 화평을 누리게 되었다는 것"입니다. 그러므로 이제는 하나님의 보좌가 저 진노의 보좌가 아니고 은혜의 보좌로 변하게 되었습니다. 우리가 예수 그리스도로 말미암아 믿음으로 이 큰 은혜 안에 있게 되었음으로 이제는 우리가 "하나님의 영광"으로 들어갈 소망을 얻게 되었습니다. 그러므로 우리는 이제는 "하나님의 영광"을 소망 가운데 바라보면서 "즐거워"하게 되었습니다.

이와 같이 사도 바울은 그의 로마서 초두에서 벌써 우리가 신앙의 목표를 어디에 둘지 분명히 보여주고 있습니다. 죄 사함 받고 의롭다함을 받아 하나님과 화목함을 얻고 하나님의 영광에 참여함을 바라보면서 "즐거워"하라는 것입니다.

> 성령이 친히 우리 영으로 더불어 우리가 하나님의 자녀인 것을 증거하시나니 자녀이면 또한 후사 곧 하나님의 후사요 그리스도와 함께 한 후사니 우리가 그와 함께 영광을 받기 위하여 고난도 함께 받아야 될 것이니라(롬 8:16-17).

여기서 사도 바울은 우리가 그리스도와 함께 "하나님의 후사"가 될 것을 말하고 있습니다. 우리가 그리스도와 함께 "하나님의 상속자가 되어" 그와 함께 영광을 받게 될 것이라고 말하고 있습니다. 즉 우리는 죄 사함 받고 하나님과 화목함을 얻고 "지각에 뛰어난 평강"(peace which surpasses understanding) "말로 다 할 수 없는 기쁨"(joy unspeakable)을 누릴 뿐만 아니라, "하나님의 영으로 악을 멸하여" "거룩함"을 얻어, 하나님의 자녀로서 그리스도와 함께 하나님의 영광을 누리게 될 것을 말하고 있습니다. 이것이 우리의 신앙의 목표(scopus fidei)임을 사도 바울은 거듭 명시하고 있습니다.

> 하나님이 미리 아신 자들로 또한 그 아들의 형상을 본받게 하기 위하여 미리 정하셨으니 이는 그로 많은 형제 중에서 맏아들이 되게 하려 하심이니라 또 미리 정하신 그들을 또한 부르시고 부르신 그들을 또한 의롭다 하시고 의롭다 하신 그들을 또한 영화롭게 하셨느니라(롬 8:29-30).

여기서 사도 바울은 하나님의 우주경륜(宇宙經綸)을 총괄하고 있습니다. 그의 영원한 작정(the eternal decrees of God)은 미리 아신 자를 그의 아들의 형상을 입혀 "자녀" 삼으시는데 집중됩니다. 그리고 이와 같이 자녀 삼으시기로 택하신 자들을 또한 교회 안으로 부르시고, 부르신 자들을 또한 "성화"(sanctification)시키시고, 이와 같이 거룩하게 받아주신 자들을 또한 "영화롭게"(glorification)하시어, 영원히 하늘나라에 속하게 하시는 것입니다. 여기서 우리는 칼빈이 말한 신앙의 목표(scopus fidei)의 내용을 그대로 봅니다.

우리는 위에서 사도 바울의 복음진리의 출발이라고 볼 수 있는 로마서 1-8장의 핵심 내용이 칼빈이 말한 "신앙의 목표", "죄 사함 받고 거룩함을 얻어" "구원받아 하나님의 나라로 인도됨"을 얻는 일임을 확인하였습니다.

그의 전 서신이 이와 같은 기본 틀 안에서 그 각 부분을 논하고 있음을 봅니다. 또 구체적으로 우리에게 이 "신앙의 목표"를 가질 것을 촉구하는 구절로 가득합니다. 그러나 한두 곳만 더 인용하여 우리를 향한 그의 간곡한 권면의 말씀을 들어보기로 하겠습니다.

> 그러므로 나의 사랑하는 자들아 너희가 나 있을 때 뿐 아니라 더욱 지금 나 없을 때에도 항상 복종하여 두렵고 떨림으로 너희 구원을 이루라 너희 안에서 행하시는 이는 하나님이시니 자기의 기쁘신 뜻을 위하여 너희 소원을 두고 행하게 하시나니 모든 일을 원망과 시비가 없이 하라 이는 너희가 흠이 없고 순전하여 어그러지고 거스리는 세대 가운데서 하나님의 흠 없는 자녀로 세상에서 그들 가운데 빛들로 나타내며 생명의 말씀을 밝혀 나의 달음질도 헛되지 아니하고 수고도 헛되지 아니하므로 그리스도의 날에 나로 자랑할 것이 있게 하려 함이라(빌 2:12-16).

그리스도께서 "죽기까지 복종하신" 대로 "복종"하는 자세가 "구원"을 이루는 기본자세임을 알 수 있습니다. 그리고 "구원"을 못 받으면 큰일이라는 "구원"의 심각성 이해가 기본 전제임을 알 수 있습니다. 그리고 우리를 구원하시는 분은 다름이 아닌 하나님이심을 분명히 합니다. 우리를 구원하시는 분은 하나님이시니 우리로 하여금 "소원을 두고"(to will) "행하게"(to do) 하십니다. 즉, 어떻게 하든지 "구원"을 이루어야 하겠다는 "구원"에 대한 심각한 이해와 결심입니다. "구원"을 반드시 이루어야 하겠다는 결심을 하고 "구원"의 목표를 향해서 "구원"을 성취하여 나가야 한다는 말씀입니다. 이 일이 또한 하나님께서 우리 안에서 행하시는 일이라는 것입니다. 하나님께서 우리 안에서 역사하시어 구원을 꼭 이루어야 하겠다는 "소원을 두고 힘써 완전을 향하여 나가도록" 하신다는 뜻입니다.

이 일은 바꾸어 말한다면 이제까지 빈곤과 고난 속에서 "원망과 시비를" 일삼아 왔으나, 이제는 그와 같이 "자기만족"을 찾아 헤매는 "어그러지고 거스리는 세대"에서 깨끗이 떠나서, "흠 없고 순전한" "하나님의 흠 없는 자녀"로써, "착함과 의로움과 진실함"의 열매를 나타내며 "구원을 주는 복음의 말씀을 증거"하여, "예수 그리스도의 날"에 모든 일이 다 성취되었음을 보게 되기를 바란다는 말씀입니다. 한 마디로 말해서 "어그러지고 거스리는 세대 가운데서" "거룩함"을 이루어 "구원" 받아 "영광"으로 들어가도록 하라는 것입니다.

> 너희가 전에는 어두움이더니 이제는 그리스도 안에서 빛이라 빛의 자녀들처럼 행하라 빛의 열매는 착함과 의로움과 진실함에 있느니라(엡 5:8-10).

즉 우리가 어떤 사람이 되어 하나님의 영광으로 들어가야 할 것을 말하고 있습니다.

성경은 "우리의 신앙의 목표"를 특별히 "거룩함"에 두도록 명합니다. 왜냐하면 "거룩함"이 없이는 하나님을 뵈올 수 없기 때문입니다.

> 하나님의 뜻은 이것이니 너희의 거룩함이라(살전 4:3).

하나님께서는 우리의 "거룩함"을 바라십니다. 우리를 그의 전(殿)으로 삼으시기 위하심입니다. 우리의 몸과 혼과 영을 건강케 하시는 하나님께서 또한 죄 사함과 거룩함도 주시어, 주 예수께서 강림하실 때까지, 흠 없이 보전하여 주시기를 바울사도께서 기도하고 있습니다.

평강의 하나님이 친히 너희로 온전히 거룩하게 하시고(entire sanctification) 또 너희 온 영과 혼과 몸이 우리 주 예수 그리스도 강림하실 때에 흠 없이 보존되기를 원하노라(살전 5:23).

우리의 "성화"가 우리 자신을 깨끗이 하려는 노력에 달려 있지 않은 것은 분명합니다. 그러기에 "너희 안에서 행하시는 이는 하님이시니"라고 하십니다. 하나님께서 우리 몸을 값으로 사시었다고 말씀하십니다(고전 6:19-20). 참으로 우리를 거룩하게 하시는 이는 하나님이십니다. 그러므로 성전 된 우리 몸을 흠 없이 보존해야 하겠습니다.

성경 전체가 우리에게 가르치고자하는 것은 두 가지입니다. 첫째, 우리가 어떤 사람이 되어야 하겠는가 입니다. 불의를 행하는 자가 하나님의 나라를 유업으로 받지 못할 것이 분명하기 때문에, "모든 불법에서 우리를 구속하시어서, 우리를 깨끗하게 하사, 선한 일에 열심하는 친백성(親百姓)이 되게" 하시는 일입니다. 둘째로, 그와 같이 "악한 자의 아들들"인 가라지가 아니고, "천국의 아들들"로 삼으셔서, 마지막에 "의인들은 자기 아버지의 나라에서 해와 같이 빛나게 될" 일입니다. 이것은 결국 우리가 논하고 있고 "신앙의 목표" 즉, "죄 사함 받고 거룩함" 입어서 천국으로 영입되는 그 진리를 말하고 있는 것입니다. 디도서의 다음의 말씀은 이 사실을 잘 설명하여 줍니다.

모든 사람에게 구원을 주시는 하나님의 은혜가 나타나 우리를 양육하시되 경건치 않은 것과 이 세상 정욕을 다 버리고 근신함과 의로움과 경건함으로 이 세상에 살고 복스러운 소망과 우리의 크신 하나님 구주 예수 그리스도의 영광이 나타나심을 기다리게 하셨으니(딛 2:11-13).

우리에게 죄 사함의 은혜를 허락 하신 하나님께서 날마다 우리의 육욕을 죽이시고 거룩함을 입게 하시어 우리의 크신 하나님 구주 예수 그리스도의 영광의 강림(降臨)을 기다리게 하십니다.

기독교 종교를 한 마디로 말해서, 지금 이 순간 우리가 예수 믿음으로 말미암아 새사람으로 변화를 받아, "착함과 의로움과 진실"함의 열매를 맺는 삶을 살다가, 종당에는 영광에로 영접함을 받게 됨을 이루는 진리의 종교입니다.

(2) 야고보

야고보서는 흩어져 살고 있는 12지파에게 편지하는 편지입니다. 그들에게 있어서 가장 큰 문제는 여러 가지 시련을 겪고 있는 것입니다. 야고보서에는 빈곤, 박해, 질병 등의 시련이 언급되어 있습니다. 그러나 그 환난 속에서 "옳다 인정함을 받은 후에 약속하신 생명의 면류관을 받을 것을 신앙의 목표"로 확실하게 세워주고 있습니다.

> 시험을 참는 자는 복이 있도다 이것에 옳다 인정하심을 받은 후에 주께서 자기를 사랑하는 자들에게 약속하신 생명의 면류관을 얻을 것임이니라(약 1:12).

야고보서는 "성화의 서신"이라고 할 수 있습니다. 즉 죄를 "슬퍼하며 애통하며 울므로"(4:8-9) 회개하여 죄 사함 받아(5:15) 성도의 반열에 들어 간 신자들에게 거룩함을 얻도록 간곡히 권하는 서신입니다.

그러나 그 목표는 "주께서 자기를 사랑하는 자들에게 약속하신 생명의 면류관을 얻는" 일입니다.

(3) 베드로

베드로 서신이 우리의 목표를 철두철미하게, 나타날 영광에 두고 있음은 그의 서신 첫머리에서 벌써 명확히 됩니다.

> 찬송하리로다 우리 주 예수 그리스도의 아버지 하나님이 그 많으신 긍휼대로 예수 그리스도의 죽은 자 가운데서 부활하심으로 말미암아 우리를 거듭나게 하사 산 소망이 있게 하시며 썩지 않고 더럽지 않고 쇠하지 아니하는 기업을 잇게 하시나니 곧 너희를 위하여 하늘에 간직하신 것이라(벧전 1:3-4).

즉, 우리의 목표로 해야 할 일은 분명합니다. 죄인이 주 예수 그리스도의 부활하심으로 말미암아 "거듭나서 하늘에 간직하신 썩지 않고 더럽지 않고 쇠하지 아니하는 기업을 잇는 일"입니다. 이제 성도들이 당하고 있는 여러 가지 시험으로 인해서 잠시 근심하지 않을 수 없으나 오히려 더 기뻐하는 것은 이 믿음의 시련을 받음으로써 예수 그리스도 나타나실 때에 더 큰 상급을 받을 것이기 때문입니다.

> 너희 믿음의 시련이 불로 연단하여도 없어질 금보다 더 귀하여 예수 그리스도의 나타나실 때에 칭찬과 영광과 존귀를 얻게 하려 함이라(벧전 1:7).

그러므로 우리의 인생 자세는 주 예수께서 가르치신 바와 아무 다를 것이 없습니다. "너희가 나로 인해 욕하고 핍박받을 때에 기뻐하고 즐거워하라 하늘에서 너희 상이 큼이라."

이와 같은 영광으로 들어가기 위해서 우리가 어떤 사람이 되어야 할 것인가를 잘 가르쳐 주십니다.

> 마지막으로 말하노니 너희가 다 마음을 같이 하여 체휼하며 형제를 사랑하며 불쌍히 여기며 겸손하며 악을 악으로, 욕을 욕으로 갚지 말고 도리어 복을 빌라 이를 위하여 너희가 부르심을 입었으니 이는 복을 유업으로 받게 하려 하심이라(벧전 3:8-9).

예수께서 산상수훈에서 가르치신 바와 같습니다. "형제를 사랑하며 불쌍히 여기며 겸손하며 원수를 사랑하며 복을 빌라" 이와 같은 사람이 되는 목표가 "복을 유업으로 받기"위함입니다. 베드로후서의 가르침도 마찬가지입니다. "믿음과 덕과 인내와 사랑을 더하여" 우리의 "부르심과 택하심을 굳게 할" 때

> 우리 주 곧 구주 예수 그리스도의 영원한 나라에 들어감을 넉넉히 너희에게 주시리라(벧후 1:11).

우리의 신앙이 무엇을 목표로 할지를 분명히 하여 주고 있습니다. 어찌해서든지 의로움과 거룩함을 얻어 영원한 나라에 들어감을 얻는 일입니다.

베드로는 마지막 심판의 날을 바라보면서 특별히 우리가 "어떤 사람이 되어야 마땅하뇨"라고 묻고 있습니다. "그 날에 하늘이 불에 타서 풀어지고 체질이 뜨거운 불에 녹아 질"때 우리는 "어떤 사람이 되어야 마땅하뇨"라고 묻고 있습니다. "거룩한 행실과 경건함으로 하나님의 날이 임하기를 바라보고 간절히 사모하라"고 권하고 있습니다.

> 그날에 하늘이 불에 타서 풀어지고 체질이 뜨거운 불에 녹아지려니와

우리는 그의 약속대로 의의 거하는 바 새 하늘과 새 땅을 바라보도다. 그러므로 사랑하는 자들아 너희가 이것을 바라보나니 주 앞에서 점도 없고 흠도 없이 평강 가운데서 나타나기를 힘쓰라(벧후 3:12-14).

이 이상 더 우리의 신앙의 목표를 분명하게 보여주는 말씀이 없습니다. 주 예수의 보혈로 모든 죄를 다 사함을 받은 우리는 안과 밖으로 선함과 의로움을 얻어서 "거룩하다" 용납을 받는 자리에 이르러야 하겠습니다.

(4) 사도 요한

사도 요한이 다른 것을 가르치고 있지 않습니다.

> 보라 아버지께서 어떠한 사랑을 우리에게 주사 하나님의 자녀라 일컬음을 얻게 하셨는고 우리가 그러하도다(요일 3:1).

감격의 말씀입니다.

> 사랑하는 자들아 우리가 지금은 하나님의 자녀라 장래에 어떻게 될 것은 아직 나타나지 아니하였으나 그가 나타내심이 되면 우리가 그와 같은 줄을 아는 것은 그의 계신 그대로 볼 것을 인함이니라(요일 3:2).

여기서 사도 요한은 우리가 장차 "어떤 형상"을 가지게 될 것인가를 묻고 있습니다. 우리가 장차 "그와 같을" 것이라고 말하고 있습니다. 그것은 우리가 "그의 계신 그대로 볼 것을 인함이니라"고 말하고 있습니다. 주 예수께서 "영광" 가운데 계실 것임으로, 우리도 "그의 영광"의 형상을 입게 될 것이라는 말입니다. 사도 바울도 같은 진리를 가르치고 있습니다.

> 우리가 다 수건을 벗은 얼굴로 거울을 보는 것같이 주의 영광을 보매 저와 같은 형상으로 화하여 영광으로 영광에 이르니 곧 주의 영으로 말미암음이니라(고후 3:18).

우리가 수건을 벗은 얼굴로 거울을 보는 것같이 주의 영광을 보매 "저와 같은 형상으로 화하게" 된다는 것입니다. 주의 영광이 우리의 영광으로 이르게 된다는 것입니다. 그리하여 사도 바울은 "우리가 그와 함께 영광을 받기 위하여 고난도 함께 받아야 할 것이니라"(롬 8:17)고 말하고 있습니다. 사도 요한은 돌이켜서 우리가 이와 같은 영광을 입을 소망을 가지게 되었는데 우리는 이제 어떻게 하여야 하겠느냐를 묻고 있습니다.

> 주를 향하여 이 소망을 가진 자마다 그의 깨끗하심과 같이 자기를 깨끗하게 하느니라(요일 3:3).

그의 깨끗하심과 같이 우리 자신을 깨끗하게 하여야 한다는 말씀입니다. 여기서 다시 우리는 동일한 "신앙의 목표"를 제시받습니다. 의롭다하심을 받은 우리가 "깨끗함"을 그대로 유지하다가 영광을 입어야 하는 그 목표입니다. "그의 깨끗하심과 같이 자기를 깨끗하게 하느니라", 성경의 모든 명령은 약속의 말씀입니다. 이 약속의 말씀을 믿는 자에게 이루어 주십니다. 우리로 거룩함을 입으라는 명령, 곧 거룩함을 입게 하시리라는 약속의 말씀을 주신 자에게, 믿음으로 간구하여 "거룩함"을 우리에게 이루어 주실 것을 믿어야 하겠습니다. 그러므로 우리는 어찌해서든지 거룩함을 입어서 주를 보기에 이르러야 하겠습니다.

9. 교회의 교사들이 역시 이 한 가지를 가르치고 있습니다.

교회의 교사들이 역시 이 한 가지 내용 즉, 우리 주 예수 그리스도로 말미암아 죄 사함을 받고 외롭다함을 얻어 영광으로 들어가는 일을 일치해서 가르치고 있습니다.

어거스틴의 신국론((神國論)은 현재 지상에서 순례(巡禮)하고 있는『하나님의 도성』(都城, the City of God)도 제7일에는 하늘의 안식하고 있는 부분과 일치해서 그 때에는 우리가 하나님을 보고 그를 사랑하게 되고 사랑하면서 그를 찬송하게 될 것이라고 말하고 있습니다.

> 거기서 우리는 안식하게 될 것이며, 보면서 사랑하며, 사랑하면서 찬송하게 될 것이다.
> There we shall rest and, see and love, love and praise(The City of God, tr. M. Dady, 867)

어거스틴 이후 중세교회는 이 한 가지를 목표로 하고 살았습니다. 중세교인은 평생 순례자의 생활을 살았습니다. 그것은 죄를 회개함으로 거룩함을 얻어 지옥에 떨어지지 아니하고 천국으로 들어가는 일이었습니다. 중세교회가 이 중대한 일을 고해성사(告解聖事)에 매어버림으로서 성도를 오도한 것이 잘못이었으나 그 배후에는 이 신앙진리가 놓여 있었습니다.

그러므로 루터가 종교개혁을 일으키고 중세교회의 성례주의(聖禮主義, sacramentalism)를 개혁한 것은 "거룩함을 얻어서 하나님의 나라로 용납 받아 들어가는" 이 대전제(大前提)를 무시한 것이 아니었습니다. 이 일이 오로지 믿음으로 말미암아 의롭다함을 얻음으로써(justification by faith alone) 되는 일임을 분명히 한 것에 불과하였습니다. 그러므로 가령 탁상담화(卓上談話, Table Talks, Tisch Reden)을 보면 몇 마디 하다가는 거듭 "마귀, 지옥, 교황"(Teufel, Hölle, Papstum)을 되풀이하며 말하는 것을 보면 Luther의 신앙 세계에는 "의(義)롭다 함을 받고 천국으로 들어가야 하겠다"는 대전제가 언제나 깔려있는 것을 볼 수 있습니다.

이제 우리는 Calvin이 이 문제를 더 정확하게 분명히 하는 것을 보기로 하겠습니다.

(1) 초판에서

먼저 우리는 이 글 초두에 Calvin의 『강요』 초판에서 첫째로 이 문제의 내용을 명확하게 제시하였고, 둘째로 이것을 목표로 해야 할 것을 얼마나 강조하였는지를 분명히 하였습니다.

첫째로, 우리가 구주 예수 그리스로부터 얻는 것은 "죄 사함과 성화"로서 이로써 우리가 또한 "구원을 얻고 종당에는 천국에 들어감"을 얻는 것으로 요약하고 있습니다.

> 우리가 그를 통하여 죄 사함과 거룩하게 됨을 얻음으로 구원도 또한 주시어 마침내 하나님의 나라로 인도함을 받게 될 것이다. 이 하나님의 나라는 마지막 날에 나타나게 될 것이다(『칼빈』,『강요』, 1536 초안, 2:2).

Calvin은 이 내용이 하나님께서 성경 말씀을 통해서 우리에게 제공하시고 약속하신 "주제요, 거의 전체요, 우리를 위해서 세워 주신 목표요, 이것이 그가 세우신 표적"이라고 강조하고 있습니다.

> 이것이 참으로 주께서 그의 거룩한 말씀으로 우리에게 제공하여 주시고 또 약속하신 저 모든 것들의 주제요, 거의 총괄이다. 이것이 그의 성경 안에서 우리를 위해 세워 주신 목표요, 이것이 그가 세우신 표적이다(Calvin, Inst. 1st, ed., II, 2).

(2) 최종판 구원론에서

Calvin은 그의 『강요』 초판(1536년)에서 명확히 강력하게 제시하였던 "신앙의 목표"에 대해서, 그 내용에 아무 변화 없이, 『강요』 최종판(1559년) 제3권(구원론)에서 대대적으로 취급하고 있습니다. 먼저 제2장 신앙론에서 "신앙의 목표(scopus fidei)" 그 자체를 상세히 전개하고 있으며, 제14장-18장 성화론 부분에서 그 풍부한 내용을 분명히 설명하여 줍니다.

1) Inst., III, 14:21

> 즉, 주께서 그의 자비로서 영생의 유업을 주시기로 작정한 자들을 그의 통상적 섭리(通常的 攝理, according to his ordinary dispensation), 즉 선행(善行)의 방법으로(by means of good works) 그것을 소유하게 하신다.

즉, 하나님께서 우리를 천국으로 인도하시는 것은 첫째로, 그의 자비로써 우리에게 죄 사함의 은혜를 베푸시고, 더 나가서 통상적인 섭리 즉 "선행을 통하여" 영생에 유업을 주신다는 것입니다. 즉 Calvin『강요』 초판에서 설명한 대로 그리스도로 말미암아 "죄 사함과 성화"를 주심으로 구원하시어 그의 나라(his kingdom)로 인도하신다는 것입니다.

우리 죄인을 부르시어, 죄 사함으로 변화시키시어, 하나님의 영광에까지 이르게 하신다는 것, 얼마나 놀랍고 감사한 일인지 모르겠습니다. 힘을 다해서 "선한 열매"를 맺어야 하겠습니다. 영광의 목표를 향해서.

2) Inst., III, 17:6

하나님은 죄를 미워하시고 의를 사랑하시기 때문에 저들을 자기와 자기 나라에 합당하게 만들기 위해서(to conform them) 자기에게 연합시킨 자들을 그의 영(靈)으로 깨끗하게 하신다(purifies by his Spirit). 그러므로 우리가 하나님 나라의 문을 열고 그 안에 영원히 설 터를 주는 제일 원인 (the first cause)이 무엇인가 묻는다면, 우리는 즉석에서 대답해야 할 것이다: 주께서 그의 자비로(his own mercy) 단번에 택하시고 (adopted), 그들을 계속 보존하시기 때문이라고. 그러나 질문이 어떤 모양(of the manner)으로냐? 이라면, 우리는 시편 15편에 나타나 있는 중생(regeneration, its fruits)에로 진행해야 할 것이다.

하나님은 죄를 미워하시고 의를 사랑하시기 때문에, 우리가 하나님과 그의 나라에 이르기 위해서는, 하나님의 영으로 깨끗하게 하심을 받아야 하겠습니다. 즉 시편 15:1에 "여호와여 주의 장막에 유할 자 누구오며 주의 성산에 거할 자 누구 오니까?"의 질문에 합당하게 되어야하겠습니다. 즉, "정직하게 행하며" "그 마음에 진실을 말하고" 즉 마음과 행실이 깨끗하고 진실해야 하겠다는 것입니다. Calvin은 여기서 하나님께 그의 자비(mercy)를 베푸시는 일이 우리의 행위에 달려있는 것이 아님을 다시 강조합니다. 오히려 하나님께서 죄 많은 인간을 오로지 그이 자비(mercy)

로서 택하시고, 보혈의 은혜로 죄를 사하여 주시고, 그의 성령으로 거듭 나게 하시어, 그 거듭남의 표인 "선행"을 나타내게 하셔서, 그의 나라로 이끄신다는 것입니다. 그러므로 우리의 구원의 "제일 원인"(the first cause)은 그의 "자비와 은혜"요, 구원의 모양(of the manner)은 중생(regeneration)과 그 열매(its fruits)라는 것입니다.

오늘날 우리 한국교회뿐만 아니라 세계기독교가 이 문제를 너무 등한히 하고 있다고 보여집니다. 이러한 신앙의 목표를 향하여 더욱 굳은 결단이 필요한 줄 압니다.

3) Inst., III, 18:1

여기서 다시 Calvin은 하나님께서 자기에게 속한 자들을 생명으로 영접하시는 일은, 오로지 그의 자비로 말미암으나(by his mercy alone) 하나님께서 그들을 인도하시어 그것을 소유하기에 이르게 하시는 일은, "선행의 경주를 통해서"(through the race of good works)임을 분명히 합니다.

> 하나님은 자기 것들을 생명으로 받아 주실 때에 오로지 그의 자비로 말미암는다. 그러나 하나님께서 그들을 인도하시어 생명에 이르게 하시는 일은 선행의 경주를 통해서이다.
> He receives his own into life by his mercy alone. Yet he leads them into possession of it through the race of good works.

그러나 Calvin은 여기서 한 걸음 더 나가서 우리 각 사람이 가져야 할 마음의 자세를 설명합니다. 우리가 구원 얻는 것은 "은혜"로 되는 것이니 "내 마음과 내 행위는 아무렇게 돼도 된다"란 잘못된 "생각", 잘못된 "생활태도"를 버려야 한다는 것입니다. 빌립보서 2:12에서 사도 바울은 "너희 구원을 이루라, "즉" 우리 자신의 구원을 이루라"는 것입니다. Calvin은 이것을 "우리가 영생을 바라보면서 선행에 힘써야 한다"고 해석하고 있습니다.

> 그들에게 "그들 자신의 구원을 이루라"고 한 이유는 다름 아닌 그들이 선행에 힘쓸 때에 바로 그것을 통하여 영생을 얻게 될 것을 생각하기 때문입니다.
> They are fitly said to "work out their own salvation" for the reason that, while devoting themselves to good works, they meditate upon eternal life.

이것은 Calvin이 그의 『강요』 초판과 최종판에서 한결같이 강조하고 있는 신앙의 목표(scopus fidei)를 여기서 다시 말하고 있는 것입니다. 의롭다 함을 얻는 우리는 영생을 목표로 하고 날마다 선행에 힘써야 한다는 것입니다. 이것이 진리이고 이 진리밖에 다른 진리가 없으니 어떻게 하겠습니까? 우리가 천국가기 위해서는 우리가 "선한 사람"으로 변해야 하지 않겠습니까? "선한 사람"으로 변하였다면 "선한 열매"가 나야하지 않겠습니까? 그렇다면 우리에게서 선한 열매가 난다는 것은 우리가 그 목표로 가고 있다는 것을 의미하지 않습니까? 그러므로 "하늘 영광을 바라보면서 선한 일에 힘쓰라"는 것입니다.

여기서 다시 우리가 유업으로 들어가는 것이 "우리의 선행" 때문으로 착각해서는 아니된다는 것을 거듭 강조합니다. 신자가 자력(自力)으로 천국 간다는 것이 아니란 것입니다. "신자가 그리스도의 죽으심으로 자기 죄가 사하심을 받은 것을 알게 될 때, 성령의 감동으로 그리스도와의 교통(fellowship)이 이루어지고 그들 속에 영생이 이미 시작된 것입니다" (eternal life begins in them). 이제는 "하나님께서 그들 속에 착한 일을 시작하셨고, 주 예수의 날까지 이루실 것이란"것입니다. 그러나 이 일이 어떻게 이루어질 것입니까? 그들이 "의로움과 거룩함"에 있어서 그들의 하늘 아버지를 닮아서, 저들이 참으로 자녀됨에 합당한 본성(本性)을 가진 것을 증명해야 하지 않겠습니까?

> 그러나 우리 속에 착한 일을 시작하신 이가 그 일을 이루시는 것은 그들이 의로움과 거룩함에 있어서 그들의 하늘 아버지를 닮아서 그들의 성품이 참으로 자녀답게 되었음을 나타내 보일 때에 비로소 될 일이다.
> It is, however, made perfect when, resembling their Heavenly Father in righteousness, they prove themselves sons true to their nature.

이 지극히 자명한 진리 : 우리 죄인을 성화시키시어, 하늘 아버지의 "의로우심과 거룩하심"을 닮게 하시어서, 그의 나라로 들어감을 얻게 하신다는 이 진리 즉, "죄 사함 받고 거룩함을 입고 그의 나라로 들어감을 얻는" 일이, 아무도 부인할 수 없는 과학적 진리(科學的 眞理)임에도 불구하고, 서양신학이 진리를 심각하게 문제 삼는 신학을 찾아보기 힘들고 따라서 이와 같은 교사들에게 배우는 교회가 대개 이 진리에서 떠난 감이 없지 않습니다. 이것이 결국 21세기 온 인류가 오늘날 처하고 있는 비극이라 아니할 수 없습니다.

4) Inst., III, 18:4

거룩한 생활이 하늘나라의 영광으로 가는 길(the way)이라고 보아도 틀림이 없다. 물론 거룩한 생활로 인하여 하늘나라 영광으로 들어감을 얻는 것은 아니다. 그러나 택함 받은 자들을 그들의 하나님께서 거룩한 생활로서 인도하시어 하늘나라의 영광을 나타내신다. 하나님께서는 거룩하게 하신 그들을 또한 영화롭게 하시기를 기뻐하신다(롬 8:30).

Thus also it will be nothing amiss if regard holiness of life to be the way, not indeed that gives access to the glory of the Heavenly Kingdom, but by which those chosen by their God are led to its disclosure. For it is God's good pleasure to glorify those whom he has sanctified(Rom 8:30).

강요 3권 18장은 "상급"(reward)에 관한 장입니다. 성경에서는 항상 "상" 받을 것을 약속하십니다. "거짓으로 너희를 거스려 모든 악한 말을 할 때에는 너희에게 복이 있나니 기뻐하고 즐거워하라. 하늘에서 너희 상이 큼이라"(마 5:11). 이 세상에서 성도들이 당하는 모든 고통, 불행, 빈곤, 질병, 슬픔에 대해서 큰 기쁨과 행복과 영광으로 갚아 주신다는 것, 이것을 참으로 목표로 삼고 견디어야 하겠습니다.

Calvin은 1절에서 "선행(善行)의 경주"(the race of good works)를 통해서 하나님께서 자기 것들을 생명으로 인도하심을 말하고, 4절에서는 마침내 "상"을 주시되 "거룩한 생활이 천국의 영광으로 들어가는 길"(holiness of life to be the way to the glory of the heavenly kingdom)임을 말하고 있습니다. "선행의 경주"(the race of good works)! 얼마나 훌륭한 일입니까? 죄 사함 받은 신도들이 다함께 운동장에서 선행의 경주를 하여 마침내 "상"을 타는 것! 한 교회의 교인들이 다함께 "선행의 경주"를 한다면 얼마나 훌륭한 일입니까? 마침내 하늘 영광의 상을 받는다는 것! 이것은 사실 신앙의 목표 (scopus fidei)를 가장 생생하게 보여주는 대목입니다.

10. 결론

우리는 위에서 Calvin이 그의 『강요』 초판에서 지적한 "신앙의 목표"가 예수님과 사도들이 일치하여 가르친 유일의 진리이며, Calvin의 『강요』 최종판에서 더욱 상세히 가르친 핵심진리임을 분명히 하였습니다. 주 예수 그리스도로 말미암아 우리가 "죄 사함 받고 거룩함을 입어서 구원 얻어 하나님 나라로 들어감"을 얻는 일입니다. 사실, 이 진리를 모르는 사람은 거의 없을 것입니다. 불신자라도 또 타종교인이라도 어느 정도 이 구원의 진리를 알고 있다고 할 수 있습니다. 그러나 문제는

첫째로, 이 진리가 "유일의 진리"라는데 있습니다. 여러 가지 진리가 많은 가운데 하나의 진리가 아니고, 이 "진리" 외에는 다른 진리가 없다는 것을 알아야 하는데 문제가 있습니다. 물론 과학적 진리, 의학, 경제, 정치, 예술, 음악 등 사실 이 세상은 모두가 "진리"로 구성된다고 할 수 있습니다. 그러나 우리가 문제 삼고 있는 진리는 죄와 심판과 영멸의 진리. 그리고 믿음으로 말미암아 의롭다함을 얻어 영생으로 들어가는 진리를 말합니다. 그리고 이 세상 모든 사람이 남녀노소, 인종, 직종의 차별 없이 한 사람도 예외 없이 이 진리로 심판받게 될 것입니다. 이 과학적 사실(科學的 事實) 즉, 유일의 진리가 오늘날 너무나 등한히 여김을 받고 있는데 문제가 있습니다.

둘째로, "천국인"의 "품격"에 대한 오해입니다. 이 일에 대해서도 어느 정도 모두가 알고 있다고 할 수 있습니다. 그러나 "완전함"을 얻어서 "천국"에 들어감을 얻어야 하겠다는 확고한 목표가 서있고, 이것을 행해서 날마다 살아가야 한다는 사실입니다. 바꾸어 말해서, "내가 완전함"을 얻지 못하면 "멸망한다"라는 명확한 의식을 가지고, 이 일만이 중요한 문제

라는 것을 알고 있는가의 문제입니다. 최대의 "심각성"을 가지고 "완전함"을 얻기 위해서 날마다 힘쓰고 있는가의 문제입니다.

사실 성경이 가르치려는 것이 이 두 가지 아닙니까? "네 오른 눈이 너로 실족케 하거든 빼어 내 버리라." 바꾸어 말해서, "최대의 심각성을 가지고 실족하지 말라"는 것이 아닙니까? "네 백체 중 하나가 없어지고 온 몸이 지옥에 던지우지 않는 것이 유익하느니라." 예수께서 가르치시려는 것은 두 가지입니다. "지옥에 던지움을 받는 것"을 면하라. 무슨 일이 있어도 이 일만은 피해야 할 일이 아닙니까? 둘째로, "죄에 빠지지 말라", "네 심령이 완전히 착하고 의롭고 진실함을 얻어라!" "그리하여 천국에 들어감을 얻어라." 이 두 가지 일을 하나님께서 믿는 자에게 그리스도 안에서 은혜로서 이루어주십니다. 이 일만을 모든 사람이 명확한 목표로 삼아야 하겠습니다.

결론적으로 오늘날 잃어버린 이 기독교 종교를 다시 찾아야 하겠습니다. 이것이 21세기 인류가 살 유일의 길입니다.

Ⅳ. 신앙이란 무엇입니까?

– 하나님의 우리를 향하신 선의의 확신으로
뜨거운 사랑이 마음에 넘치게 되는 일 –

1. Calvin은 신앙의 자세(姿勢)를 중시
2. 복을 주시는 하나님
3. 독생자를 주시는 하나님
4. 그리스도로 말미암는 죄 사함과 회개
5. 그리스도의 십자가
6. 십자가 앞에서 회개
7. 뜨거운 하나님사랑, 뜨거운 이웃사랑으로 마음에 넘침을 얻음
[총괄]

1. Calvin은 신앙의 자세(姿勢)를 중시

　Calvin은 신앙을 논할 때에 "신앙의 내용"(信仰의 內容)보다 "신앙의 자세"(信仰의 姿勢)를 중시합니다. 사실 "신앙의 내용"이 아무리 좋아도 "신앙의 자세"가 잘못되면 그 좋은 내용이 아무 소용이 없습니다. 사도신경의 내용은 아주 중요한 내용입니다. 그것은 Catholic 교회, 즉 전 세계 교회의

일치한 신앙입니다. 그러나 "신앙의 자세"가 바로 되어 있지 않으면 아무 소용이 없게 됩니다.

Calvin은 두 가지 종류의 자세를 제시합니다. 첫째는 마귀와 공통된 자세. 둘째는 참된 자세. 사실 Calvin의 설명을 들으면 참된 자세를 가지는 일은 대단히 어렵고, 거의 불가능하고, 마귀와 공통된 자세가 우리가 보통 가지기 쉬운 자세입니다.

칼빈은 "첫째 종류의 신앙"(信仰)을 다음과 같이 설명합니다.

> 어떤 사물(事物)이 한번 일어난 것으로 서술되든지(narrated) 또는 우리도 거기 있었다는 판단이다. 즉 나와 무관하게 "그런 일"이 일어났다는 것을 아는 일이요, 또 내가 그것을 보았다 해도 나와 아무 상관이 없는 일이다(『강요』 초판 Inst. II, A. 2).

사도신경의 내용을 아무 생각 없이 단순히 그런 일들이 "과거"에 일어난 일들로 "인정"하기만 하는 자세는 사실 "신앙"과는 무관합니다.

칼빈은 "둘째 종류의 신앙" 즉 참된 신앙의 자세를 아래와 같이 설명합니다.

> 하나님과 그리스도께서 계신다는 것을 믿을 뿐만 아니라, 하나님을 참으로 우리 하나님이시오, 그리스도를 우리의 구주시라는 것을 인정하는 신앙이다. 이 신앙은 하나님과 그리스도에 대하여 기록된 모든 것이 진리임을 선언할 뿐만 아니라, 또한 한 분 하나님과 그리스도께 모든 소망과 의지함을 둔다(Ibid.).

그 결과 첫째로,

① 하나님께서 우리에게 선한 뜻을 가지신 다는 것을 의심치 않고
② 따라서 우리가 육신과 영혼의 사용에 필요한 것은 무엇이든지, 하나

님께서 우리에게 주시리라는 것을 확실히 알고
③ 따라서 성경이 하나님에게 대하여 약속하신 것은, 받은 줄로 확신하고 기다리는 자세이다(Ibid.).

이와 같은 신앙은 성경이 일치하여 가르치는 신앙입니다.

> 하나님은 우리의 피난처시요 힘이시니 환난 중에 만날 큰 도움이시라 그러므로 땅이 변하든지 산이 흔들려 바다 가운데 빠지든지…우리는 두려워 아니하리로다(시 40:1-3).

> 내가 누워 자고 깨었으니 여호와께서 나를 붙드심이로다(시 3:5).

> 주 여호와 이스라엘의 거룩하신 자가 말씀하시되 너희가 돌이켜 안연히 처하여야 구원을 얻을 것이요 잠잠하고 신뢰하여야 힘을 얻을 것이거늘(사 30:15).

> 여호와 앞에 잠잠하고 참아 기다리라(시 37:7).

하나님께서 우리의 피난처시오 힘이시니 환난 중에 만날 큰 도움이 되실 것을 믿고 의심치 않는 신앙입니다. 그가 우리를 붙드시기 때문에 우리가 편히 눕기도 하고 깨기도 하는 것입니다. 그는 우리를 모든 어려움에서 구하여 주실 것이기 때문에, 안연히 거하고 잠잠히 신뢰하며 그에게서 힘을 얻는 것입니다.

이것을 우리의 일상생활에 적용한다면, 우리가 가난하나 부하나 하나님께서 우리의 일용(日用)할 양식을 주실 것이므로, 그를 의지하고 우리의 필요한 것을 그에게 받아서 감사하면서 사는 것입니다. 우리가 병들었을 때에도, 우리 육신의 연약한 부분을 그가 고쳐 주실 줄 확신하고, 건강 주심을 감사하면서 사는 것입니다.

우리 학교(ACTS)가 지난 4년여 큰 환란을 당하고 있으나 한 번도 실망한 일이 없고, 밝은 날이 올 것을 계속 바라보며 왔습니다.

> 나는 오직 주의 인자하심을 의뢰하였사오니
> 내 마음은 주의 구원을 기뻐하리이다
> 내가 여호와를 찬송하리니
> 이는 주께서 내게 은덕을 베푸심이로다(시 13:5-6).

2. 복을 주시는 하나님

Kant는 이와 같이 하나님께 무엇을 구해서 얻는 신앙은 "기복신앙"(祈福宗敎)이라고 부정합니다. 기독교 종교는 도덕종교(moralische Religion)이지 기복종교가 아니라는 것입니다. 그 결과 현대신학자들이 태반 Kant의 전통을 따라 하나님께 "복"(福)을 구하는 일을 반대합니다. 이것은 불신앙에 떨어져, 내심 복을 다른데서 구하는 것입니다. 성경은 처음부터 끝까지 하나님께 복을 구하는 종교입니다. 아브라함의 부르심은 "복을 주시고 복의 근원"이 되게 하시기 위함입니다.

> 내가 너로 큰 민족을 이루고 네게 복을 주어 네 이름을 창대케 하리니 너는 복의 근원이 될지라 너를 축복하는 자에게는 내가 복을 내리고 너를 저주하는 자에게는 내가 저주하리니 땅의 모든 족속이 너를 인하여 복을 얻을 것이니라 하신지라(창 12:2-3).

여호와께서는 아론과 그 아들들에게 이스라엘을 어떻게 축복할 것을 명하십니다.

> 여호와는 네게 복을 주시고 너를 지키시기를 원하며
> 여호와는 그 얼굴로 네게 비치사 은혜 베푸시기를 원하며
> 여호와는 그 얼굴을 네게로 향하여 드사 평강주시기를 원하노라(민 6:23-24).

다윗은 땅을 윤택케 하시는 하나님의 축복을 노래하고 있습니다.

> 하나님의 강에 물이 가득하게 하시고 이 같이 땅을 예비하신 후에 저희에게 곡식을 주시나이다…주의 은택으로 년사에 관 씌우시니 주의 길에는 기름이 떨어지며…초장에는 양 떼가 입혔고 골짜기에는 곡식이 덮였으매 저희가 다 즐거이 외치고 또 노래하나이다(시 65:9-13).

야베스의 축복은 특히 많이 구하는 축복입니다.

> 주께서 네게 복에 복을 더하사 나의 지경을 넓히시고 주의 손으로 너를 도우사 너로 환난을 벗어나 근심이 없게 하옵소서(대상 4:10).

예수께서도 산상수훈을 축복으로 시작하십니다.

> 심령이 가난한 자는 복이 있나니 천국이 저희 것임이요(마 5:3).

우리의 필요한 것을 미리 아시고 다 주실 것이기 때문에, 하나님께서 우리에게 일용할 양식을 주실 것이기 때문에, 무엇을 먹을까 무엇을 마실까 무엇을 입을까 염려하지 말라고 하셨습니다. 공중 나는 새를 먹이시고,

들에 백합화를 입히시는 천부께서 그들보다 귀한 우리의 필요한 모든 것을 주실 것이라고 하셨습니다.

사도들은 편지 초두에 "은혜와 평강"을 기원합니다. 이 "평강"(שָׁלוֹם)을 Calvin은 "성공과 번영"이라고 번역합니다.

기독교 종교는 먼저 복을 하나님께 구해서 얻어 누리는 종교입니다. 한국교회는 먼저 이 은혜를 크게 누리고 번영하고 있습니다. 이 성경적 전통을 한국교회는 계속 이어 복 받는 교회가 되어야 하겠습니다.

여기서 주의해야 할 일은 우리의 소유의 많고 적음으로 하나님의 "선하심"을 측량하는 잘못을 범해서는 아니 될 일입니다. 하나님의 우리를 향하신 "선하심"은 우리가 역경 속에서도 언제나 의심치 말아야 합니다. 그 이유는 하나님께서 우리에게 필요하기 때문에 역경도 주시기 때문입니다. 그러므로 역경 속에서도 더욱 하나님을 사랑하는 하박국의 신앙을 가져야 합니다.

> 비록 무화과나무가 무성치 못하며 포도나무에 열매가 없으며 감람나무에 소출이 없으며 밭에 식물이 없으며 우리에 양이 없으며 외양간에 소가 없을지라도 나는 여호와를 인하여 즐거워하며 나의 구원의 하나님을 인하여 기뻐하리로다 주 여호와는 나의 힘이시라 나의 발을 사슴과 같게 하사 나로 나의 높은 곳에 다니게 하시리로다(합 3:17-19).

참으로 우리의 일평생, 그리고 매일매일 우리 발을 견고케 하사 우리를 높은 곳에 다니게 하시는 하나님이십니다.

3. 독생자를 주시는 하나님

하나님의 우리를 향하신 선하신 뜻은 어디서보다도 독생자를 주심으로 나타내셨습니다.

> 하나님이 세상을 이처럼 사랑하사 독생자를 주셨으니(요 3:16).

> 하나님의 사랑이 우리에게 이렇게 나타난바 되었으니 하나님이 자기의 독생자를 세상에 보내심은 저로 말미암아 우리를 살리려 하심이니라(요일 4:9).

하나님께서 독생자를 주신 목적은 우리를 구원하시기 위함입니다. 그리하여 요한복음 3:16은,

> 누구든지 저를 믿는 자마다 멸망치 않고 영생을 얻게 하려 하심이니라(요 3:16).

고 하였습니다. 그리하여 Calvin도 신앙(信仰)은,

> 예수께서 우리의 그리스도시오 구주시라는 것을 의심치 않고 받아 들여서, 그로 말미암아 죄 사함과, 거룩함을 얻고, 구원도 또한 얻어, 하나님의 나라로 인도함을 받는 일(강요 초판 Ibid).

이라고 하였습니다.

그리스도께서 오신 목적은 위에 말 한대로 "우리를 살리려 하심"입니다. "누구든지 저를 믿어 멸망치 않고 영생을 얻게 하시기 위하심"입니다.

그리하여 요한일서 4:10에서,

> 사랑은 여기 있으니 우리가 하나님을 사랑한 것이 아니요 오직 하나님이 우리를 사랑하사 우리 죄를 위하여 화목제로 그 아들을 보내셨음이니라(요일 4:10).

고 하였습니다. 하나님께서 우리 죄를 위하여 화목제물로 자기 아들을 보내시기까지 우리를 사랑하셨습니다.

4. 그리스도로 말미암는 죄 사함과 회개

Calvin은 여기서 참된 신앙자세를 하나님께 대해서 가지되 그리스도를 통해서 가져야 함을 말합니다. 그리스도를 우리 구주로 받고 그에게서 "죄 사함"과 "거룩함"을 얻어야 한다고 말하고 있습니다. 그리스도의 대속으로 말미암아 우리는 "죄 사함"을 얻고 "의롭다 함"(justification)을 얻었습니다. 그러나 죄인이 값없이 죄 사함을 받은 후에, 또한 "회개"하고 "중생"하여, "거룩함"(sanctification)도 얻어야 합니다. 그리하여야 죄악의 사슬에서 벗어나 천국으로 들어감을 얻습니다. 그리하여 Calvin은 복음은 "회개와 죄 사함"의 복음이라고 가르치고 있습니다. 이것은 성경의 가르침에 근거하고 있습니다.

먼저 부활하신 예수께서 제자들에게 이 진리를 가르치고 계십니다.

> 또 이르시되 이같이 그리스도가 고난을 받고 제삼일에 죽은 자 가운데서 살아날 것과 또 그의 이름으로 죄사함을 얻게 하는 회개가 예루살렘으로부터 시작하여 모든 족속에게 전파될 것이 기록되었으니(눅 24:46-47).

그리스도께서 죽으심으로 "죄 사함"을 얻게 하십니다. 부활하심으로 "중생함"을 얻게 하십니다. "회개"와 "중생"은 동전의 양면과 같습니다.

그리하여 베드로도 대제사장과 그의 앞에 있는 자들 앞에서,

> 너희가 나무에 달아 죽인 예수를 우리 조상의 하나님이 살리시고 이스라엘로 회개케 하사 죄 사함을 얻게 하시려고 그를 오른손으로 높이사 임금과 구주를 삼으셨느니라(행 5:30-31).

고 증거하였습니다. 또한 사도 바울은 에베소 교회 장로들에게 "유대인과 헬라인들에게 하나님에 대한 회개와 우리 주 예수 그리스도에 대한 믿음을 증거하였다"고 합니다(행 20:12).

5. 그리스도의 십자가

사실 예수께서는 그의 사역 전체가 십자가로 집중됩니다. 그의 사역 시작하실 때 유월절에 예루살렘에 올라가셔서 성전을 깨끗케 하시고 "이 성전을 헐라 내가 사흘 동안에 일으키리라"(요 2:19)고 말씀하심으로 당신이 십자가에서 죽으시고 삼일 만에 다시 살아나실 것을 말씀하시고 계십니다(요 2:21-21). 같은 때에 니고데모에게 "모세가 광야에서 뱀을 든 것 같이 인자도 들려야 하리니"(요 3:14)라고 말씀하시어 당신이 십자가에 들리실 것을 말씀하시고 계십니다. 히브리서에는,

> 그는 육체에 계실 때에 자기를 죽음에서 능히 구원하실 이에게 심한

통곡과 눈물로 간구와 소원을 올렸고 그의 경외하심을 인하여 들으심을 얻었느니라(히 5:7).

예수께서 그의 구속사업을 준비하신 것을 말하고 있습니다. 우리 인생을 죄와 사망에서 구원하시려는 것이 그의 사업의 전 내용임을 보여주고 있습니다.

때가 가까 왔을 때 그는 제자들에게 빈번히 고난의 예고를 합니다(마 16:21; 17:22; 20:18). 특히 갈릴리에서 무리에게서 떠나사 집중적으로 제자들을 가르치십니다(막 9:30).

때가 이르렀을 때에 예수께서 예루살렘으로 올라가서 십자가를 지시기로 결심하시고, 제자들 앞에 서서 가시는데 모두가 놀라고 좇는 자들은 두려움에 사로잡힙니다.

예루살렘으로 올라가는 길에 예수께서 제자들 앞에 서서 가시는데 저희가 놀라고 좇는 자들은 두려워하더라(막 10:32).

이 때에 다시 당신께서 예루살렘에 올라가셔서 당하실 고난을 예고하십니다.

보라 우리가 예루살렘으로 올라가노니 인자가 대제사장들과 서기관들에게 넘기우매 저희가 죽이기로 결안하고 이방인들에게 넘겨주어 그를 능욕하며 채찍질하며 십자가에 못 박게 하리니 제 삼일에 살아나리라 하시니라(마 20:18).

마침내 베다니 나사로의 집에서 귀한 향유로 기름부음을 받으사 "장사 지낼 것을 준비하시고"(마 26:6-13), 제자들과 함께 최후의 만찬을 하시면서 당신의 몸과 피를 먹고 마시게 하시고(마 26:26, 28), 식후에 제자들과 함께 겟세마네에 이르자 예수께서 심히 놀라시며 슬퍼하사, "내 마음이 심히 고민하여 죽게 되었으니"라고 말씀하심으로, 우리의 죽음을 담당하시기 시작하십니다(마 26:37-38). 그가 담당하시는 "죽음"은, 모든 사람의 "죽음의 고통"과 "죽음의 슬픔"을 다 포함하고 있을 뿐 아니라, 하나님 앞에 범죄한 인간의 하나님의 진노의 두려움과, 지옥형벌의 멸망이, 다 포함되어 있는 "영원한 형벌"을 다 담당하시는 것입니다. 히브리서의 "심한 통곡과 눈물"로써 "죽음"을 슬퍼하시는 그 "죽음"과의 싸움, Calvin의 말한 "지옥의 권세"와의 싸움이었습니다. 겟세마네에서 "땀이 핏방울같이 떨어지는" 죽음과의 싸움에서 승리하셨고, "아버지여 할만하시어든 이 잔을 내게서 지나가게 하옵소서" 기도하신 "잔"을 마시기로 하셨습니다. 십자가에 달리심으로 "모든 저주"를 다 담당하시고, "나의 하나님 나의 하나님, 어찌하여 나를 버리셨나이까" 부르짖으심으로, 하나님께 버림받는 형벌을 당하시고, "지옥"에까지 떨어지심으로, 우리의 당할 지옥 형벌을 그가 담당하심으로, 우리를 천국으로 영접하실 길을 열어 주셨습니다. 참으로 Calvin의 말과 같이, 그가 당하신 죽음의 고통은 우리의 구원이 얼마나 값진 것인가(How much our salvation cost the Son of God Int. II, 16:12)를 잘 말해주고 있습니다. 또한 우리를 위한 그리스도의 사랑이 얼마나 큰 것인가를 나타냅니다.

주께서 달리신 십자가 앞에서 부를 찬송은 12세기 신학자 Bernard of Clairvaux(1090-1153)의 찬송이 가장 좋습니다. 정통신앙과 뜨거운 사랑이 겸한 찬송가입니다.

먼저 죄인들을 향하여 "주께 와 죄 사함을 받으라"고 초청합니다.

　　날 구원하신 예수를 영원히 찬송하겠네
　　저 죄인 어서 주께와 죄 사유하심 받아라.

칭의(justification)에는 성화(sanctification)가 따라야 합니다.

　　구하라 주실 것이요 찾으라 얻을 것이라
　　죄 중에 상한 영혼을 주 온전하게 하시네.

주 밖에 없는 사랑을 만백성 알게 전하라고 외칩니다.

　　주 우리 죄를 인하여 피 흘려 죽으셨으니
　　주 밖에 없는 사랑을 만 백성 알게 전하세.

주님을 향한 뜨거운 눈물의 사랑을 고백하고 있습니다.

　　주 예수 사랑 못 잊어 나 항상 눈물 흘리네
　　이 세상 어디 가든지 내 주만 생각하도다.

주님 앞에서 우리의 사랑은 부족할 뿐입니다.

　　목마른 자 이 샘에 와 영생의 물을 마셔라
　　내 주를 사랑한대도 늘 맘에 부족하도다.

6. 십자가 앞에서 회개

십자가 앞에서 필요한 것은 두 가지입니다. 회개와 사랑으로 넘치는 영혼입니다. 회개없이 십자가는 무용지물이 됩니다. 십자가가 죄인을 위한 것인데 죄없는 사람이 십자가가 무슨 소용이 있습니까? 그래서 예수께서 "건강한 자에게는 의원이 쓸데없고 병든 자에게라야 쓸데 있느니라." "내가 죄인을 부르러 왔노라"고 하십니다(마 9:12). 죄인인 한 여자에 대하여 예수께서 "저의 많은 죄가 사하여졌도다 이는 저의 사랑함이 많음이라 사함을 받은 일이 적은 자는 적게 사랑하느니라"(눅 9:47)고 말씀하셨습니다. 이 말씀에 응하여 사도 바울은 "죄가 더한 곳에 은혜가 더욱 넘쳤나니"(롬 5:20)라고 선언합니다.

성경은 죄인 아닌 사람은 한 사람도 없다는 것을 분명히 선언합니다.

> 의인은 없나니 하나도 없으며 깨닫는 자도 없고 하나님을 찾는 자도 없고 다 치우쳐 한 가지로 무익하게 되고 선을 행하는 자는 없나니 하나도 없도다(롬 3:10-12).

Calvin은 하나님 앞에서의 죄의식을 잘 알려줍니다.

> 우리가 자신으로 돌아와서 자기가 무엇인가를 심각하게 반성할 때 우리는 하나님의 우리를 향하신 진노와 적개심을 느끼지 않을 수 없다(『강요』 III, 16:1).
> No one can descend into himself, and seriously consider what he is, without feeling God's warth and hostility toward him(Inst, III, 16:1).

그러므로 사도 바울은 단적으로 회개를 촉구합니다.

> 혹 네가 하나님의 인자하심이 너를 인도하여 회개케 하심을 알지 못하여 그의 인자하심과 용납하심과 길이 참으심의 풍성함을 멸시하느뇨 다만 네 고집과 회개치 아니한 마음을 따라 진노의 날 곧 하나님의 의로우신 판단이 나타나는 그 날에 임할 진노를 네게 쌓는도다(롬 2:4-5).

예수께서도 우리에게 회개자의 모습을 평이하게 알려 주십니다.

> 세리는 멀리 서서 감히 눈을 들어 하늘을 우러러 보지도 못하고 다만 가슴을 치며 가로되 하나님이여 불쌍히 여기옵소서 나는 죄인이로소이다 하였느니라 내가 너희에게 이르노니 이 사람이 저보다 의롭다 하심을 받고 집에 내려갔느니라(눅 18:13-14).

이에 호응하여 Luther는 그리스도께서는 모든 신자의 생활이 회개의 생활이 되기를 원하신다는 것을 분명히 하였습니다.

> 그리스도는 신자의 모든 생활이 회개이기를 원하신다.
> Christus omnem vitam fidelium poenitentiam esse voluit(95개조).

시편 130편은 회개자의 영혼의 상태를 잘 나타냅니다. Wesley는 그의 Aldersgate St. 신도회에서의 회개 경험을 소개하기에 앞서(W. W. I, 103) 그 날 오후에 성 바울 교회에서 부른 찬송 시편 130편의 중요 부분을 인용하고 있습니다.

> 여호와여 내가 깊은 데서 주께 부르짖었나이다

주여 내 소리를 들으시며 나의 간구하는 소리에 귀를 기울이소서
여호와여 주께서 죄악을 감찰하실진대 주여 누가 서리이까
그러나 사유하심이 주께 있음은 주를 경외케 하심이니이다
이스라엘아 여호와를 바랄지어다(시 130:1-4).
여호와께는 인자하심과 풍성한 구속이 있음이라
저가 이스라엘을 그 모든 죄악에서 구속하시리로다(시 130:7-8).

사도 바울의 고린도 교회에 가르친 회개하는 심령은 우리가 회개하는 기도를 올릴 때마다 우리에게 교훈이 됩니다.

보라 하나님의 뜻대로 하는 통해가 너희로 얼마나 간절하게 하며 얼마나 변명하게 하며 얼마나 분하게 하며 얼마나 두렵게 하며 얼마나 사모하게 하며 얼마나 열심 있게 하며 얼마나 벌하게 하였는가(고후 7:11).

7. 뜨거운 하나님사랑, 뜨거운 이웃사랑으로 마음에 넘침을 얻음

그리스도께서는 십자가 앞에 엎드려 눈물로 회개하는 영혼을 붙들어올리사 하나님의 독생자 주시는 사랑, 그리스도의 십자가에 달리시는 사랑에 응답하여 우리 마음에 "사랑으로 넘치기"를 원하십니다. 그리하여 우리가 "마음을 다하고 성품을 다하고 힘을 다하여 하나님을 사랑할 것"을 명하십니다. Calvin은 뜨겁게(ardour) 맹렬하게(vehemence), 깨어서(alacrity), 믿음으로(confidence) 하나님 앞으로 나아갈 것을 권합니다(유 20절: "심령으로 기도하며"). 그리고 동시에 "우리 이웃을 내 몸과 같이 사랑할 것"을 명하십니다. 나의 가족 한 사람 한 사람, 내 친구 한 사람 한 사람, 내 동료

한 사람 한 사람, 심지어는 길 가에서 만나는 모든 사람을 사랑할 것을 우리 종교는 가르칩니다.

Calvin은 이웃 사랑에 있어서 그 사람의 가치를 따지지 말라고 합니다. 사람은 거의 전부가 자기 자신의 공로에 있어서는 무가치합니다. 그러나 우리는 모든 사람에게서 "하나님의 형상"을 보아야 한다고 합니다(but to look image of God in all mem). 이 하나님의 형상 때문에 우리는 모든 사람을 존경하고 사랑해야 한다고 합니다(to which we owe all honor and love). 이웃이 낯선 사람이라 할지라도 주께서는 그의 표를 그에게 주셨습니다. 그러므로 그가 비록 천하고 무가치할지라도 그가 지닌 하나님의 형상 때문에 우리는 필요하다면 우리 자신과 우리의 모든 소유를 줄 가치가 있다고 합니다(Inst. III. 7:6).

Calvin은 "사랑"에 있어서 "사랑의 진지한 감정"(a sincere feeling of love)을 강조합니다. "사랑"에 있어서 "사랑의 의무"를 행하는 것으로 충분치 못하다고 합니다. 사랑하는 사람을 향하여 "진지한 사랑의 감정"을 가져야 한다고 합니다. "먼저 우리는 우리의 도움을 필요로 하는 사람의 입장에 서야 합니다. 그리하여 그의 불행한 처지를 불쌍히 여기며 마치 자기가 그런 처지에 있는 것처럼 자비와 인정을 가져야 한다"고 합니다(Inst. III. 7:7).

우리가 우리 가족이나 이웃을 사랑하는 사랑이 근본적으로 하나님께서 우리를 사랑하신 그 사랑에 근원한다는 점이 중요합니다. 하나님께서 우리를 살리려고 자기의 독생자를 세상에 보내셨습니다.

> 하나님의 사랑이 우리에게 이렇게 나타난바 되었으니 하나님이 자기의 독생자를 세상에 보내심은 저로 말미암아 우리를 살리려 하심이니라 (요일 4:9).

우리가 먼저 하나님을 사랑한 것이 아니라 오직 하나님께서 우리를 사랑하셨습니다.

> 사랑은 여기 있으니 우리가 하나님을 사랑한 것이 아니요 오직 하나님이 우리를 사랑하사 우리 죄를 위하여 화목제로 그 아들을 보내셨음이라 (요일 4:10).

그러므로 우리도 서로 서로 사랑해야 합니다. Calvin은 그의 신앙론 (Inst. III. 2) 전체가 이 한 가지 점에 집중됩니다. Calvin의 신앙의 정의는 "하나님의 우리를 향하신 선하신 뜻(benevolentiae)의 인식"이라고 못 박았습니다(Inst. III. 2:7). 신자는 (1) 하나님께서 우리를 불쌍히 여기시는 아버지시요 (2) 우리에게 자비를 베푸시는 분이시요 (3) 노하지 아니하시고 (4) 은혜를 베푸시고 (5) 우리에게 좋게 하여 주시기를 원하시고 (6) 선의를 가지시고 (7) 친절하게 대하여 주시는 아버지이심을 믿기에(Inst. III. 2:16) 참으로 우리도 하나님을 사랑하는 사랑이 우리 마음에 불붙게 됩니다.

> 하나님의 선하심을 맛볼 때 어떻게 동시에 우리도 하나님을 사랑하는 마음이 불붙지 않을 수 있는가?
> How can the mind be aroused to taste the divine goodness without at the same time being wholly kindled to love God in return?

> 하나님께서 그를 두려워하는 자들에게 주시는 그 풍성한 단 맛은 동시에 우리를 강하게 감동시키지 않을 수 없다.
> For truly, that abundant sweetness which God has stored up for those who fear him cannot be known without at the same time powerfully moving us.

사실 기독교 종교는 "사랑의 종교"입니다. 사랑의 사도 요한은 강하게 서로 사랑할 것을 권합니다.

> 사랑하는 자들아 우리가 서로 사랑하자 사랑은 하나님께 속한 것이니 사랑하는 자마다 하나님께로 나서 하나님을 알고 사랑하지 아니하는 자는 하나님을 알지 못하나니 이는 하나님은 사랑이심이라(요일 4:7-8).

베드로도 역시 서로 사랑할 것을 권합니다.

> 마지막으로 말하노니 너희가 다 마음을 같이하여 체휼하며 형제를 사랑하며 불쌍히 여기며 겸손하며 악을 악으로, 욕을 욕으로 갚지 말고 도리어 복을 빌라 이를 위하여 너희가 부르심을 입었으니 이는 복을 유업으로 받게 하려 하심이라(벧전 3:8-9).

모든 종류의 명령 특히 사랑의 명령의 근원과 성취는 예수 그리스도이십니다.

> 누구든지 네 오른편 뺨을 치거든 왼편도 돌려대며…나는 너희에게 이르노니 너희 원수를 사랑하며 너희를 핍박하는 자를 위하여 기도하라 이같이 한즉 하늘에 계신 너희 아버지의 아들이 되리니 이는 하나님이 그 해를 악인과 선인에게 비춰게 하시며 비를 의로운 자와 불의한 자에게 내리우심이니라(마 5:39-45).

이에 호응하여 사도 바울도

> 그러므로 사랑을 입은 자녀같이 너희는 하나님을 본받는 자가 되고 그리스도께서 너희를 사랑하신 것같이 너희도 사랑 가운데서 행하라

그는 우리를 위하여 자신을 버리사 향기로운 제물과 생축으로 하나님께 드리셨느니라(엡 5:1-2).

그러므로 신학교들은 수사도 베드로의 권면에 순종하여 "서로 서로를 향한 뜨거운 사랑을 열심히 가져야"(τὴν εἰς ἑαυτοὺς ἀγάπην ἐκτενῆ ἔχοντες) 하겠습니다(벧전 4:8).

교수 간에 서로 서로를 향한 뜨거운 사랑을 열심히 가져야 하겠습니다. 교수와 학생 사이에도, 학생과 학생 사이에도 뜨겁게 힘써 서로 사랑해야 하겠습니다. 그리하여 신학교들로부터 이 참된 신앙운동, 하나님의 독생자 주시는 사랑, 독생자의 십자가 지시는 사랑에서 발원하는, 사랑으로 융화시키는 파도가, 온 세상으로 퍼져나가, 하나님의 은혜의 나라가, 이 땅위에 이루어져나가는 운동이, 강력히 일어나야 하겠습니다. 갈릴리에서 시작되는 불과 11명의 사도가 온 세계를 복음화하였거늘 우리 한국의 수백 개 신학교에서, 파도쳐 나오는 수많은 열한 사도가, 어찌 "수년 내에" 하나님의 하시는 일을 부흥케 하시지 않겠습니까!

[총괄]

Calvin의 "신앙"의 정의는 단적으로 "하나님의 우리를 향하신 선하신 뜻에 대한 확신"입니다. 하나님께서 두 가지 방식으로 "그의 선하신 뜻"을 나타내셨습니다. 첫째는, 우리가 필요한 것을 다 채워 주시는 일입니다. 그리하여 우리는 무엇이 필요하든지, 그를 믿고 그에게 구하여, 그에게서 얻어, 그를 뜨겁게 사랑하게 되는 일입니다. 둘째는, 우리 죄를 대신 지게 하시기 위하여 독생자 주시는 사랑입니다. 그리고 독생자 우리 주께서 우리 죄 때문에 십자가 지심으로 말미암아, 우리 하나님께 죄 사함을 받고, 또 아들로 인치심도 받아, 이 세상에서도 그리스도와 연합되어 아들의 역할을 하다가, 마침내는 아들의 형상을 입어 영광나라로 들어감을 얻게 되는 신앙진리입니다. 어거스틴은 이 제7일을 "쉬면서 보며, 보면서 사랑하며, 사랑하면서 찬송하게 되는 영원의 날"이라고 아름답게 표현하였습니다.

> There we shall rest and see, see and love, love and praise. This is what shall be without end(Augustine: *The city of God*. BK 12, 30).

결론적으로 첫째, 예수님의 가르침을 따라 우리는 "그의 나라와 그의 의를 먼저 구해야"하겠습니다. 그리하면 우리에게 무엇이 필요하든지, 신령한 것이든지, 이 세상 것이든지, 모든 것을 우리의 "구하는 것이나 생각하는 것 이상으로 능히 주실 것"입니다. 그리하여 하나님께 감사함과 사랑함으로 넘칩시다.

둘째, 하나님께서 독생자를 주신 사랑, 독생자께서 십자가지신 사랑 앞에서 영원히 멸망 받을 죄인을 살리신 은혜에 감사하여 심령에 뜨거운 사랑으로 넘치며 하나님을 마음을 다하고 성품을 다하고 힘을 다하여 사랑하고, 또 이웃을 내몸과 같이 사랑하는 사랑으로 넘쳐야 하겠습니다. 그리고 그리스도께서는 "뜨거움"(ardour)과 "맹렬함"(vehemence)과 생동함(alacrity)과 확신(confidence)을 얻어 마음에 채워야 하겠습니다. 하늘 보좌 앞으로 나아가 은혜의 영광을 세세토록 찬송합시다.

2010년 9월 27일(월)

한 철 하

부록 : 한국복음주의 신학회와 ACTS

Ⅰ. 한국복음주의 신학회의 발생과 과제
Ⅱ. ACTS 신학을 배웁시다.

Ⅰ. 한국복음주의 신학회의 발생과 과제[1)]

1. 한국복음주의 신학회의 발생

한국복음주의 신학회의 발생은 "복음주의 신학 한국위원회"(Evangelical Theological Commission in Korea)의 조직으로 시작됩니다.

   A. 1970년 5월 4일 World Evangelical Fellowship 총무 Dr. Dennis E. Clark의 내한을 계기로 박형룡, 김의환 박사 등 약 9인의 간담회가 열렸다.

   B. 1970년 6월 1일 WEF의 Asia Coordinator of Theology Dr. Saphir Philip Athyal의 내한 등을 계기로 위의 "복음주의 신학 한국위원회"의 조직이 이루어지게 되어, 아래와 같이 기록으로 남아 있습니다.

복음주의 신학 한국위원회
Evangelical Theological Commission in Korea

〈조직까지의 경과〉

  1. 1970년 5월 4일 World Evangelical Fellowship 총무 Dr. Dennis E. Clark을 모시고 후암교회에서 박형룡, 최의원, 김의환, 조동진, 조종

---

1) "발생"은 정규남 박사 제공, "과제"는 한철하 필.

남, 한철하, Dr. Elmer Kilbourne, 허경삼, 김순일 등이 간담회로 모였다. Dr. Clark는 Historic Christian Faith에 입각한 토착신학 수립의 필요성을 강조하였다. 최의원, 김의환 제씨는 보수신학자들의 회가 조직되어야 함을 강조하였으나 일반적으로 조직 중심으로 나가서 분열의 인상을 주는 것보다 사업 중심으로 나가는데 의견의 일치를 보다.

2. 1970년 6월 1일 W.E.F의 Asia Coordinator of Theology, Dr. Saphir Philip Athyal의 내한을 앞두고 YMCA에서 박윤선, 김의환, 조동진, 조종남, 한철하, 허경삼, 간하배, 최교수(고신 분교) 등이 간담회로 모이다. Dr. Clark 내한 시의 간담회의 결과와 대체로 일치함.

3. 1970년 6월 4일 Dr. Athyal을 모시고 후암교회에서 대체로 동일한 인사들이 회집하여 Dr. Athyal의 이야기를 듣고 간담하다. Dr. Athyal은 한국에 어디보다도 보수신학자가 많다는 사실을 지적하고 아세아에 있어서의 복음주의 신학진영에 공헌할 것을 호소하다. 인도에 있어서 토착신학 수립을 위한 실례를 1. 용어방면에서와 2. 사회참여의 양면에서 들다.

Asia Level에 있어서의 Commission의 조직과 한국에 있어서의 Commission 조직의 가능성 등에 대하여 논의한 끝에 Evangelical Theological Society의 조직은 현 단계에서 삼갈 것이나 이를 위한 commission 조직에 대하여서는 대체적으로 합의를 보았다.

4. 1970년 7월 24일 오후 6:00 후암교회에서 최의원, 김의환, 조종남, 한철하가 회집하여 7월 5일-7일에 Singapore에서 모인 Asian Evangelical Theological Meeting의 보고를 받고 Dr. Athyal의 요청에 따라 Commission을 조직하는 일에 들어가 타지에서와 같이 한국에도 3-4명의 commission을 두기로 하고 아래와 같이 정하다.

총신대-최의원, 장신대-한철하, 서울신대-조종남, 고신대-오병세제를 선정, 한철하에게 소집자 Convenor 및 위원장 Coordinator의 책임을 맡기다.

이어서 가능한 사업을 토론하여, 아래의 3가지 사업 계획들을 결의하였다.

(1) 대학원급의 복음주의 신학연구센터를 동북 아세아 독자적으로 갖는다.
(2) 복음주의 신학 문서운동(잡지, 신학교재 등)을 전개할 것
(3) 외국의 저명한 복음주의 신학자를 초청하여 강연회 등을 개최하는 일 등이 제안되어 대체로 찬동을 얻었다.

〈제1회 위원회〉
1970년 8월 3일 오후 6시 한철하 Convenor의 상도동에서 회집
〈참석자〉 조종남, 최의원, (김의환, 조동진), 한철하
〈결의사항〉
1. 간하배, 마삼락, 길보균, 보즈맨 제 선교사를 고문(consultants)으로 추대키로 하다.
2. 창설 회의 시에 채택되었던 세 가지 사업계획 이외에 본 위원회의 제4사업안으로서 중요한 신학문제들을 취급하기로 하고 당면 취급 과제로서 "한국 기독교의 신학적 기초에 대한 분석"(Analysis of the Theological Platform of Christianity in Korea)을 채택하다. 이를 본 위원회 제4사업안이라 부르기로 함.
3. 창립회의 시에 채택된 제1사업안을 재론하여 다음과 같이 결정하다. "지난 7월 싱가폴 신학자회의에서 결정된 '아세아신학연구센터'를 한국에 두기로 건의키로 하되, 그러나 필요하면 동북 아세아와 동남 아세아 두 곳에 설치할 것을 건의하기로" 하다.

4. 제2사업안에 관하여,

(1) 본 위원회 활동을 통하여 형성되는 신학적 자료(Theological Materials)을 수집하여 출판에 대비키로 함.

(2) 아세아복음주의 신학자의 저서 중 신학교재로서 가치있는 것을 조사하여 상호 번역 출판하는 일을 추진토록 아세아신학연락원 Dr. Athyal에 건의키로 함.

5. 제3사업안에 관하여

일본 JETS에서 오는 10월에 Dr. K. Runia of Australia를 초청하여 신학연구회를 개최하는데 이어서 Dr. Runia를 한국에도 초청하기로 함.

6. 지난번 Singapore 회의에 대한 문서 보고를 Dr. Athyal에게 요청하기로 함.

7. 본 위원회 활동을 재정적으로 돕기 위한 후원회를 조직하기로 함.

〈폐회〉 오후 10시 30분에 조동진 목사 기도로 폐회.

〈복음주의 신학 한국위원회 회칙〉

[명칭] 본 위원회는 복음주의신학 한국위원회(Evangelical Theological Korea Commission)라 부른다.

[목적] 한국에 있어서 복음주의 신학운동을 전개하며 또한 국제복음주의 신학운동과 상호 협조함을 목적으로 한다.

[조직]

1. 회원 : 본 회는 4인의 위원으로 구성한다. 단 필요에 따라 위원의 찬성으로 보충 또는 증감할 수 있다.

2. 임원 : 본 회에는 위원장 1인, 서기 1인, 회계 1인을 두되 임기는 1년으

로 한다. 매년 8월 중에 정기위원회를 열어 임원개선을 한다.
　3. 재정위원회: 본회의 사업을 지원케 하기 위하여 재정위원회를 둔다.
　　　재정위원회는 본 위원회가 위촉하는 재정위원 약간 명으로 구성하고 그 조직과 운영은 위원회에 일임한다.
　4. 고문 : 본 위원회에 고문 약간 명을 추대하여 자문에 응하게 한다.

　동 위원회는 호주의 Klaas Runia 박사 초청 강연회, 제1회 동북 아세아 복음주의 신학자 회의 등을 개최한 후 마침내 한국복음주의 신학회를 조직하기로 하고 회칙 초안을 만들어 때를 기다렸던 것입니다.

　1979년 4월 ACTS 서대문 교사가 준공된 후 당시 ACTS 교수였던 이종윤 박사, 정규남 박사, 손봉호 박사와 합신의 김명혁 박사, 장신의 이형기 박사 등이 서대문에서 모임을 가지기 시작함에 따라 초안되었던 회칙과 약간의 재정 잔금을 전달하고 마침내 한국복음주의 신학회가 발족하게 되었던 것입니다.

〈한국복음주의 신학회 논문집 제2권〉

聖經과 神學

편집위원

김명혁 · 손봉호 · 이종윤 · 이형기

한국복음주의 신학회
활동 보고서

〈경과보고〉

1971년도에 김의환, 한철하, 오병세, 조종남 제씨는 한국복음주의 신학회를 창설하고 한국 내의 신학 정립과 해외 신학자들과의 신학 운동을 다짐하였다.

그 후 10여 년간 한국복음주의 신학회 회원들의 개인사정으로 활동이 거의 마비되어 있을 무렵 해외에서 수학하고 귀국한 젊은 학자들끼리 자주 만나 복음주의 신학운동에 박차를 가하게 됨에 따라 당시 회장직을 맡고 계시던 한철하 박사께서 발전적 해체를 허락하심.

1981.11.14

오후 5시 30분, 서울 서대문 소재 아세아연합신학대학에서 한국복음주의 신학회 발기총회를 열다. 14명의 현직 신학 교수들이 모여 김명혁, 손봉호, 이종윤이 초안한 한국복음주의 신학회 회칙 초안을 수정 통과시키고 임원을 선출하다.

　　　　　　　　　회　장 : 한철하
　　　　　　　　　부회장 : 오병세, 김명혁
　　　　　　　　　총　무 : 이종윤
　　　　　　　　　서　기 : 손봉호
　　　　　　　　　회　계 : 이형기

1982.4.15.-17
충남 도고에서 제1회 신학공동발표회를 가지다(15명의 회원이 참석하여 14편의 논문을 발표).

1982.8.23.-9.5
아세아연합신학대학 서대문 캠퍼스에서 제6차 아세아신학협의회(ATA)와 제3세계 신학자 대회를 주관하다(주제: 우리의 처지에 있어서 성경과 신학). 한철하 박사가 아세아신학협의회(ATA) 회장으로 피선되다.

1983. 5.
『성경과 신학』이라는 표제의 신학논문집 제1집을 발간하다.(편집인: 김명혁, 손봉호, 이종윤)

1983.10.28-29
온양관광호텔에서 제2회 신학공동발표회를 가지다. 24명의 회원이 참석한 가운데 설교에는 이상훈 목사(서울신학대학 학장), 박윤선 목사(합동신학원 원장), 강연에는 "신학교육과 신본주의"라는 주제로 한철하 박사, "세계 선교 동향과 복음주의 신학운동의 진로"라는 주제로 김명혁 박사가 하다.

1983.12.26.-31
자유중국 대만에서 ATA 주관하에 "조상문제에 대한 기독교적 응답"이란 주제의 신학연구 발표회를 가지다. 한국에서 한철하, 김명혁, 손봉호, 이종윤, 한영철, 맹용길 제씨가 참석하다.

1984. 1. 9.-11

대전 유성에서 제3회 신학공동발표회와 제2차 정기총회를 가지다. 25명의 회원과 10여명의 참관자가 참석한 가운데 7편의 논문발표와 토론 및 기도의 시간을 가지고 다음과 같이 임원들을 선출하다.

회　　장 : 한철하
부회장 : 오병세, 정진황
총　　무 : 김명혁
서　　기 : 정규남
회　　계 : 손봉호

1984. 6. 11.

아세아연합신학원에서 250여 명의 교역자와 신학생이 참석한 가운데 KEF와 KETS의 공동 주최 하에 피터 바이어하우스 박사의 공개신학강좌(주제: 현대 선교신학의 동향과 복음주의 신학의 방향)와 패널 디스커션(강사: 한철하, 김명혁, 손봉호, 김세윤, 피터 바이어하우스 박사)을 개최하다.

1984. 11. 2.-3

제4회 신학공공발표회가 부산 동방온천에서 열려 신학논문 7편을 발표하고 부산 동래중앙교회에서 "민중신학에 대한 교역자 간담회"(주제발표: 민중신학에 나타난 신관-김명혁 교수, 응답:전호진, 안봉호 교수)를 개최하다.

1984. 12.

『성경과 신학』 신학논문집 제2집을 발간하다(편집인: 김명혁, 손봉호, 이종윤, 이형기).

2. 한국복음주의 신학회의 과제

한국복음주의 신학회는 아래와 같은 과제를 수행할 수 있게 되기를 바랍니다.

첫째는 성경의 모든 data를 존중하는 과학적 자세를 가지기 바랍니다. 자연과학의 특징은 아무리 경미할지라도 모든 data를 존중하는 일입니다. 경미하다고 무시하면 첫째 정확성이 떨어집니다. 그리고 경미하게 보였던 data가 아주 중요한 factor로 나타날 때도 있습니다. 성경에서 많이 언급되는 천국, 지옥, 천사, 마귀 등은 현대 지성에게는 잘 파악되지 않는 대상들입니다. 심지어 Kant에게는 신 존재까지도 인정되지 않았습니다. 그는 『순수이성비판』에서 모든 유신논증을 논박했습니다. 우리 복음주의 신학회에서는 성경이 말하는 data들을 부정하지 말고 그 중요성이 나타날 때를 기다리는 자세로 나갑시다. 사실 성경의 모든 data들이 우리 신앙에 큰 유익을 줍니다, 더욱이 천군천사와 같은 하늘나라 data들은 다 합하여 거저 주시는 은혜의 영광을 찬송하는데 크게 도움을 줍니다.

성경의 모든 data를 존중하는 신학을 "보수주의" 신학이라 합니다. 자기 마음대로 data를 취사선택하는 신학을 "자유주의" 신학이라 합니다. 문제는 성경의 어떤 data 를 골라잡는데 있는 것이 아닙니다. 바울도 "부분적으로 예언한다"고 하였습니다(고전 13:9). 즉 성경의 부분적 data들을 골라서 예언한다는 것입니다. 문제는 "부분"이 부분임을 모르고 "전체"로 착각하는데 있습니다. 바울은 "온전한 것"이 올 때는 "부분적으로 하던 것이 폐하리라"고 하였습니다. 그러므로 "자유주의 신학"이 말하는 "성경의 data"는 우리도 인정하고 그 data가 "부분"이 아니고 "전체"라고 주장하는 "거짓"은 거부해야 하겠습니다. 말하자면 한국복음주의 신학회는 세계 신학계를 향하여 "신학선교"를 해야 하겠습니다. 그리고 성경의 모든 data를 존중하는 과학적 자세를 견지해야 하겠습니다.

둘째로, 한국복음주의 신학회는 잘못 나가고 있는 세계 신학계를 바로 잡는 일을 해야 하겠습니다. 제2부, I. "서양신학의 문제점"에서 이 점을 분명하게 논하였습니다.

① 먼저 교회가 가르쳐온 종교진리를 서양신학이 왜곡하여 잘못 가르쳐 왔기 때문에 이것을 시정하는 일을 해야 합니다. 교회가 가르쳐 온 기독교 종교는 "죄인"(homo peccator)을 불러서 "의인"(homo justus)으로 변화시키는데 그 전관심이 있었지만, 서양신학이 이 중심을 놓쳐버린 일입니다. 즉 이 대구속종교인 기독교를 다른 여러 가지 형체로 변형시켜, 현세에서나 영원한 나라로 가는데 있어서나 필수불가결의 진리를 상실케 한 일입니다. 그러므로 세계 신학계에 이 중심점을 확립시키는 것이 최급선무입니다.

② 또한 "신학이 무엇인가?"에 있어서 오류를 범하였음을 지적했습니다. 신학은 참된 기독교 종교를 세우는 일을 해야 하는데 위에 본 대로 그 일을 못하고 있습니다.

③ 그 방법론적 오류, "비판적" 접근, "이성"으로의 접근으로 인해, "신앙"으로만 알려질 기독교 종교가 전혀 다른 것들로 변형되고 말았습니다.

④ 서양신학이 "부분"들에만 집착하고 "전체"를 놓치는 문제는 이미 언급한 바 있습니다. 그러므로 한국복음주의 신학회는 세계 신학계의 이와 같은 잘못된 점들을 시정하기에 힘써야 하겠습니다. 한 마디로 세계 신학계를 바로잡는 중대 사명을 지니고 있습니다.

셋째로, 가장 중요한 것은 한국복음주의 신학회는 세계 신학계를 향하여 산 위에 세운 등대가 되어야 하겠습니다. "그리하여 너의 빛을 사람 앞에 비춰게 하여 저희로 너희 착한 행실을 보고 하늘에 계신 너의 아버지께 영광을 돌리게 하라"(마 5:16) 하신 우리 주님의 말씀을 이루어야 하겠습니다.

그런데 우리는 한 사람 예외 없이 다 죄인입니다. 하나님 앞에서 범죄하였습니다. 우리 속에서 나오는 것은 사실로 "악한 생각과 살인과 간음과 음란과 도적질과 거짓 증거와 훼방"(마 5:19) 뿐임이 분명합니다. 우리가 보혈로 "죄 씻음"을 받고, 변하여 "새 사람"이 되기 전에는 "착한 행실"을 하지 못합니다. 먼저 우리를 향하신 "하나님의 사랑"이 우리 마음에 충만하게 되기까지는(filled with the pure love of God), 하나님의 넘치는 사랑이, 그리스도의 십자가로 확증된 그 사랑이 넘쳐 흘러나오기 전에는, "착한 행실", "서로 서로를 향한 사랑"(τὴν εἰς ἑαυτοὺς ἀγάπην, 벧전 4:8)을 어디서 찾겠습니까?

> 사랑은 여기 있으니 우리가 하나님을 사랑한 것이 아니요 오직 하나님이 우리를 사랑하사 우리 죄를 위하여 화목제로 그 아들을 보내셨음이니라 사랑하는 자들아 하나님이 이같이 우리를 사랑하셨은즉 우리도 서로 사랑하는 것이 마땅하도다(요일 4:10-11).

> 그러므로 나의 사랑하고 사모하는 형제들, 나의 기쁨이요 면류관인 사랑하는 자들아 이와 같이 주 안에 서라(빌 4:1).

사랑하는 한국복음주의 신학회 형제자매들! 우리는 우리 회원교 안에 그리스도 안에서의 하나님의 뜨거운 사랑을 채웁시다. 그리고 우리 신학회 안에 이 사랑으로 채웁시다. 그리고 세계 신학계를 향하여 산 위의 등대가 되어 우리의 착한 행실을 비췹시다. 사도 베드로의 말씀을 따라 서로 서로를 향한 사랑을 열심히 가집시다.

2010년 12월 14일 (화)
한국복음주의 신학회 명예회장
한 철 하

II. ACTS 신학을 배웁시다[1)]

요 3:16; 마 23:13; 벧전 3:8-9; 4:8

1. 신학교는 무엇하는 곳입니까?

신학교는 "신학"을 배우는 곳입니다. 우리 "신학대학교"에 학부 4개 학과, 6개 대학원이 설치되어 있습니다. 또 신학에도 구약 전공, 신약 전공, 교회사 전공, 조직신학 전공, 선교학 전공 등 여러 학문분야가 있습니다. 그러나 이 모든 분과학문(分科學問)들이 공통으로 하는 하나의 중심은 "참된 기독교 종교"(pura germanaque religio Christiana)입니다. 여러분이 신학교 왔다가 "기독교 종교가 무엇이냐?" 하고 누가 물었을 때 "나는 잘 모르겠는데" 하고 대답하면 무엇이 되겠습니까? 그러나 "What is Christianity?", "Das Wesen des Christentums"는 Feuerbach(1841) 때부터 Adolf von Harnack(1901)을 거쳐 근자에 이르기까지 무수한 신학자들이 무수한 학설의 "기독교 종교"를 제창하고 있습니다.

그러므로 여러분은 ACTS에 와서 한 가지 할 일은 "참된 기독교 종교"를 배우고, 익히고, 가르칠 수 있는 단계에까지 이르러야 합니다. ACTS 신학

---

1) 2010년 3월 2일, 2006년 봄학기부터 4년 계속된 ACTS의 환난끝에 십자수기도원에서 가진 2010년 봄학기 신앙수련회에서 강의.

은 "참된 기독교 종교"를 확립하고 실천하게 하는 신학입니다. 절에 가서 잿밥에만 관심을 두지말고 염불을 듣고, 가르침 받고, 도를 닦는 것과 같이, ACTS에 와서는 ACTS 신학을 배우고 그것이 가르치는 "기독교 종교"를 익히고 가르칠 수 있어야 합니다. 그리고 우선 그 "기독교 종교"를 신학의 각 전공 분야, "구약성경", "신약성경", "교회사", "선교학", "교육학" 등 뿐 아니라 4개 학과, 6개 대학원 각 전공분야에 적용시켜야 합니다.

2. ACTS 신학은 무엇입니까?

전 세계 기독교 인구가 약 22억 9천만을 헤아립니다. 이 기독교 인구는 크게 세 부분으로 나누어집니다. 정교회(正敎會), 즉 "헬라 정교회"(Greek Orthodox Church), 러시아 정교회(Russian Orthodox Church) 등, 그리고 "카톨릭 교회"(Roman Catholic Church), 그리고 개신교회입니다. 우리는 이 개신교회(Protestant Church)에 속합니다. 개신교회는 1516년 Martin Luther가 중세 교회의 잘못된 점들을 시정하고 분립한 후 "Luther교회"와 "개혁교회(Reformed Church)"로 갈라졌고, 개혁교회는 계속 수없이 많은 분파교회가 발생했지만 큰 흐름은 "장로교", "감리교", "침례교", 그리고 한국에서는 "성결교"가 큰 비중을 차지합니다. 이 각 교회가 "고유의 기독교 종교"를 가르치고 있으며, 그것을 가르치는 "고유한 신학"들이 있습니다.

우리 ACTS는 Roman Catholic Church(천주교)와는 분명히 구별되며, Calvin의 가르침을 따라 Luther와의 본질적 일치를 믿고 있으며, Calvin 이후 200년 후에 18세기에 영국에서 "신앙대각성 운동"(the Great Awakening)을 주도한 John Wesley와의 일치를 확인하고 있습니다. 즉 John Wesley

가 우리에게 중요한 것은 한국의 감리교와 성결교가 Wesley의 전통을 따르고 있기 때문입니다. ACTS는 처음부터 장·감·성(長·監·聖)의 연합적 사역으로 시작했고, 사실 ACTS 설립의 주체 1968년 싱가폴의 "아세아-태평양 전도대회"(Asia-Pacific Evangelism Congress)가 전 아세아의 복음주의 기독교 지도자들의 대회이었고, 교회연합적 성격을 가지고 있습니다. Singapore Convention Center에 1,100명이 모인 Singapore Evangelism Congress의 공동의장들은, 한국의 한경직 목사, 중국의 Philip Tong, 일본의 하도리, 인도네시아의 Augustus Octavianus, 인도의 M.M. Thomas 이란의 Bishop Chandu Ray 등이었습니다. 이 분들은 다 각기 다른 교파 배경의 교회지도자들이었으나, 단 한 가지 "Evangelism"에 있어서 일치하고 있었습니다. Evangelism이란 "복음전도"입니다. 복음전도란 멸망에 처한 영혼들에게 예수 그리스도의 복음을 전하고 믿고 영생에 들어가게 함을 말합니다.

사실 1968년 Singapore Congress는 1966년 "Berlin Congress on World Evangelism"의 연장선에 있습니다. 그 세계전도대회에서 세계적 부흥사 Billy Graham은, 당시의 공산권과 자유세계의 양분의 상징인 동서독 분립의 중심지 Berlin에서, "세계 복음화"의 첫 소리를 울렸던 것입니다.

위에 말한 Singapore Congress에서 ACTS 설립을 결정하였지만 "전도대회"는 한 번 모였다 헤어지면 아무 계속적인 조직이 없습니다. ACTS를 구체적으로 세우는 "국제 이사회"를 조직하고 ACTS설립을 추진한 주체는 ATA(Asia Theological Association)입니다. 그리고 ATA의 신학적 배경은 WFF(World Evangelical Fellowship)입니다. 이 "복음주의 운동"은 1846년에 London에서 모인 The World Evangelical Alliance에서 발원합니다. 그러므로 우리 ACTS는 세계 복음주의 운동의 전통을 잇는 "복음주의"적 신학교이고, 또 그 한 가닥인 "세계 전도운동" 속에서 창립된 것입니다.

3. Calvin 신학의 Wesley적 실천으로서의 ACTS 신학

나는 우리 교수진을 세계에 제일가는 교수진으로 보고 있습니다. 그것은 세계에 어느 신학교를 보더라도 "참된 기독교 종교"를 세우고 실천하기에 힘쓰는, "하나의 신학"을 지향하는 신학교를 찾기 힘듭니다. 단 하나, Philadelphia의 Westminster 신학교가 Cornelius Van Til의 신학을 전 교수진이 견지하기로 하고 있는 단 하나의 예외입니다. 저는 Van Til 밑에서 배운 사람으로서 ACTS가 훨씬 우월함을 잘 알고 있습니다. 20여 명의 교수진이 단 하나의 신학, 즉 "Calvin-Wesley" 신학을 지향하고 있다는 것은 참으로 놀라운 일입니다. 20여 명의 교수진이 맹목적으로 ACTS의 단일 신학을 지향하겠습니까?

세계는 Predestinarianism의 Calvinists와 Arminianism의 Wesleyan으로 양분상태에 있습니다. 그러나 우리 교수진은 1994년 가을학기 첫 교수 주례 신학세미나(8월 28일)에서 "ACTS 신학공관"(ACTS Theological Synopsis) 운동을 전개하기로 결의하였습니다. 그것은 Calvin 신학의 핵심을 자기 전공분야에서 "공관"(共觀, Synopsis)하자는 결의입니다. 또 그 후 3년 후인 1997년 가을학기 교수 퇴수회에서 ACTS는 Wesley의 부흥운동을 병행하기로 하였습니다. 그 내용이 무엇인지 잠간 소개하기로 하겠습니다.

Calvin의 신앙의 핵심부분은 그의 강요 초판 1536년판 "신앙론"(Chap. II, 2)에서 잘 요약되어 있습니다. 두 부분으로 되어 있습니다. 첫째는 "우리를 향하신 하나님의 선하신 뜻"(divine erga nos benevolentiae cognitio)에 대한 확신입니다. 하나님은 선하십니다. 우리를 선대(善待)하십니다. 모든 필요한 것을 아낌없이 주십니다. 그러므로 우리는 모든 복(福)을 그에게 구합니다. 그리고 전능하시기 때문에 모든 필요한 것을 주실 수가 있습니다. 그러므로 "우리의 온갖 구하는 것이나 생각하는 것에 더 넘치도록 능히 하실 이에게 영광이 대대로 영원무궁하기를 원하노라"(엡 3:20-21)고 바울은 축복하고 있습니다. 우리 한국교회는 이 부분이 대단히 강합니다. "하늘의 신령한 복, 땅의 기름진 복"을 구하여 마지않습니다. 이 신앙으로 하나님께서는 한국교회를 크게 부흥시켜 주십니다. 여러분 한 사람 한 사람 모두에게 이 복이 넘치시기를 바랍니다.

둘째는 "예수 믿고 죄 사함 받아 거룩함을 입어 천국으로 들어감을 얻는" 신앙입니다. 이 부분을 인용하겠습니다.

> 우리는 예수께서 우리 그리스도이시고 우리의 구주이심을 의심치 않는다. 그리고 우리는 그를 통하여 죄 사함과 거룩함을 얻으며, 따라서 구원도 얻고 마침내는 하나님의 나라로 인도하심을 받을 것이다. 하나님 나라는 마지막 날에 나타나게 될 것이다. 이것이 주께서 그의 거룩한 말씀으로 우리에게 제시하시고 약속하시는 일들의 주제(caput)요 거의 총괄(summa)이다. 이것의 그의 성경에서 우리에게 제시하시는 목표(meta)요, 이것이 그가 우리 앞에 세우신 표적(scopus)이다(『강요』 1536, I. 56-57).

이것은 오래 전에 일제하에서 최권능 목사님께서 평양거리에서 외쳐 마지않으시던 "예수! 천당!"입니다. 예수를 영접하고 천국으로 들어가기 위해서는 "죄 사함과 거룩함"을 얻어야 합니다. 그리하여 하나님께서는 자기 아들의 형상을 입은 자들을 "사탄과 죄와 사망"에서 구원하시어 당신의 나라로 영접하십니다. ACTS가 견지하고 가르치는 기독교 종교는 이 두 부분으로 됩니다. (1) 하나님께서 나를 선대(善待)하신다. (2) 나는 어찌해서든지 영광의 나라로 들어감을 얻어야 하겠다. ACTS에서 여러분은 이 진리를 배우고 실천하여 가르칠 수 있게 되기를 바랍니다.

John Wesley의 기독교 종교를 간략하게 소개하겠습니다. John Wesley 자신이 새로운 각성을 얻은 것은 1738년 Aldersgate Street의 Moravian 신도회에서였음은 잘 알려진 사실입니다. 회집이 날로 커져서 런던의 한 주조공장에서 모임을 가졌습니다. 약 50년 후에 Wesley는 이때의 설교 내용을 소개합니다. "그의 중심교리는 '믿음으로 얻는 구원'이었다. '회개'가 선행되고 '거룩함'이 뒤따른다"(His constant doctrines was, salvation by faith, preceded by repentance and followed by holiness. WW XIII, 259). 이것은 Calvin의 구원교리와 완전히 일치합니다. Wesley의 구원은 "죄로부터의 구원(salvation from sin)"입니다. 인간은 사탄에 사로잡혀 죄를 범합니다. 범죄는 무한한 악을 산출합니다. 인간은 악의 사슬에 매여 살다가 사망과 멸망으로 떨어집니다. Calvin이 말하는 "사탄의 횡포와 죄의 멍에와 악의 사슬에서의 구원"(Salvation from the tyranny of Satan, yoke of sins, and bonds of vices)입니다. 이 비참에서 어떻게 구원을 얻습니까? "오직 믿음으로"(sola fide)입니다. "믿음"은 하나님께서 그리스도의 보혈로 "죄 사함"을 주시는 은혜에 대한 신앙입니다. "죄 사함" 받고 "회개"함이 없으면 "죄인" 그대로입니다. "중생"하여 "거룩함"을 얻어야 합니다. 그리하여 Wesley는 벼랑 끝에 서 있는 영혼들을 구원하기 위하여 53년간 쉬지 않고 달렸던 마상(馬上)의 전도인입니다.

Wesley의 "신앙 대각성운동"(the Great Awakening)은 1760년 초 Yorkshire에서 시작되었습니다(WW XIII, 350). 영국 산업혁명(the Industrial Revolution)과 신앙 대각성운동이 같은 해에 시작되었다는 것은 주목할 만한 일입니다. 이 신앙 대각성운동의 내용은 20년 전 London에서 시작된 Wesley 형제의 신앙운동과 꼭 같은 내용입니다. 다른 것은 그 때에는 두 사람이 뛰었지만 지금은 140명의 Wesley가 뛰고 있다는 것입니다. Wesley는 이 운동을 "영광스러운 성화 운동"(the glorious work of sanctification)이라고 합니다. "많은 사람이 죄에 찔림 받고, 많은 사람이 의롭다 함을 받고, 많은 배도자들이 고침을 받았다"(Many were convinced of sin, many justified, many backsliders healed). 2년 후에는 영국 전체에 퍼져서 "수없이 많은 죄인들이 회개하여 잘못된 길에서 돌아 섰으며, 수없이 많은 사람이 순수한 사랑으로 충만하여졌다(such a multitude of sinners were converted from the errors of their ways, and so many were filled with pure love, Ibid., 353). 대개 세 부분으로 됩니다. "죄에 찔림받고, 고침받고, 하나님의 순수한 사랑으로 넘치게 되었다"(convinced of sin, healed and filled with the pure love of God). 신학용어로 회개(repentance), 칭의(justification), 성화(sanctification)입니다.

4. 기독교 종교는 예수님으로부터 발원합니다.

모든 사도가 예수께 배웠습니다. 사도들의 가르침이 어거스틴, 루터, 칼빈, 웨슬리 등을 거쳐 오늘 우리에게까지 전달되었습니다. 구약성경의 핵심 내용은 "메시야 예언"입니다. 하나님께서 종당에는 그리스도를 보내시어 온 인류를 구원하시겠다는 언약(言約)입니다. 예수께서는 3년 동안 이 언약(covenant)을 성취하시는 일을 하셨습니다. 사실 예수께서 그리스도이신 충분한 증거를 보이셨습니다.

> 또 이르시되 내가 너희와 함께 있을 때에 너희에게 말한바 곧 모세의 율법과 선지자의 글과 시편에 나를 가리켜 기록된 모든 것이 이루어져야 하리라 한 말이 이것이라 하시고 이에 저희 마음을 열어 성경을 깨닫게 하시고 또 이르시되 이같이 그리스도가 고난을 받고 제 삼 일에 죽은 자 가운데서 살아날 것과 또 그의 이름으로 죄 사함을 얻게 하는 회개가 예루살렘으로부터 시작하여 모든 족속에게 전파될 것이 기록되었으니 너희는 이 모든 일의 증인이라(눅 24:44-48).

예수께서는 3년 동안 제자들에게 구약성경을 가르치셨습니다. 그 내용은 (1) 구약성경은 예수님이 오실 것을 예언함, (2) 예수님은 고난 받으시고 부활하셔야 함, (3) 예수님의 이름으로 죄 사함을 얻게 하는 회개가 예루살렘으로부터 시작하여 모든 족속에게 전파될 것임으로 요약할 수 있습니다.

십자가에 못 박혀 죽으시고 장사된 지 사흘 만에 죽은 자 가운데서 부활하신 예수님은 지금 11사도들 앞에서 3년 동안 그들을 가르쳤던 구약성경이 저들 눈앞에서 이루어진 사실을 설명하고 있습니다. "나를 가리켜 기록된 모든 것이 이루어져야 하리라 한 말이 이것이라" 그러므로 "너희들은 이제부터 이 모든 일의 증인이 되라."

5. ACTS 신학은 기독교 본래(germana)의 신학

ACTS의 신학이 별다른 신학이 아닙니다. 성경의 신학입니다. 사도들의 신학입니다. 교회의 신학입니다. 무엇보다도 예수님의 가르침입니다. 죄 사함 받고 회개하여 거룩함을 얻어 악에서 구원받아 영광으로 들어가는 이 단순한 신앙이 세계 신학계에서 말살되었습니다. 그러나 이 신앙만이 21세기 인류를 살릴 수 있습니다. ACTS 교수진은 마음을 같이 하여 이 단순한 신앙(simple faith)을 온 세계에 선양합니다. 여러분은 ACTS에 잘 왔습니다. ACTS에서 이 신앙을 배우고 가르칠 수 있게 되기를 바랍니다.

2010년 3월 2일

한 철 하

성경 색인

창세기

창 3:15, 255
창 4:17, 20-22, 126
창 6:8-9, 74
창 12:2-3, 320
창 15:1, 75
창 15:13, 197n1
창 17:1, 75
창 22:18, 255

출애굽기

출 12:1-20, 253, 254
출 12:15, 19, 253
출 12:40-41, 197n1
출 13:1-20, 253
출 13:3-10, 253
출 20:3, 252
출 20-23장, 199
출 22:18, 253
출 22:29, 253
출 22:31, 253
출 23:18, 253
출 23:19, 253
출 24-49, 253
출 25:22, 40
출 30:11-16, 253
출 34:6, 163
출 34:25, 253
출 36:26, 253

레위기

레 11:1-47, 253, 254
레 12:1-8, 253
레 13:1-59, 253
레 14:1-57, 253
레 15:1-33, 253
레 16:30, 40
레 17:15, 253

레 18:21-32, 253
레 19:1-2, 253
레 20:1-5, 253
레 20:25-26, 253, 254
레 20:6, 27, 253
레 26:36, 243

민수기

민 3:7-8, 37, 38
민 3:13, 37
민 3:45, 37
민 5:1-3, 253
민 6:1-21, 253
민 6:23-24, 321
민 8:14-18, 37
민 9:1-14, 253
민 10:1-10, 253
민 15:30-31, 253
민 18:17-21, 253
민 18:20, 37
민 19:1-22, 253

신명기

신 5:7, 252
신 6:4, 13, 16 253
신 6:14-15, 253
신 10:8, 37, 39
신 10:9, 37
신 10:20, 253
신 13:1-22, 253
신 13:6-11, 253
신 13:12-17, 253
신 14:1, 267
신 14:1-2, 253
신 14:3-20, 253, 254
신 14:21, 253
신 16:3-4, 253
신 17:14-20, 253
신 18:9-18, 253
신 20:1-4, 253
신 21:10-13, 253
신 22:9-28, 253
신 23:1-2, 253
신 23:9-14, 253
신 24:8-9, 253
신 26:1-11, 253
신 30:4, 244
신 31:1, 210-211

사무엘상

삼상 10:5, 198
삼상 19:20, 198

사무엘하

삼하 8:15-18, 198

열왕기상

왕상 8:17, 38
왕상 19:10, 18, 172

열왕기하

왕하 2:3, 5, 198

역대상

대상 4:10, 321

시편

시 3:5, 319
시 8:1, 38
시 13:5-6, 216, 320
시 15편, 310
시 15:1, 310
시 16편, 39
시 37:7, 319
시 40:1-3, 319
시 57:5, 11 38
시 65:9-13, 321
시 73:25, 125
시 113:4, 38
시 115:5-8, 169
시 130편, 330
시 130:1-4, 331
시 130:7-8, 331
시 148:13, 38

잠언

잠 31:31, 68

이사야

사 1:2, 267
사 1:4, 121
사 1:18, 100
사 1:21-23, 121
사 2:1-4, 130
사 2:2-4, 257
사 2:4, 75, 132
사 7:14, 255
사 9:6, 255
사 11:6-12, 130
사 11:9, 75
사 11:10, 80
사 25:6-9, 130, 131
사 30:15, 319
사 43:1-3, 227
사 45:23, 269
사 59:21, 45

호세아

호 1:10, 267

미가

미 4:1-5, 257
미 4:3, 259

하박국

합 2:2, 198
합 3:17-19, 322

스가랴

슥 12:8, 255

말라기

말 1:6, 267

마태복음

마 5:3, 294, 321
마 5:11, 314
마 5:16, 349
마 5:16, 45, 48, 268
마 5:19, 276, 349
마 5:20, 276
마 5:22, 276
마 5:29-30, 276
마 5:39-45, 334
마 5:44-45, 261
마 6:4, 6, 8, 268
마 6:24, 125
마 7:21, 276
마 9:12, 329
마 12:17, 240
마 13:30, 182
마 13:40, 42, 108
마 13:41-43, 49, 66
마 13:42, 229
마 13:42-43, 277
마 13:43, 108, 170, 229, 295
마 13:49-50, 277
마 16:19, 191
마 16:21, 326
마 17:22, 326
마 19:17, 19, 41
마 20:18, 326
마 21:42, 140
마 22:39, 262
마 22:40, 41
마 23:13, 190
마 23:15, 192
마 25:31-33, 123
마 25:32, 123
마 25:34, 277, 295
마 25:34, 41, 66
마 25:41, 277
마 26:6-13, 327
마 26:26, 28, 327
마 26:37-38, 327
마 28:19, 192

마가복음

막 1:1, 246
막 9:30, 326
막 10:32, 326
막 14:7, 126
막 16:16, 192

누가복음

눅 6:35, 263
눅 7:47, 114
눅 9:47, 329
눅 10:23-24, 247
눅 12:4-5, 170, 286
눅 12:5, 170
눅 12:14, 127
눅 12:15, 127
눅 16:16, 246
눅 18:8, 94
눅 18:13-14, 330
눅 23:43, 277
눅 24:13, 27, 231

눅 24:25-27, 176
눅 24:33, 231
눅 24:44, 46-47, 231
눅 24:44-45, 176
눅 24:44-48, 157, 358
눅 24:44-49, 179
눅 24:46, 232
눅 24:46-47, 231, 324
눅 24:46-48, 204
눅 24:47, 192
눅 24:49, 25

요한복음

요 2:19, 325
요 2:21-21, 325
요 3:14, 325
요 3:16, 323
요 5:46, 247
요 20:21-23, 222
요 20:23, 192
요 20:30-31, 160
요 20:31, 86
요 21:25, 248

사도행전

행 1:8, 179
행 3:18, 234
행 4:12, 219
행 5:30-31, 325
행 7:6, 197n1
행 8:35, 234
행 10:34-35, 228
행 10:34-43, 234
행 10:43, 234
행 14:15, 125
행 14:15-17:27, 34
행 14:17, 125
행 17:3, 234
행 17:27, 125
행 20:12, 325
행 28:23, 234, 237

로마서

롬 1-8장, 298
롬 1:18-3:20, 87, 170, 292, 296
롬 1:20, 215
롬 2:4-5, 292, 330
롬 2:5, 277
롬 2:6-8, 278, 296
롬 2:6-10, 124
롬 2:16, 278
롬 3:4, 49, 118
롬 3:10-12, 119, 329
롬 3:20, 100, 106
롬 3:21, 234
롬 3:22, 293
롬 3:23, 62, 100
롬 3:23-24, 171
롬 3:24, 100
롬 3:28, 100, 184
롬 3:29-30, 124
롬 3:31, 43, 101, 107
롬 4:25, 232-233
롬 5:1-2, 297

롬 5:5, 164, 265
롬 5:8, 265
롬 5:20, 65, 100, 112, 329
롬 6:3-4, 232
롬 6:14, 62
롬 8:3-4, 44
롬 8:4, 41
롬 8:15, 265, 267-268
롬 8:15-17, 264
롬 8:16, 62, 164, 263, 265, 268
롬 8:16-17, 297
롬 8:17, 268-269, 306
롬 8:23, 264, 266
롬 8:29, 220, 264
롬 8:29-30, 298
롬 8:30, 264, 314
롬 8:34, 165
롬 11:17, 220
롬 14:10-12, 278
롬 14:17, 127
롬 16:14, 67

고린도전서

고전 4:4-5, 279
고전 6:19-20, 301
고전 11:28, 284
고전 13:9, 347
고전 15:32-34, 292
고전 15:33, 171
고전 6:6, 66
고전 6:9, 107, 171, 279

고린도후서

고후 1:20, 245
고후 1:21-22, 264, 268
고후 1:22, 63
고후 3:18, 306
고후 4:6, 226
고후 4:16-18, 279
고후 4:17, 270
고후 5:5, 63, 264
고후 5:9-10, 278
고후 5:15, 136
고후 7:11, 331

갈라디아서

갈 3:17, 197n1
갈 3:27, 220
갈 4:5-6, 264, 266

에베소서

엡 1:6, 227
엡 1:13, 63
엡 1:14, 263
엡 2:10, 103, 114, 122
엡 3:16, 252
엡 3:20-21, 355
엡 4:1, 67
엡 4:15, 220
엡 4:22-24, 146
엡 4:30, 63, 263
엡 5:1-2, 335
엡 5:5-6, 66, 108, 279
엡 5:6, 171

엡 5:8,　182
엡 5:8-10,　300

빌립보서

빌 1:6,　114
빌 1:8,　122
빌 2:12,　312
빌 2:12-16,　287, 299
빌 2:13,　104, 114
빌 3:18-21,　280
빌 4:1,　349

데살로니가전서

살전 4:3,　300
살전 5:23,　301

디모데전서

딤전 3:16,　160, 246

디모데후서

딤후 2:2,　55, 57
딤후 3:15,　85
딤후 3:16,　233

디도서

딛 2:10,　67
딛 2:11-13,　301

히브리서

히 1:3,　247
히 5:7,　326
히 11:6,　151

야고보서

약 1:12,　280, 302
약 4:1-2,　64, 128
약 4:8-9,　302
약 5:15,　302

베드로전서

벧전 1:2,　236
벧전 1:3-4,　236, 281, 303
벧전 1:7,　303
벧전 1:10,　247
벧전 1:12,　247
벧전 3:8-9,　304, 334
벧전 4:5,　281
벧전 4:8,　335, 349

베드로후서

벧후 1:10-11,　115
벧후 1:11,　281, 304
벧후 2:1,　281
벧후 3:12-14,　305

요한일서

요일 2:25,　281
요일 3:1,　305
요일 3:2,　305
요일 3:3,　306
요일 3:9,　62
요일 3:10,　182
요일 4:7-8,　334

요일 4:10, 324, 333
요일 4:10-11, 349
요일 4:17-18, 282
요일 4:9, 323, 332
요일 5:18, 43, 62, 63

유다서

유 20절, 331

요한계시록

계 3:17, 126
계 20:11, 123
계 20:11-15, 123

주제 색인
(SUBJECT INDEX)

『강요』
- (제1권) 창조자 하나님에 대한 지식에서 얻는 유익, 215-218
- (제2권-제4권) 그리스도 안에서의 구속자 하나님에 대한 지식에서 얻는 유익, 218-225
    - 그리스도의 은혜를 받는 방법, 220
    - 그리스도의 은혜를 받음으로 얻는 유익, 220
    - 그리스도의 은혜를 받음으로 따르는 결과, 221

『강요』와 『성경』과의 관계, 229
- 『강요』 초판에서 가르치는 『성경』의 총괄과 목표: 예수를 그리스도요 구주이심을 믿고 죄 사함과 성결함을 얻어 천국으로 인도됨을 받음, 239
- "독자에게 보내는 편지": 『강요』는 『성경』 이해에 필요한 도구, 229
- 바울이 가르친 『성경』의 내용이 『강요』와 일치(로마 감옥에서), 237
- 베드로가 가르친 『성경』의 내용이 『강요』와 일치(행 10:43), 234
- 예수님이 가르치신 『성경』(구약)의 내용이 『강요』와 일치(눅 24:13, 27) "죽으심"과 "부활"에 상응하는 "죄 사함과 회개", 231
- 수직(垂直)과 수평(水平): 『강요』는 수직적, 『성경』은 수평적, 238
- 해석학적 관계: (1) 『강요』에서 "종교"를 배워 (2) 『성경』으로 가서 (3) 『성경』의 모든 말씀에서, 그리고 성경 역사(歷史)의 모든 시점에서 『성경』에서 나와서, (4) 하나님께로 가서, 그 말씀에 해당하는 은혜를 하나님께 누림, 241

『강요』의 내용의 도표, 84, 228

『강요』의 구원의 도표, 223, 232

『강요』의 진리의 보편타당성
- 사람의 외모를 취하지 아니하시는 하나님, 228

거룩한 역사(sacred histories), 249
- 사도행전, 249

기독교 서양
- 범죄와 광태의 역사 연출, 20, 21
- 악랄한 죄악의 역사 연출, 136
- 비극의 책임: 자유주의 신학, 93
- 잘못된 선택: Kant의 계몽사조냐 Wesley의 신앙각성이냐, 29, 117
- Kant냐 Wesley냐의 잘못된 선택, 136
- 소멸과 그 그루터기인 "서양교회"와 "서양신학"의 회개 촉구, 14
- 바울-어거스틴-칼빈-웨슬리의 신앙에로 돌아옴의 당위, 22-23
- "하나님의 소명"(calling) 따라 봉사냐 "이성"과 "이기"(利己)의 원칙이냐, 136

기독교 세계(a Christian World)
- 기독교 한국, 129-135
- (사 2:2-4; 미 4:1-5), 129-135, 257

기독교 세계, 기독교 한국, 129-135

박형룡
- 가르친 진리, 57
- 20세기 최대의 신학자, 53
- 전도인, 부흥사, 46
- 한국교회의 신앙보수와 신앙부흥전통 수호, 78, 117

복음서
4복음서 비교, 247

사도사, 249

서양 교회
- 기독교 서양, 137-138
- 기독교 서양 전면 붕괴의 참상 회복의 책임이 있음: Kant와 그의 후예들의 이성 아니고 Calvin-Wesley의 복음 신앙에로의 복귀해야, 죄로 썩어 거짓과 불의 뿐임을 회개, 보혈로 죄 사함의 은혜를 힘입어, 선한 일에 힘쓰는 친백성(親百姓)으로 나타나야, 하나님의 진노와 멸망으로부터 구원을 받아야, 137-138

서양 기독교의 역사
- 중세 체제의 붕괴와 세 갈래로 분열, 90

성경
- 성경은 구원 중심의 책임을 성경이 분명히 함, 85
- 메시야 예언(슥 12:8), 255
- 모세의 4경의 조화, 252
- 율법과 복음, 244
- 율법과 선지자, 241

성경에 대한 과학적 접근법, 195
- 성경의 발생, 199
- 신구약 성경과 신조들, 201
- 신구약 성경에 대한 참된 해석자들, 교부들과 교사들, 203

- 성경 비평학의 비과학성, 200

세계사
- 기독교 서양의 역사, 20
- 서양사의 맥락 속에 있는, 135
- 세계사가 기독교 역사로 됨, 21

세계사와 기독교 방향, 11
- 불의, 부패, 광포의 세계 속에 온유하고 선하고 의로운 무리, 12
- 연약한, 온유한 적은 수의 무리로 새로운 세계사를 만드셨음, 12
- 로마의 강권 굴복, 중세사의 기적, 세계사 기독교사로 만드심, 12
- 기독교 서양의 죄악사 연출의 원인 : "신앙"에서 떠나서 kant의 불신앙의 길 따름, 13
- 기독교 서양의 교회와 교사에게 칼빈-웨슬리의 신앙노선에로 복귀하여 "21세기 인류를 살릴 것" 간청, 13

신앙
- 신앙의 자세 중요, 317
- 복을 주시는 하나님에 대한 신앙, 320
- 독생자를 주시는 하나님에 대한 신앙, 323
- 그리스도로 말미암아 죄 사함과 회개 얻어야, 324
- 그리스도께서 십자가 지심, 325
- 엘리엘리 라마 사박다니, 327
  (모든 저주와 영원한 형벌 다 당하심)
- 십자가 앞에서 회개, 329
- 하나님의 순수한 사랑으로 우리 맘에 넘침 얻음, 113, 331

신앙의 목표(scopus fidei), 287
- 『강요』 초판, 290, 308
- 예수님의 가르침과 행하심, 293
- 사도 바울, 296
- 거룩함 성전됨, 300-301
- 베드로, 303
- 야고보, 302
- 사도 요한, 305
- 모든 사람에게 구원을 주시는 하나님, 301
- 어거스틴, 307
- 하나님의 우주경륜(택하심, 부르심, 성화, 영화), 298
- 1) Inst., Ⅲ, 14:21, 309
- 2) Inst., Ⅲ, 17:6, 310
- 3) Inst., Ⅲ, 18:1, 311
- 4) Inst., Ⅲ, 18:4, 313

신학
- 무엇하는 것인가? 믿고 구원 얻게 하려는 이, 159-160
- 방법론, 대상(res ipsa)에 맞게, 158
- 비평적 접근, 162
- 출발점: 하나님, 167
- 지적우상숭배, 168
- 두려워 할 자를 두려워 하지 않는 문제, 170
- Kant, Harnack, 158-159

주제 색인 371

신학: ACTS 신학
- ACTS 신학, 351
- 신학은 무엇? 참된 기독교 종교를 배우는 일, 209, 351
- ACTS 신학의 역사적 배경, 352
- Calvin신학의 Wesley적 실천으로서의 ACTS 신학, 354
- 기독교 종교는 예수님으로부터 발원, 사도 어거스틴, 루터, 칼빈, 웨슬리, 메시야 예언의 성취, 죽으심과 부활, 죄 사함과 회개의 복음, 모든 족속에게 전파됨, 357

신학: 서양신학의 오류
- 서양신학의 정의: 웨슬리의 "신앙" 노선을 버리고 칸트의 "이성"의 노선을 따르는 서양신학, 155
- 기독교 종교(죄인을 의인으로 변화시키는)의 변질, 156
- 신학이 무엇인가? 이해의 오류, 157, 159
- 신학방법론 오류, 158
- 이성적 접근법, 158-161
- 환원주의, 161
- 비평적 접근, 162
- 스콜라주의화, 163
- Kant, Harnack, 158-159

신학공관(theological synopsis), 19, 351

신학의 과학성(die Wissenschaftlichkeit der Theologie), 189
- 예수님이 세우신 표준, 189
- 이신득의: 신학의 과학성의 표준, 193
- 성경에 대한 과학적 접근법, 195

신학의 각 분과의 내용: 죄 사함과 회개의 복음
- "구약학" "신약학" "교회사학"의 내용 부활하신 그리스도께서(눅 24:46-47) 성경(구약)이 (1) 그리스도께서 죽으시고 부활하신 일과 (2) 그의 이름으로 죄 사함과 회개함을 얻은 것과 (3) 이 일이 예루살렘으로 시작하여 모든 족속에게 전파된 것을 가르쳤음, 175-176
- 구약성경은 그리스도의 죽으심과 부활을 통한 죄 사함과 회개가 중심임: 제사, 법궤, 예언자 등, 176
- 복음사, 181
- 사도사 교회사, 181
- 선교학 목회학 교육학, 182
- 일반학문, 182

심판
- 하늘의 심판대: 기독교 종교의 기초, 275
- 예수님의 가르침, 276
- 바울의 가르침, 277
- 야고보, 베드로, 요한의 가르침, 280
- 웨슬리: 진노의 자식 지옥의 상속자, 283
- 칼빈: 성찬론, 283
- 웨슬리: 영국교회 금식설교, 285

양자의 영(πνεῦμα υἱοθεσίας), 264
- 하나님의 상속자, 269

20세기
- 인류 최대 비극의 세기, 91
- 독재 괴물들, 혁명의 피의 세기, 32-33
- 20세기의 교훈: 진리는 인류 역사 속에 남고, 비진리는 역사무대에서 사라짐, 157

21세기
- 19세기의 식민, 20세기의 군국, 독재, 혁명, 전쟁에서 전무후무의 번영의 시대, 18, 33
- Calvin이 구상한 "자유시장 경제 체제", "가치 폭발"의 시대, 31
- 물질적 번영의 세기, 125
- 물질적 번영에 대처하는 기독교 신앙진리, 125
- 가난한 자의 복음, 126
- 부르심에 따른 봉사와 나눔인가, 내 업적의 소득과 치부인가, 127

인류의 역사
- 인류의 역사의 의미: 그리스도의 오심이 그 전체 의미가 있음, 80

칼빈
- 『강요』와 『주석』을 일관하는 기독교 종교, 271
- 심각한 회개, 97
- 칼빈의 관심: 선행, 99, 107
- 죄 사함과 회개에 따르는 선행, 100
- 선행의 은총: 제이은총, 102
- 무슨 일이든지 하나님을 상대로 한다 (mihi negotium cum Deo est), 126
- 기도: 간구해서 무엇을 얻는일: 기복신앙, 105

칼빈과 웨슬리
- 구원 중심의 일치, 83
- 심각한 회개의 일치, 97, 111, 120, 282
- 외견상의 불일치와 본질적 일치, 95
- 200년의 시대적 차이, 81
- 칼빈신학의 웨슬리적 실천, 354
- 칼빈의 신학의 종합성과 웨슬리의 단일성, 86-87

칼빈의 해석학(Hermeneutics)
- 종교의 세계, 167, 170, 209, 272-273, 278 res ipsa, 207, 230
- 칼빈에 있어서 신학의 목적: 종교를 세우는 일, 209
- 『강요』나 『주석』에 있어서 "종교"의 세계에 들어가서 "신앙"의 활동을 함, 209
- 『강요』의 말에서 나와서 "종교의 내용" (res ipsa)을 말함(『강요』 III.3.1), 209
- 구약성경(신 31:1) 해석: "본문"에서 나와서 "종교의 세계"를 말함, 311
- 눅 24:46-47 해석: "죽으심과 부활"로 말미암아 "회개와 죄 사함"을 얻음을 말하고 더 나가서 "회개"에 대하여 롬 6:3-4의 "그리스도와 합하여 옛사람이 죽고 새생명 가운데 행함"을 말함. 본문의 즉, "말"에 매이지 않고 영적 실재(res ipsa)를 말함, 232-233

- 행 28:25, 바울이 로마 유대인들에게 가르쳤던 내용을 말함. 즉 약속된 메시야를 통해서 죽으심과 부활로 죄 사함 받아 의를 얻고 하나님과 화목됨을 얻는 일 그리하여 하늘 나라의 복된 영생 받는 일 등, 237
- 『성경』과 『강요』가 다같이 "구원" 중심: "죄 사함" 받아 "회개"하여 "새 사람"이 되어 "거룩함"을 이루어 "천국"으로 들어감 얻음, 233
- "성경" 해석으로 "현실" 속에서 "유익"을 받음, "종교개혁" 운동에 적용, 233

칼빈주의, 59

하나님에 대한 이중지식(duplex cognitio Dei), 225

한국교회
- 보수주의적-부흥주의적 전통: 박형룡 박사의 공로, 78
- 진로: Calvin-Wesley 신앙노선을 견지해야, 80
- 하나님께 복 받아 번영하는 교회, 104
- 반율법주의(Antinomianism)의 오해, 106
- 진로의 요약, 116

회개
- "하나님 두려움에서 생겨나는" "이기"(利己)를 말하고 "사랑"으로 돌아옴, 137

저자 한 철 하 박사

• 학력

1942-1944 일본 산구고등학교 졸업
1944-1945 경성제국대학 이공학과 재학
1945-1948 서울대학교 철학과 졸업(B.A.)
1948-1950 서울대학교 대학원 종교학과 졸업(M.A.)
1956-1958 미국 Westminster Theological Seminary 졸업(Th.M.)
1958-1960 미국 Union Theological Seminary in Virginia 졸업(Th.D.)
1966-1967 Swiss Bossey Ecumenical Institutes 졸업(Geneva Univ. Th.M.)
           독일 Erlangen Universität에서 연구

• 경력

1953-1955 연세대학교 전임강사
1960-1963 총신대학교 부교수
1964-1973 장로회신학대학교 교수 및 대학원장
1973-1974 인도 욧트말 유니온 비블리칼신학교 교환교수
1960-1982 서울대학교 대학원 강사
1976-1978 아세아신학협의회(ATA) 회장
1981-1985 한국복음주의 신학회(KETS) 회장
1986-현재 한국복음주의 신학회(KETS) 명예회장
1992-1993 한국신학대학협의회(KAATS) 회장
1996-2000 한국칼빈신학회 회장
2000-현재 한국칼빈신학회 명예회장
1974-1998 아세아연합신학연구원(ACTS) 원장
1982-1998 아세아연합신학대학교(ACTS) 총장
1998-현재 아세아연합신학대학교(ACTS) 명예총장